Thomas Rietzschel

Die Stunde der Dilettanten

Wie wir uns verschaukeln lassen

Paul Zsolnay Verlag

2 3 4 5   16 15 14 13 12

ISBN 978-3-552-05554-4
Alle Rechte vorbehalten
© Paul Zsolnay Verlag Wien 2012
© der beiden Strophen (Seite 5 und 248) aus Erich Kästners »Ein Mann
gibt Auskunft« Atrium Verlag, Zürich 1930 und Thomas Kästner
Satz: Eva Kaltenbrunner-Dorfinger, Wien
Druck und Bindung: CPI – Ebner & Spiegel, Ulm
Printed in Germany

MIX
Papier aus verantwortungs-
vollen Quellen
FSC® C006701

»Noch immer räumt ihr dem Guten und Schönen
den leeren Platz überm Sofa ein.
Ihr wollt euch noch immer nicht dran gewöhnen,
gescheit und trotzdem tapfer zu sein.«

Erich Kästner, *Und wo bleibt das Positive, Herr Kästner?*

Vorwort
Jedermann ganz groß

Von Helden und Hasardeuren, von hellen Köpfen und von solchen, die sich dafür halten, ist hier zu berichten, von schlichten Einfaltspinseln und dreisten Aufschneidern zuhauf, von genialen Erfindern mitunter. In der Geschichte, die sie alle verbindet, geht es hoch her. Es wird geträumt und gehandelt, gekämpft, gezittert und aufgetrumpft, gelogen und betrogen, dass es eine Art hat. Minister mit und ohne Titel, eitle Diplomaten und große Männer der Geschichte, Diktatoren, rote und braune, Kriegsherren und Revolutionäre, bedeutende Unternehmer und Banker, die fröhlich verzocken, was ihnen nicht gehört, bejubelte Sänger ohne Stimme und begnadete Erfinder, die die Welt beherrschen könnten, tumbe Toren und wahre Lichtgestalten treiben das Geschehen voran. Dass die schrägen Vögel dabei öfter auftreten als die überragenden Geister, muss der Chronist hinnehmen. Unberührt lässt es ihn nicht. Mit epischer Gelassenheit kann er sich nicht aus der historischen Affäre ziehen. Zum Pathos werden ihn die Tatsachen selten verführen, eher schon zu satirischer Schärfe, zu polemischer Einmischung immer wieder. Der größte Vorzug schöner Geschichten, vergangen zu sein, ist der Geschichte des Dilettantismus noch nicht zugewachsen. Noch wissen wir nicht, wie sie ausgehen wird. Noch gibt es keine abgeschlossene Handlung, die wir aus historischer Distanz mit der Überlegenheit der Nachgeborenen betrachten könnten. Das Thema brennt uns unter den Nägeln. Es erlangt, wie jene formulieren würden, um die es hier gehen soll, »nachhaltig« größere Brisanz: Es ist »virulent«. Auf gut Deutsch: Der Erreger breitet sich aus. Und niemand kann sagen, wen er noch nicht befallen hat. Allenthalben steigt die Ansteckungsgefahr des epidemischen Dilettantismus. Ohne ihn wäre die moderne Welt schlechterdings unvorstellbar. Mehr denn je ist die Gesellschaft von ihm abhängig. Fast scheint es, dass er sie überhaupt erst zukunftstauglich macht, im Großen wie im Kleinen.

Täglich müssen wir uns als Dilettanten behaupten. Schon durch den technischen Fortschritt sind wir gezwungen, uns immer wieder auf Dinge einzulassen, über die wir gar nicht mehr verfügen können. Ohne tieferes Wissen um ihre Funktionsweise bedienen wir Computer und andere elektronische Geräte. Kaum, dass wir mit der einen Software halbwegs zurechtkommen, müssen wir uns auf die nächste einstellen. Zeit für die gründlichere Durchdringung bleibt niemals. Oberflächlich erfassen wir das Neue, hantieren mit Begriffen, die wir kaum übersetzen, geschweige denn erklären könnten. Niemand durchschaut mehr die Mechanismen, auf die er sich gleichwohl verlassen muss, derer er sich bedient, um das Unbegreifliche weiter und weiter zu entwickeln. Eingestehen aber könnten wir uns das alles nur um den Preis der Verunsicherung, der eigenen sowie der der anderen. Die Bereitschaft dazu hält sich in Grenzen, gerade in Deutschland. Je weniger wir Herr der Dinge sind, desto mehr haben wir gelernt, den Anschein zu erwecken. Die Hybris gehört zum Charakter der Dilettanten. Learning by Doing heißt ihre aus der Not geborene Devise. Auf gut Glück wird ausprobiert, wovon man annimmt, dass es irgendwie funktionieren müsste. Ob es das dann wirklich tut, bleibt immer öfter dem Zufall überlassen, bei den Spekulationen der Banker und den Rettungsschirmen, die die Regierenden aufspannen, ebenso wie in der Gesundheits- oder der Bildungspolitik, wo eine Reform die andere ad absurdum führt.

Schneller und schneller sind wir damit, mit der fachlichen Selbstüberschätzung, dem Mut und dem Aktivismus der Dilettanten, vorangekommen, haben Gewinne verbucht und Verluste angehäuft. Ohne die treibende Kraft der Ahnungslosen, die unwissend genug sind, anzupacken, wovon der Fachmann lieber die Finger lässt, weil er weiß, was alles schiefgehen könnte, gäbe es keine Computer, nie wäre ein Mensch auf dem Mond gelandet, kein Kind hätte je mit einer Käthe-Kruse-Puppe gespielt. Auch der Schatz des Priamos wäre womöglich niemals gehoben worden. Schließlich war es kein Altertumswissenschaftler, kein graduierter Archäologe, der das antike Troja ausgrub, sondern Heinrich Schliemann, ein Handelsgehilfe aus dem Mecklenburgischen, der sich zu Höherem berufen fühlte. Unschätzbar bereicherte sein Fund das Wissen der Menschheit, den Kanon der klassischen Bildung. Ebenso sind es aber dilettierende Bildungspolitiker, die heute Schul- und Hochschulreformen durchsetzen, bei denen auf derartige Werte kein sonderlicher Wert mehr gelegt werden soll. Nicht weil es womöglich neue Forschungsergebnisse gäbe, die es erübrigten, sich weiter noch mit der älteren Kulturgeschichte zu befassen, sondern weil der Dilettant alles, womit er sich befasst, ausschließlich auf das Maß seiner eigenen Vorstellungskraft reduziert. Mehr als diese mitunter produktive Naivität vermag er nicht einzubringen. Fixiert auf den Moment der Handlung, auf die unmittelbar »praktische« Verwirklichung seiner Wünsche, Ideen und Ansprüche, scheint ihm das Wissen um die weiteren Zusammenhänge schlichtweg überflüssig, wenn nicht gar hinderlich. Was sollen ihm die retardierenden Momente kultureller Bildung angesichts einer Gegenwart, in der es darauf ankommt, Kommunikationstechnologien, Personalpolitik und High-tech zu beherrschen.

Unter der Überschrift »Depression« hielt Fritz J. Raddatz am 8. Juli 1995 in seinem Tagebuch fest, was er bei einem Besuch Joschka Fischers in der Hamburger *Zeit*-Redaktion erleben musste. »Es stimmt«, soll der nachmalige Außenminister, in dessen Zuständigkeit auch die Goethe-Institute fielen, damals gesagt haben, »es stimmt, ich habe mit Kultur nichts am Hut. Ich war noch nie in der Oper. Ich gehe nicht ins Theater, nicht ins Konzert. Ich lese ein bisschen. Ich finde es ehrlich, das zuzugeben. Erst gestern habe ich mit einem der berühmtesten zeitgenössischen Maler gesprochen – ich habe seinen Namen vergessen.« Als Fritz J. Raddatz daraufhin nachfragte, ob es ihn nicht geniere, »zwar die Gesellschaft umbauen zu wollen, aber ausschließlich in Termini wie Hammelsprung und Wählerverhalten, Mehrheitsbeschaffung und ›Politik ist in erster Linie Personalpolitik‹ zu reden«, bekam er zur Antwort: »Nein, warum sollte mich das genieren. Das ist mein Alltag.« Danach blieb dem Bildungsbürger Raddatz nur noch die Abwendung mit drei Worten des Entsetzens: »Feist, aber leer.« Übersehen hatte er dabei freilich, dass es eben diese Leere, dieser bildungsentleerte Hohlraum ist, in dem sich das Selbstbewusstsein der Dilettanten entfaltet, unerschütterlich. Um vierzig Prozent sanken die Kulturausgaben in Italien, seit Silvio Berlusconi an der Macht ist. Ein Aufschrei des Entsetzens ging durch das internationale Feuilleton, als 2010 Teile der Ruinen von Pompeji bei einem Starkregen einstürzten, weil sie infolge der Sparmaßnahmen nicht hinreichend gesichert waren. Von einem Reuebekenntnis des Ministerpräsidenten ob dieser archäologischen Katastrophe hat man nichts gehört, nichts, das auf eine gewisse Betroffenheit oder ein Umdenken schließen ließe.

Der aus dem Wissen geborene Zweifel, dem sich jeder Fachmann, und der Intellektuelle im Besonderen, permanent zu erwehren hat, kann den Dilettanten nicht anfechten. Davor schützt ihn das Nichtwissen, ein Mangel, den er meist ahnungslos erträgt, immer öfter aber auch aggressiv kompensiert, indem er seine Ignoranz kultiviert. Joschka Fischer ist da nur ein Beispiel von vielen. Ein anderes wäre Karl-Theodor zu Guttenberg, der am Anfang seiner Plagiatsaffäre gar nicht begreifen konnte, weshalb denn so ein Aufhebens darum gemacht wurde, dass er bei anderen abgeschrieben und mit seiner Doktorarbeit geistigen Diebstahl begangen hat, während er später, als der Betrug immer offensichtlicher wurde, mit erhabener Nachsicht auf die verletzten Prinzipien der Wissenschaft zu sprechen kam, gerade so, als handle es sich um ein mehr oder weniger abseitiges Reglement, das man als Politiker nicht gar zu ernst nehmen sollte.

Wie wir sehen werden, ist es dieses egoistische, aus den persönlichen Ansprüchen wachsende, unerschütterliche Selbstvertrauen, das den Dilettanten zum Tatmenschen macht. Es gibt ihm die Kraft, alles Mögliche – und öfter noch das Unmögliche – ins Werk zu setzen. Da er es nicht besitzt, kann ihn das Wissen um die Sache nicht hemmen. An der Wunschvorstellung orientiert sich sein Handeln, daraus, aus sonst nichts erwächst es, aus keiner Analyse, die dieses Handeln zwingend erforderte. Auch die Umwandlung der Universität in eine Berufsschule, die Reduktion des Studiums auf eine praxisorientierte Ausbildung, der sogenannte Bologna-Prozess, ist so eine Tat der ahnungslos Engagierten. Nicht zu reden vom Bubenstück der Rechtschreibreform.

Nur wer das Regelwerk der deutschen Sprache, die Vielfalt seiner Ausdrucksmöglichkeiten nicht kennt, konnte auf die Idee verfallen, das Schreiben durch eine simplifizierte Orthografie vereinfachen zu wollen. Bezeichnenderweise waren es die Nationalsozialisten, die das mit politischem Kalkül, um die Bildungselite auf das sprachliche Niveau der Masse zu bringen, schon einmal versucht hatten. Und auch jetzt wieder hat sich die Rechtschreibreform nicht aus der sprachlichen Entwicklung ergeben. Es gab keinen sachlichen Zwang; und es waren nicht die Philologen, die den Anstoß gaben; sie haben den Angriff auf das Kulturgut eher verschlafen. Erst als das Kind im Brunnen lag, die Reform gesetzlich sanktioniert war, hat die Deutsche Akademie für Sprache und Dichtung ihre Stimme zaghaft erhoben. Der nachgereichte Protest verhallte kläglich. Die Tatsachen waren längst geschaffen, die neuen Duden gedruckt, die veränderten Rechtschreibprogramme auf den Computern installiert. Dafür hatten mehr oder weniger radebrechende Politiker gesorgt, um etwas zu schaffen, von dem sie glaubten, dass es besser abgestimmt sein müsste auf das veränderte Bildungsniveau, ihr eigenes eingeschlossen. Die akademische Welt wurde kurzerhand auf den Kopf gestellt. Maßstab der Reform war nicht mehr die Sprache, das Kulturgut selbst, es ging nicht um die Erschließung neuer Ausdrucksmöglichkeiten, sondern um eine Reduktion der Sprache, um ihre Anpassung an die sinkende Ausdrucksfähigkeit der Sprachbenutzer. Unterdessen wissen wir, wozu das führte: zu einer anarchistisch gebrauchten Rechtschreibung, an der sich die Linguisten mit immer neuen Nachbesserungen abarbeiten, während gleichzeitig die Zahl der Analphabeten steigt. 7,5 Millionen Deutsche, so die Ergebnisse einer Studie der Universität Hamburg, sind schon heute, 2011, nicht mehr in der Lage, richtig zu lesen und zu schreiben oder gar zusammenhängende Texte zu verstehen. 2004 waren es noch drei Millionen weniger. Die aus sprachwissenschaftlichem Unvermögen geborene Reform hat der sprachlichen Destruktion Vorschub geleistet. Aus dem Nichts erwachsen, droht sie ins Nichts zu führen.

So beherzt, wie sie sich das Unmögliche vornehmen, weil sie sich nicht auszumalen vermögen, was denn die Aufgabe erfordert, so bedenkenlos werfen die Dilettanten zum alten Eisen, was sie für überflüssig halten, weil sie selbst damit nichts anzufangen wissen. Da wie dort, im Positiven wie Negativen, handeln sie ad hoc und mit einer Ichbezogenheit, die nur allzu oft autistische Züge offenbart, in der Kunst wie in der Wissenschaft, in der Wirtschaft wie in der Politik. Auf diese Weise wird einerseits kreatives Potenzial freigesetzt, so entstehen die Werke der Avantgarde, das Neuartige schlechthin, so verschafft sich andererseits aber auch die pure Banalität unverhofft Geltung, so werden Katastrophen ausgelöst, Terrorregime errichtet, Ideologien durchgesetzt und Kriege heraufbeschworen. Das fortwirkende Verhängnis des 20. Jahrhunderts, der Erste Weltkrieg, war nicht nur das Werk eines skrupellosen Kapitalismus, als das es die Historiker, die marxistisch orientierten zumal, lange darstellten. Auch der politische Dilettantismus der damaligen Herrscher hat wesentlich zum Ausbruch des Krieges beigetragen, die neurotische Hybris Kaiser Wilhelms ebenso wie der Starrsinn des ergrauten Habsburgers Franz Joseph und der Realitätsverlust des russischen Zaren Nikolaus. Hindenburg, der brave Soldat als Präsident, und Hitler, der Gefreite aus der Etappe, der sich zum Feldherrn berufen wähnte, folgten ihnen auf dem Fuß. Alle waren sie nur Darsteller dessen, was sie sein sollten oder wollten.

Bereits zu Beginn des 20. Jahrhunderts hatte der Soziologe Max Weber in seiner Auseinandersetzung mit der Ethik der Industriegesellschaft vor dem Auftritt der »letzten Menschen« gewarnt, vor »Fachmenschen ohne Geist, Genussmenschen ohne Herz«, die sich, gestützt auf den materiellen Zugewinn, gleichwohl »einbilden« würden, »eine nie vorher erreichte

Stufe des Menschentums erstiegen zu haben«. Die Prophezeiung wurde nicht gern gehört, und geändert hat sie erst recht nichts. Der Geist war aus der Flasche, seit der wachsende Wohlstand den Freiraum biografischer Spekulation eröffnete, zwar nicht gleich für alle, aber doch für immer mehr Menschen, die die Chance bekamen, jenseits des Broterwerbs spielerisch ihren Interessen nachzugehen. Dass das weitgehend ungehemmt geschehen konnte, ohne den Zwang, anderen als den eigenen Ansprüchen genügen zu müssen, wirkte erstens befreiend und weckte zweitens die Hoffnung, später die Überzeugung, allein kraft seiner Persönlichkeit, seines bloßen Daseins sein zu können, was man zu sein verlangte, während der Gedanke an Begabung, Talent, Befähigung, Ausbildung, Ausdauer und Übung zunehmend in den Hintergrund trat. Diese jenseits des Erwerbslebens gereiften Vorstellungen waren zu verlockend, als dass sie auf die Freizeit hätten beschränkt bleiben können. Der Versuchung, sich etwas vorzumachen, das den Wünschen entspricht, wie verstiegen sie auch sein mögen, konnte auf Dauer weder der Einzelne noch die Gesellschaft widerstehen. Zwangsläufig und unversehens zugleich hat sich der Dilettantismus zum Grundzug einer Spaßgesellschaft entwickelt, in der wir uns heute so aufgehoben fühlen wie zu den Zeiten, als der Begriff aufkam. Das schlechte Gewissen, mit dem wir ihn, gleich ertappten Kindern, unterdessen zu vermeiden suchen, ändert nichts an den Tatsachen.

Die Dilettanten sind die Heroen unserer Tage, die Helden einer leistungsmüden Gesellschaft. Nicht nur auf der Showbühne, in der Arena von Thomas Gottschalk, wo sie für die perfektionierte Darbietung des Sinnlosen bejubelt werden, oder im Dschungelcamp des Comedian Dirk Bach, bei dem es genügt, sich nach Kräften zu blamieren, um Punkte zu sammeln, auch in der Politik steigen die per Umfrage ermittelten Sympathiewerte mit sinkender Kompetenz. Jörg Haider akklamierten die Wähler ungeachtet dessen, dass seine wirtschaftspolitischen Eskapaden die Republik Österreich Milliarden kosteten, zu schweigen von den internationalen Ansehensverlusten, die er regelmäßig einfuhr. Und wenn der Fall des, wie der *Spiegel* schrieb, »famosen« Karl-Theodor zu Guttenberg irgendetwas von historischem Belang gezeigt haben sollte, dann die Verführbarkeit der Massen durch den Dilettantismus, wobei sich diese Masse heute nicht mehr wie noch zu der Zeit, da sie Elias Canetti beschrieb, mehrheitlich aus Menschen mit niederen Schulabschlüssen und schlichterer Berufsausbildung rekrutiert. Auch die geistig arbeitende Mittelschicht wollte Hoffnung in den verkrachten Juristen als Politiker setzen. Der unverhofft Aufgestiegene galt als begnadet, weil er sich selbst dafür hielt. Weil er durchdrungen schien von dem Gefühl der eigenen Bedeutung, überzeugte Karl-Theodor zu Guttenberg wie andere Demagogen vor ihm. Die Frage nach der eigentlichen, der fachlichen und der geistig-moralischen Qualifikation für die Politik schien sich zu erübrigen. Noch nach der Aufdeckung seines Betrugs, als Gefahr für die Macht im Verzug war, beeilte sich die Kanzlerin, der Öffentlichkeit zu versichern, sie habe schließlich einen Minister, »keinen wissenschaftlichen Assistenten oder einen Promovierenden oder einen Inhaber einer Doktorarbeit berufen«. War der promovierten Physikerin gar nicht mehr aufgefallen, dass es bei ihrer Argumentation auf eine sophistische Rechtfertigung der Unmoral durch die kultivierte Ignoranz von Prinzipien hinauslief, denen sie sich als einstige Wissenschaftlerin hätte verpflichtet fühlen sollen? Vermutlich nicht. Jedenfalls hegte die Kanzlerin keine Bedenken, sich bei dem gefallenen Minister »für seinen Dienst am Vaterland von ganzem Herzen« zu bedanken.

Was in seinem Fall geradezu beispielhaft zählen sollte, war die Emphase des Ausdrucks, nicht der Inhalt seiner Reden. Davon musste sich niemand irritiert fühlen. Der gern erhobene Vorwurf intellektueller Arroganz ließ sich daraus nicht ableiten. Karl-Theodor zu Guttenberg wurde als besondere Begabung gefeiert und euphorisch auf den Schild der *Bild*-Zeitung gehoben, weil er nicht wirklich besser war als wir alle, dies aber strahlender darstellte. Ein Dilettant unter Dilettanten, die Gallionsfigur einer Zeit, in der wir es leid geworden sind, uns vom Zweifel an den eigenen Fähigkeiten die Laune verderben zu lassen. Noch bei seinem erzwungenen Abschied wiegte sich der Minister rhetorisch ausschweifend im Wohlgefühl der getragenen »Verantwortung«, um mit der Illusion eigener Bedeutung über die Realität seines Versagens zu triumphieren, wiederum nicht, ohne dafür den erheischten Beifall zu bekommen. Waren es doch nicht zuletzt seine zugestandenen »Fehler«, die ihn in der Gunst des Publikums aufsteigen ließen. Bis zum Schluss, dem vorläufigen Ende seiner kurzen Karriere, gab der charismatische Aufsteiger ein glänzendes Beispiel – eines, das es der per Umfrage gemessenen Mehrheit offenbar leichter machte, die Unzulänglichkeit der eigenen Existenz zu ertragen. Ist doch noch die Entlarvung des Hochstaplers von vielen wie eine persönliche Kränkung aufgenommen worden. Der Baron sei, so zitierte die *Frankfurter Allgemeine Zeitung* den sprichwörtlichen Mann auf der Straße, »ein Mensch, der Fehler gemacht habe, aber den wir brauchen«. Martin Walser, der Schriftsteller, wollte in der aufgedeckten Abschreiberei sogar eine »notgedrungene Überlebenshilfe« erkennen, für die er am liebsten »auf die Straße« gegangen wäre.

Was diese Allianz der Amateure für die politische Zukunft bedeutet, was sie dem Einzelnen bringt oder nimmt, wie es überhaupt zu dem machtvollen Schulterschluss der Fehlbaren gekommen ist und wie sich das mit der Demokratie, mit der Kultur und der Bildung vertragen soll, all das werden wir hier zu ergründen versuchen, historisch analysierend zum einen und hypothetisch spekulierend zum anderen. Zu fragen ist nach dem Einfluss der Medien, insbesondere nach dem Machtzuwachs des Boulevards. Stimmt es, dass dort die Meinung gemacht wird? Oder bekommen wir da nur geboten, was wir gerade noch verstehen? Und wie wirkt dieses mit jenem zusammen, bis hinein in die Wirtschaft? Inwieweit wurden die jüngsten, kaum überstandenen Krisen durch den Dilettantismus heraufbeschworen? Denn auch die Banker, die sie maßgeblich verursachten, auf unteren, mittleren, höheren und ganz hohen Ebenen, auch sie haben ja nicht so sehr wider besseres Wissen gehandelt als vielmehr im Rahmen dessen, was sie sich vorstellen wollten. Für die nachher vielfach eingeklagte moralische Verantwortung fehlte ihnen, so ist aus etlichen Berichten zu folgern, ganz einfach die Basis ausreichender Sachkenntnis. Nicht zu reden von einer kulturellen Bildung, aus der moralische Normen erwachsen könnten. An ihre Stelle setzten die Banker die Gier, die sie mit ihren Kunden teilten. Dazu kam der Anspruch, so faszinierend wahrgenommen zu werden, wie sie andere erlebten. Denn die dilettantische ist immer und zuerst eine nachgeahmte Existenz, nicht zu verwechseln mit der des in der Sache engagierten Laien. Beruflich kann sie in den verschiedensten Rollen auftreten, als Außenminister oder als Chef einer deutschen Landesbank und ganz unverstellt als ein Jedermann, der beschlossen hat, sich als Superstar selbst zu verwirklichen, bei Thomas Gottschalk, dem Quizmaster Günther Jauch oder eben bei Dieter Bohlen. Manchmal, im einfachsten Fall, nimmt dieses Theater derart kuriose Züge an, dass man sich herzlich amüsieren möchte; immer öfter jedoch wird der Typus von seinem Anspruch so hoch getragen, dass es nichts mehr zu lachen gibt, ganze Länder und Kulturen für den angerichteten Schaden aufkommen müssen, nach einer Finanzkrise, einem Atomunfall oder einer Bildungsreform zum Beispiel.

Aus den einfältigen sind längst professionelle Dilettanten geworden. Von der Arglosigkeit, mit der noch Bouvard und Pécuchet, die verschrobenen Helden Gustave Flauberts, sich im Vertrauen auf den »gesunden Menschenverstand« alles zutrauten, wovon sie nichts verstanden, um dann von einer Niederlage zur nächsten zu stolpern, von dieser tölpelhaften Einfalt ist wenig geblieben. Die Nachfahren wissen, was sie wollen. Dass das in aller Regel mehr ist, als sie können, braucht sie nicht weiter verunsichern, nicht in einer Welt, in der sie unter ihresgleichen sind. Forsch können sie über die Stränge schlagen, nach Herzenslust aufschneiden, wenn es gilt, eine Rolle zu bekommen, von der sie sich etwas versprechen. Die Illusion ist ohnehin ihre Realität. Darin wiegen sie sich und ihr Publikum mit Erfolg.

Niemand konnte ernsthaft erwarten, dass die Bundeskanzlerin Angela Merkel am 5. Oktober 2008 noch wusste, wovon sie sprach, als sie »den Sparern und Sparerinnen« mitten in der Wirtschafts- und Finanzkrise, während eine Bank nach der anderen die Schalter zu schließen drohte, im Brustton der Überzeugung erklärte, »eure Sparguthaben sind sicher«, das »verspreche« sie, dafür stehe die Regierung ein. Was zählte, war allein die Vorspiegelung einer Kompetenz, an die sie selbst glauben wollte. Dass diese Regierung in Wahrheit nur Schulden machen und das Steuergeld derer umverteilen kann, für deren Vermögen die Regierungschefin bürgen wollte, wurde bei der Verkündigung kurzerhand ausgeblendet. Der gutgläubige, um seine Spareinlage besorgte Bürger bekam, was er verdiente, das Versprechen, sich schlimmstenfalls am eigenen Schopf aus dem Sumpf ziehen zu dürfen. Ein absurdes Theater, dessen Sinn sich in der Selbstdarstellung der Politik erschöpfte, im Auftritt an sich. Viel mehr scheinen die Wähler allerdings auch gar nicht mehr zu erwarten. Oder wie sonst sollte man sich das monatliche Politbarometer erklären, in dem dieselben Politiker, die auf der Beliebtheitsskala die höchsten Sympathiewerte erreichen, bei den Fragen nach ihrer fachlichen Kompetenz bescheiden bis miserabel abschneiden. Unbedarft in der Sache und überzeugend oder eben versagend in der Vorstellung, werden sie als die Darsteller bejubelt oder ausgepfiffen, die sie sein wollen, ähnlich dem Schauspieler, den wir in der Rolle des Wallenstein beklatschen, obwohl wir ihm niemals die Führung eines Heeres anvertrauen würden.

Was immer der Dilettant sein will, stets zieht es ihn auf die Bühne, stets will er etwas vorstellen. Schon Gerhard Schröder soll einst bei Nacht an den eisernen Stäben des Tores vor dem Bonner Kanzleramt gerüttelt und gerufen haben: »Ich will hier rein!« Ob das so war, mag wie bei den meisten Anekdoten fraglich sein, ohne einen Wahrheitskern aber wäre die Anekdote auch nicht als solche überliefert, vielleicht erfunden worden. Was sie offenbart, ist der narzisstische Antrieb, mit dem da einer in das höchste Regierungsamt strebte. Gerhard Schröder wollte den Kanzler geben, und er wollte, das war sein erklärtes Ziel, »Spaß« dabei haben. Und solange er sich damit zufriedengab, durfte er dann auch im Kanzleramt bleiben. Erst als er mehr verlangte, als er glaubte, mit seinen Arbeitsmarktreformen politisch etwas bewirken zu müssen, wurde er bei der Bundestagswahl am 18. September 2005 wieder vor die Tür gesetzt. So viel mochte ihm die Mehrheit der Wähler, die ihn ansonsten durchaus schätzte, weil sie ihn für einen Typ hielt, mit dem man gut »Party feiern« könnte, nun doch nicht zutrauen.

Für ihn selbst war das, darin mag man eine gewisse Tragik erkennen, schier unbegreiflich. Noch als bereits feststand, dass er unterlegen sein würde, wollte er seiner Kontrahentin Angela Merkel vor dem versammelten Fernsehvolk »das Recht« absprechen, in das Amt einzuziehen, das er bisher besetzte. Die veränderte Situation passte nicht in seine Vorstellung von der Wirklichkeit. Die Bretter, auf denen er sich bewegte, sollten weiter die Welt bedeuten. Seine Nachfolgerin hat die Lektion schnell gelernt und seither mit großer Umsicht alles zu vermeiden versucht, was den Eindruck der Inszenierung stören und sie die Besetzung kosten könnte. Mit beispielhafter Professionalität versieht sie die Geschäfte eines Dilettantismus, der überzeugt, indem er sich an der Vorstellung gewünschter Erfolge berauscht, in der Politik wie in der Wirtschaft, im Bildungswesen wie im Kunstbetrieb.

Frei nach dem Motto, man muss nur richtig wollen, was man sein will, um sein zu können, was man will, machen die Dilettanten ihr Glück. Und wo immer sie dabei ankommen, stehen sie auf einem Gipfel, auf einem Bildungs-, einem Wirtschafts-, einem Kinder-, einem Rentner-, einem Benzingipfel oder auch mal auf einem Frauenquotengipfel. Allweil fühlen sie sich durch den Eindruck eigener Leistung erhoben, selbst wenn nur ein kurzer Anstieg hinter ihnen liegt, der bezwungene Berg bestenfalls ein Hügel ist – eine Erhebung wie der Monte Verità, jener »Berg der Wahrheit«, auf dem unsere Geschichte des Dilettantismus, die Geschichte des erfolgreichen Versagens, vor mehr als einem Jahrhundert begonnen hat, mit viel Enthusiasmus und dem unerschütterlichen Glauben der handelnden Figuren an die weltsetzende Bedeutung ihrer Einzigartigkeit.

Es ruft der Berg
Die Entdeckung des Dilettantismus

Nicht überall frisst die Revolution ihre Kinder. An manchen Orten werden sie auch nur dem Wohlstand ausgeliefert, zum Beispiel in Ascona am Lago Maggiore. Von dem freien Gelände über der Stadt, auf dem Rohköstler und Anarchisten, Naturisten, Esoteriker und andere Lebenskünstler einst darangingen, die Welt zu verändern, kann man heute nur noch wenig sehen. Das Areal wurde und wird immer weiter verdichtet. Mauern verstellen den Blick. Parzelle an Parzelle drängen sich Feriendomizile, Villen und Apartmenthäuser den Hang hinauf, hart bis an die Grenze eines kleinen denkmalgeschützten Kernbereichs, der schon aus geringer Entfernung, vom Ort her, nicht mehr auszumachen ist. Mit postmodernem Stilbruch, mit betonierten Säulen und Kapitellen, chromglänzend, mit verglasten Wänden und beschlagenen Portalen muss sich der Reichtum auf engstem Raum zur Geltung bringen. Zug um Zug werden die letzten Lücken im luxuriös verdichteten Areal geschlossen. Mehr als hundert Jahre nach seiner Erfindung gibt es kaum noch freie Bauplätze auf dem »Berg der Wahrheit«. Um jeden Quadratmeter wird gerungen. Ein Monopoly, bei dem die Geschichte bestenfalls noch als Dekor in die Bewertung einfließt. Selbst das legendäre Café Verbano wurde unlängst zur Sushi-Bar umgebaut. Fotokopierte Fragmente der Vergangenheit schmücken die Wände, beachtet werden sie kaum mehr. Die Gäste der Vorzeit sind der Erinnerung entfallen, Hermann Hesse, Friedrich Glauser und Erich Mühsam ebenso wie die Ausdruckstänzer um Rudolf von Laban, Mary Wigman und all die anderen, die für sich entdeckten, was seither steigende Renditen verspricht und Begehrlichkeiten weckt, das Verlangen, es auch haben zu wollen.

»Diesen Investoren kann man sich auf Dauer nicht widersetzen. Wer jetzt nicht verkauft, muss sehen, wo er bleibt«, sagt Michele Vester. Seit längerem steht er in Verhandlungen. Es bleibe ihm, versichert der Innenarchitekt, gar nichts anderes übrig. Der Erhalt des Erbes übersteige seine Möglichkeiten, während ihm zugleich Millionen für das geboten würden, was der Familie seit Generationen gehört: freie Natur auf eigenem Grund und Boden. Auch hätten ihm die Aufkäufer bereits die Instrumente gezeigt. Massive Bedrohung sei zu befürchten für den Fall, dass er weiter darauf beharre, so großzügig unbeengt zu leben, wie es sein Großvater plante, als er das Grundstück kaufte. Ganze fünfzig Rappen etwa hatte der Quadratmeter damals, Anfang des 20. Jahrhunderts, gekostet. Selbst ein Suchender wie Karl Vester, der zufrieden war, wenn er genug verdient, um von der Hand in den Mund zu leben, konnte sich da einiges leisten, ein paar tausend Quadratmeter immerhin, ein weites Gelände mit der schönsten Aussicht auf den Lago Maggiore. Ascona, der Name des glücklich gefundenen Ortes, begann damals gerade erst durch die Gemüter der Boheme zu geistern. Seit kurzem macht er in den Münchener und Berliner Künstlerkreisen von sich reden, weil ein paar Fremde, die es wie Karl Vester leid waren, sich im Norden krummzulegen, hier ihr Glück suchen wollten.

Oberhalb der Stadt auf dem Monte Monescia glaubten sie ihr Paradies gefunden zu haben, ein Stück Erde mit ausgetrockneten Büschen, auf dem zu siedeln den Bewohnern von Ascona nie eingefallen wäre. Närrisch musste man sein, um dafür Geld auszugeben. Manche der Einheimischen sollen den Kopf geschüttelt, andere sich die Hände gerieben haben, als sie die Brachflächen endlich los waren. Sprach doch aus der Sicht des erfahrenen Landmanns vieles gegen und nichts für den Erwerb dieses Geländes. Die Erträge, die die dünne Ackerkrume auf dem karstigen Fels erlaubte, waren nicht der Mühe wert. Kein Weg, keine Straße führte direkt vom Ort auf den Berg hinauf. Der einzige Saumpfad, den es gab, erreichte die Anhöhe von der Rückseite, aus den Wäldern heraus. Noch lange nach der Besiedlung musste das Wasser über diesen Zugang mit Eseln nach oben gebracht werden. Nicht einmal über Quellen verfügte dieses Paradies. Die stadtflüchtigen Siedler kümmerte das alles nicht weiter. Vom Gemüseanbau und vielem anderen, das sie betreiben wollten, verstanden sie so wenig, dass sie sich um die mangelnden Voraussetzungen keine Sorgen machten, nicht solange die Sonne schien. Ihretwegen war Karl Vester schon bis auf die polynesischen Inseln, nach Samoa gereist, bevor sich sein Lebensweg mit dem anderer Sonnenanbeter in Ascona traf. Von derselben Sehnsucht getrieben, fanden sie an einem Ort zusammen, der ihnen die schönsten Aussichten eröffnete, den Blick auf eine Landschaft, von der man sich nicht vorstellen wollte, dass sie jemals vom Fortschritt entstellt werden könnte.

Wo, wenn nicht hier, fernab der rauchenden Schlote einer expandierenden Industriegesellschaft, sollten sie so sein können, wie sie sich zu sein wünschten, ungestört von dem einförmigen Klappern der Mühlen einer bürgerlichen Geschäftigkeit, vor der sich schon der früh verstorbene Romantiker Novalis gefürchtet hatte. Wie dessen Romanheld Heinrich von Ofterdingen seine »blaue Blume«, so hofften sie ihr Glück zu finden, indem sie die Vorstellung von der Wirklichkeit, die Utopie, die erträumte Realität ernster nahmen als die Wirklichkeit selbst. Aus dem ausgedörrten Monte Monescia sollte ihr »Berg der Wahrheit« werden – der Monte Verità. Die

Bühne, die sie unter diesem Namen aufschlugen, ist ihre Welt geworden; mit dem Stück, das sie darauf gaben, eröffnete das große Welttheater der Selbstverwirklichung.

Dass der Glaube Berge versetzen kann, steht schon in der Bibel. Paulus hat es den Korinthern geschrieben. Dass es überdies noch einen Glauben gibt, der es vermag, Berge aus dem Nichts zu erschaffen, ist dagegen eine Erkenntnis der jüngeren Geschichte. Wir verdanken sie dem Monte Verità. Hier erst wurde die Kunst erfunden, allein mit dem Glauben an sich selbst jene Gipfel zu imaginieren, auf denen man gern stehen möchte. Inzwischen mag uns das selbstverständlich anmuten. Landauf, landab scheppert das Mantra aus den Gebetsmühlen der Lebensberater, der Coachs. Als weltoffene Patres wie der omnipräsente Anselm Grün, als Popularphilosophen, als gestandene Mütter oder als abgedankte Manager, mit und ohne Gottesbezug, wissenschaftlich untermauert oder ganz einfach gestützt auf die eigene Erfahrung wie der Pilger Hape Kerkeling, führen sie uns auf allen Kanälen der Mediengesellschaft zu der Erkenntnis, dass man Bedeutung nur erlangen wird, wenn man sich selbst bedeutend empfindet.

Wer immer sich zur Deutung des Lebens berufen fühlt, ermuntert uns, einfach mal weg zu sein, weg aus der fordernden Realität, dieser Warteschleife des Erfolgs, um so herauszufinden, dass wir ohnehin alles in uns tragen, alles, was wir sein wollen, und dass sich der Rest, das Wissen um die Sache, dann schon irgendwie ergeben wird. Dass dieser befreienden Erkenntnis unseres genialen Soseins eine kulturgeschichtliche Kehrtwende vorausgehen musste, nicht weniger als die Überwindung des aufklärerischen Denkens, machen wir uns indessen seltener bewusst. Zum einen wohl deshalb, weil der dilettantische Selbstfindungsprozess der modernen Gesellschaft zwar schon weit fortgeschritten, aber längst noch nicht abgeschlossen ist, und zum anderen, weil es zum Wesen der Dilettanten gehört, wunschgleitet und intellektuell unbekümmert zu handeln. Aus der Unkenntnis, auch aus der Unkenntnis der eigenen Geschichte und Beschränktheit, schöpfen sie den Mut, darzustellen, was immer sie sein wollen. Nur so konnte der Monte Verità, das ertraglose Land, überhaupt besiedelt und der »Berg der Wahrheit« erfunden werden.

Schon in der zweiten Hälfte des 19. Jahrhunderts hatten einige, die der alten Gesellschaft nicht länger trauen mochten, das Tessin als einen Freiraum für sich entdeckt. Michail Bakunin, der gesuchte Anarchosozialist, streunte auffällig durch die Gegend. Die Villa La Baronata unweit von Locarno, wo er gegen Ende seines Lebens, zwischen 1869 und 1874, vorübergehend wohnte und Marx ins Russische übertrug, wurde zu einer Anlaufadresse für die Anarchisten aus ganz Europa. Ihre Wege kreuzten sich mit denen anderer Propheten der Welterneuerung aus dem Geist des Individualismus. Okkultisten, Astrologen und Spiritisten gehörten ebenso zu dieser bunten Gesellschaft der Heilsucher wie die Lebensreformer des Monte Verità. Erste Pläne zu seiner Besiedlung datieren aus dem Jahr 1899. Die Theosophen wollten hier ein »Kloster« errichten. Die relative Abgeschiedenheit des Ortes in bequemer Nähe der Zivilisation schien dafür bestens geeignet; allein es fehlten die Mittel.

Über die verfügte ein Jahr später ein anderer, der 1875 geborene belgische Industriellensohn Henri Oedenkoven. Er hatte sich, keine Seltenheit zu jener Zeit, die Syphilis zugezogen und erhoffte nun Heilung durch ein einfaches naturverbundenes Leben jenseits der bürgerlichen Geschäftigkeit, deren Wohlsituiertheit er selbst entstammte. Seine Intentionen trafen sich mit denen der neun Jahre älteren Klavierlehrerin Ida Hoffmann. In ihren Erinnerungen berichtete die engagierte

Frauenrechtlerin später: »Im Oktober 1900 versammelten sich zu München in der Wohnung meiner Familie Menschen verschiedenster äußerer und innerer Gestaltung; doch beseelte mehr oder weniger fast Alle ein gleiches Verlangen nach Verlassen der veralteten gesellschaftlichen Ordnung, besser Unordnung, zum Zweck persönlicheren Lebens und persönlicherer Lebensführung – nach Freiheit.« Um den passenden Platz dafür zu finden, durchstreiften Henri Oedenkoven und Ida Hoffmann in den folgenden Wochen Oberitalien und die Südschweiz. In ihrer Begleitung waren Ida Hoffmanns Schwester Jenny, Lotte Hattemer, eine exzentrische Schönheit aus der Berliner Gesellschaft, und die Brüder Karl und Gusto Gräser, ein abgedankter Offizier der k. u. k. Armee der eine, der andere ein verkanntes Genie, das sich die Welt barfüßig und gestützt auf einen Hirtenstab erwanderte. Zusammen bildeten sie eine kleine Gruppe, die zur Keimzelle der Gesellschaft vom »Berg der Wahrheit« werden sollte. Als sie nach Wochen des Suchens das freie Terrain am Rande Asconas entdeckt hatten, waren sie am Ziel ihrer Wanderung.

Für 150 000 Franken, viel zu teuer, erwarb Henri Oedenkoven zunächst anderthalb Hektar des unbebauten Landes, weitere Zukäufe folgten in den nächsten Jahren. Umgehend begann man mit der Planung eines Sanatoriums für Naturheilkunde. Denn, so schrieb Ida Hoffmann 1905, »Vegetabilismus heißt das erlösende Wort der Gegenwart«. Um ihm Geltung zu verschaffen, wurden Beete angelegt, Sträucher und Bäume gepflanzt, »Lufthütten« hergerichtet, Sonnenbäder umzäunt. Wann immer es das Wetter erlaubte, ließen die Siedler bei der Arbeit auch noch die letzten Hüllen fallen, um nackt wie von der Natur erschaffen ans Werk zu gehen. Bilder und Gerüchte kursierten so schnell wie verlockend. Einer, der die Szene noch aus eigener Anschauung kannte, der Schweizer Schriftsteller und Puppenspieler Jacob Flach, berichtete nachher von »ungezählten Neuerern und Propheten«, die kamen, »um ein einfaches, gesundes Leben zu führen und auch andern vorzuführen«: »Die Silben Reform- und Natur- hätte man am liebsten vor alle Hauptwörter gesetzt; man schlief im Freien oder hauste in Hütten, man trug weite Gewänder, mit Stricken umgürtet, wallendes Haar und wild sprießende Bärte, man ging barfuß oder in offenen Sandalen, badete in Sonne, Luft und kaltem Wasser und war verwundert, als der Winter kam, als einen an den Füßen fror und keine Beeren, Pilze, Nüsse und Kastanien mehr zu finden waren. Man lebte vegetarisch und trank Wasser, verabscheute alle Genussmittel und fand es höchsten Genuss, an einem frisch gepflückten Salatblatt zu nagen; aber nicht nur um Magensäure und Darmflora, Kneipsandalen und unverdorbenen Haarduft kreisten die Gedanken, man öffnete auch dem Geist das große Tor für Vorträge, Konzerte, Weihestunden, Feste wurden gefeiert, von denen man heute noch spricht, doch ließ man daneben durch Hintertürchen alles ein, was es an Para-, Pseudo- und Metawissenschaft gab (und gibt): Phrenologie, Astrologie, Chirologie, Graphologie et cetera ad libitum …«

Der Monte Verità war eine Freistatt, ein Versteck war er nicht. Von Anfang an wurde, was auf ihm geschah, inszeniert, um wahrgenommen zu werden. Um eine Landnahme im eigentlichen Sinne des Wortes hat es sich bei dieser Besiedlung nie gehandelt. Niemand wollte hier mit faustischem Streben die Erde urbar machen. Alles, was die Siedler aufbauten oder aufbauen ließen, diente der Errichtung ihrer Bühne. Die Wahrheit, der sie den Berg weihten, wollten sie in sich finden. Und wiederum ist es Ida Hoffmann gewesen, die Klavierlehrerin, der die künstlerische Karriere versagt geblieben war, die dafür die programmatischen Worte fand. »Unser heute durch

Einflüsse und Machtgebote aller Art so kläglich gehemmtes Wünschen, Wollen und Können«, schrieb sie, »muss frei zum Ausdruck gebracht werden. Hierin liegt die ganze mögliche Summe individueller Befriedigung.«

Gleich am Anfang des Zitates rangieren das Wünschen und das Wollen vor dem Können; am Ende läuft es auf die individuelle Befriedigung hinaus. Drei Zeilen genügten, um das ganze Programm darzustellen: Der eigene Persönlichkeitsanspruch sollte nicht länger von gesellschaftlichen Normen oder Ansprüchen eingeengt werden, nicht einmal von Bildungsstandards und künstlerischen Maßstäben. Verlangt wurde nicht mehr nur, dass jeder Mensch um seiner selbst willen menschlich anerkannt wird, das hatten schon andere zuvor gefordert, Rousseau und die Romantiker zum Beispiel. Jetzt ging es um Größeres. Jedermann sollte so anerkannt werden, wie er sich selber sehen wollte, so emotional, so genial, so künstlerisch begabt. Das Individuum wurde der Gesellschaft enthoben, die Kunst der Kritik. Nicht nach den ästhetischen Kanons der Kulturen wollte man die kreative Leistung, das Werk, fortan beurteilt sehen, sondern nach dem »individuellen Fühlen«, dem »persönlichen Geschmack« des jeweiligen Schöpfers. Denn, so erklärte Ida Hoffmann an anderer Stelle, »jeder Mensch ist ein Künstler«, in jedem »schlummert ungeahntes Können nach allen Richtungen hin«. Nur auf die Erweckung dieser »natürlichen künstlerischen Leistungsfähigkeit« in sich kam es jetzt noch an. Von Selbstverwirklichung würden wir heute sprechen.

Unter allem, wofür auf dem Monte Verità der Boden bereitet wurde, ist diese Erweiterung des Begriffes der Kreativität zweifelsfrei der Anstoß mit der größten Nachwirkung gewesen. Davon zehren, darunter leiden wir bis heute. Einerseits hat diese Befreiung von der akademischen, von jeglicher autoritären Vormundschaft ganz neue Spielräume eröffnet, zumal in der Kunst, wenn man etwa an die fortwirkenden Experimente der Avantgarde denkt, namentlich an die Dadaisten, von denen viele im Dunstkreis des Monte Verità aufgebrochen sind. Andererseits wurde mit der Inthronisation des Individuums als höchstem Wesen ein Klima geschaffen, in dem die Selbstüberschätzung prächtig gedeihen konnte. Da sich der Wert einer Leistung zuerst an der Übereinstimmung mit dem »individuellen Fühlen« bemessen sollte, war die Leistung dem Vergleich entzogen, das Banale vom Herausragenden, das Dumme vom Richtigen nicht mehr zu unterscheiden. Viel Unsinn wurde so getrieben und mancher Schaden dabei angerichtet. Weil sie glaubten, dass das Salz des Teufels sei, nichts als eine kulinarische Verführung, die dem Menschen schade, entschlossen sich die Naturköstler auf dem »Berg der Wahrheit«, auch die Kuh, die ihnen Milch gab, auf Salzentzug zu setzen. Das Tier in seiner Not entdeckte zufällig einen offenen Eimer mit Schmierseife, die es gierig schleckte. Die Folgen waren verheerend. Die Kuh starb unter Qualen; die Vegetarier mussten wieder ins Dorf absteigen, um die Milch bei den Bauern zu kaufen, die ihre Kühe wie seit jeher mit Viehsalz versorgten. Ein peinlicher Vorfall, der als Anekdote überdauert hat, weil er Wesentliches offenbarte, die Naivität der Idealisten. Man sah: Wo das Wollen mehr gelten sollte als das Können, wurde die Beherrschung der Sache nebensächlich. Die Stunde der Dilettanten hatte geschlagen. Jeder war aufgerufen, sich an alles zu wagen, wenn es ihn nur befriedigte, mochte dabei herauskommen, was will. Der Ertrag stand nicht länger im Zentrum des Interesses; es gab nichts mehr, das man für andere, für die Gesellschaft, für die Zukunft hätte aufbauen wollen.

Als Erich Mühsam 1904 zusammen mit seinem Freund

Erich Nohl Ascona und den Monte Verità erstmals besuchte, schaute er von der ideellen Anhöhe abgestoßen zurück auf Deutschland und den »Deutschen«, der stolz ist, »weil er arbeitet«. Geradezu vorbildhaft erschien ihm dagegen das Leben, das der Naturmensch Gusto Gräser auf dem Berg vorführte. Die Sehnsucht nach wahlverwandtschaftlicher Nähe klingt an, wenn Mühsam über den Müßiggänger schreibt: »Die Beschäftigung mit den Buchweisheiten anderer weist er grundsätzlich zurück. Er sieht darin eine Hemmung seines eigenen, natürlichen Vorstellungsvermögens. Nur was er selbst aus dem Gefühl heraus gefunden hat, ist für ihn wahr und wert, im Handeln zum Ausdruck zu kommen. Nur der eigne, frei und unabhängig von jedem theoretischen Programm gefasste Entschluss scheint ihm dem Wesen der Natur zu entsprechen, deshalb ist ihm Spontaneität und Unmittelbarkeit im Handeln gleichbedeutend mit naturgemäßem Handeln.« Was dabei herauskam, mag der Auszug aus einem Text belegen, der sich mit seinem Zeilenbruch den Anschein eines Gedichtes gibt. Unter der Überschrift »Maschinenzeit« donnert der Autor:

»Mischmaschzeit, Mordsmoloch haust,
und mit Radradaugerase wird die heitere Frau Masse
von der Massakrin zerzaust.
Ihre Eisensaurier kreischen, weil sie hungrig,
Mensch dich, heischen –
wirst – als – ›Material‹ – verschmaust!«

Künstlerisch muss man sich in den Text nicht weiter vertiefen, sich nicht auf die vergebliche Suche nach einer literarischen Bedeutung begeben. Die haben die Zeilen nur insofern, als sie vom Autor, ganz im Sinne seines Kreises, individuell bedeutend empfunden wurden. Beachtung verdient aber der emotionale Gestus. Verraten sich doch im Zorn der Worte, in dieser Aufwallung des Ausdrucks, Angst und das anarchistische Aufbegehren gegen eine Welt, der man sich nicht mehr gewachsen fühlte. Pathetisch verleumdet wird, womit man selbst nicht zurechtkam. Unschwer lassen sich die kreischenden Eisensaurier als das Bild einer Industriegesellschaft entschlüsseln, die immer unbeherrschbarer zu werden drohte. Der emotionale Protest ist ohne Zweifel ein Notruf gewesen, ein Notruf, dem freilich die intellektuelle Kapitulation vorausgegangen war, womit jedoch nicht unterstellt sein soll, dass Nonkonformisten wie Gusto Gräser schlicht und einfach Dummköpfe gewesen sind. Das waren sie mitnichten. Nur haben sie das Kind mit dem Bade ausgeschüttet, wenn sie zugleich mit der Gesellschaft, die ihnen Angst machte, das Wissen verwarfen, auf dem diese Gesellschaft gründete. Das ganze normative Denken schlechthin erregte ihren Argwohn. Was sollten sie damit noch anfangen, wozu sollte es noch dienen nach allem, was es bereits hervorgebracht hatte, was sie selbst an Zwang und Reglement, an Leistungsdruck und Vermassung erlebten; zu schweigen von der rauchenden Umweltverschmutzung. War es da nicht besser, vielleicht auch bequemer, auf die Opposition des eigenen Gefühls zu vertrauen? Immerhin hatte kein Geringerer als der Historiker Jacob Burckhardt in seinen um 1870 entstandenen »Weltgeschichtlichen Betrachtungen« angemerkt, dass die Menge des angehäuften Wissens den Einzelnen zwangsläufig überfordere und er nur noch versuchen könne, ihr »auf eigene Rechnung«, nämlich als »Dilettant«, menschlich halbwegs Herr zu werden.

Unter den gegebenen Umständen schien die Abkehr vom Rationalismus durchaus geboten, nahezu vernünftig – auf die Gesellschaft wirkte sie wie eine Schubumkehr der Aufklärung mit Folgen bis in die Gegenwart und vermutlich darüber hinaus. Denn wo der Einzelne nicht mehr in der Lage oder willens ist, seine Existenz auf die Teilhabe an dem allgemeingültigen Wissen zu gründen, wo er dem so wenig traut, dass er glaubt, alles – und das auch noch sehr viel besser – aus sich heraus schaffen zu können, da zerfallen die Fundamente der sozialen Gemeinschaft. Wo alles in das Belieben des Einzelnen gestellt wird, da werden auch die Verhältnisse zwangsläufig beliebig, in der Gesellschaft im Allgemeinen sowie in der Politik im Besonderen, ja sogar in der Wirtschaft und in der Kunst ohnehin. Die auszubildende Fähigkeit wird Zug um Zug durch die Imagination des Könnens ersetzt, Bildung durch die Einbildung, sie zu haben. Mit anderen Worten, der Dilettantismus wird gesellschaftsfähig. Er ist, wenn man so will, das Produkt eines Fortschritts, von dem wir uns zunehmend überfordert fühlen, obwohl es doch ebendieser Fortschritt ist, der erst die materiellen Voraussetzungen schafft, die es erlauben, sich in der Illusion einer möglichen Abkehr von ihm zu wiegen. Erst mit dem steigenden Wohlstand konnte sich der Dilettantismus – nicht zu verwechseln mit dem Mut zur praktischen Vielseitigkeit, wie ihn die Menschen in einer Pioniergesellschaft entwickeln – überhaupt als gesellschaftsprägendes Phänomen herausbilden. Auch das hat die Geschichte des Monte Verità beispielhaft gezeigt.

Zwar gab es um 1900 und später lebensreformerische Projekte noch an anderen Orten, so die Gartenstadt Hellerau bei Dresden oder die Vegetarische Obstbau-Kolonie »Eden« in Oranienburg bei Berlin. Nirgends jedoch konnte sich der alternative Zeitgeist beeindruckender darstellen als auf dem »Berg der Wahrheit«. Hier lief die Aufführung, die nachher als die gültige angesehen wurde, ein Zeittheater ohnegleichen. Hierher hat es sie alle gezogen. Rund 600 Namen zählt die Liste der bekannten und weniger bekannten Gäste, Besucher, Anwohner. Darunter Berühmtheiten wie der englische Schriftsteller D. H. Lawrence, der Psychoanalytiker C. G. Jung oder der winters wie sommers halbnackt umherziehende Naturapostel Gustav Nagel. Viele waren auf der Durchreise und machten aus Neugier Station. Andere brachten bereits Erfahrungen aus älteren Reformprojekten mit. Auch Ida Hoffmann hatte zunächst mit dem Gedanken gespielt, sich in Oranienburg niederzulassen. Dann aber lockte das Versprechen des Südens, die Verheißung des paradiesischen Lebens jenseits der Alpen. Wo schließlich hätte man der Natur näher kommen können als unter der wärmenden Sonne des Tessins, beinahe schon in Italien. Was noch einige Jahrzehnte zuvor für die meisten undenkbar gewesen wäre, konnten sich nun viele erlauben. Wenige Stunden Bahnfahrt genügten, um von Berlin und München oder aus dem kohleverstaubten Ruhrgebiet an den Lago Maggiore zu kommen. Der Fortschritt mit seinen »Eisensauriern« hatte das Unvorstellbare möglich gemacht. Seit 1882 gab es den Gotthardtunnel, eine der großen Ingenieurleistungen des 19. Jahrhunderts und ein Glücksfall auch für Ascona. Schon an der Durchquerung des Bergmassivs hatte die Stadt kräftig mitverdient. Unmittelbar vor ihren Toren stand die Fabrik, aus der das Pulver für die Sprengungen des südlichen Vortriebs kam. Als das hastig errichtete Werk schließlich in die Luft flog, brauchte es nur noch ein paar Jahre, bis die Züge in beiden Richtungen verkehrten, mehrmals täglich. Die Fahrzeit von München betrug weniger als einen halben Tag. Wer aus Berlin kam, fuhr über Nacht, im Liege- oder im Schlafwagen. Jedermann konnte die Eintrittskarte ins Paradies, ein Bahnticket erster, zweiter oder dritter Klasse, am Schalter lösen.

Vorbei die Zeit der beschwerlichen Alpenüberquerungen,

da man wie noch Goethe auf seinen italienischen Reisen tagelang unterwegs sein musste, in der Kutsche, zu Pferde oder gar
zu Fuß. Vorbei allerdings auch die Zeit, da man die Reise um
der Reise willen antrat. Wer jetzt nach Ascona aufbrach, ging
nicht mehr auf die Grand Tour, auf eine Bildungsreise, wie
sie einst zur standesgemäßen Erziehung der Söhne des Adels
und des vermögenden Bürgertums gehört hatte. Ganz abgesehen davon, dass sich das nur die wenigsten derer, die sich
auf dem Monte Verità versammelten, hätten leisten können,
war das nichts, worauf es ihnen angekommen wäre. Ida Hoffmann und Henri Oedenkoven sind nicht nach Italien aufgebrochen, weil sie das antike Rom, Pompeji oder Hercula-
neum sehen und an die Quellen der abendländischen Kultur
pilgern wollten. Dafür standen sie viel zu sehr unter dem Eindruck dessen, was diese Kultur in ihrer Gegenwart, der ausge-
henden Gründerzeit, hervorbrachte: einen industriellen Mo-
loch, wie es ihnen schien, vor dem man nur Reißaus nehmen
konnte. Die so Gezeichneten waren nicht auf der Suche nach
den Zusammenhängen, nach einem kulturhistorischen Kon-
tinuum, in dem sie sich hätten verwurzeln wollen. Sie suchten den Bruch. Sie wollten weg, der »Leitkultur« den Rücken
kehren. Und nicht zuletzt deshalb, weil es eher abseits der kulturhistorischen Routen lag, mögen sie sich für Ascona als den
Ort ihrer Selbstfindung entschieden haben.

Sicher, aus der jüngeren Vergangenheit kannte man die
Borromäischen Inseln im unteren Teil des Lago Maggiore.
Napoleon war da gewesen. Auch bewegte der klingende Name
die Phantasie der Dichter. Goethe soll bei der Beschreibung
der »Pädagogischen Provinz« in seinem Wilhelm-Meister-
Roman Darstellungen der Landschaft um den See zur Hand
gehabt haben, doch hatte er selbst dort nie Station gemacht.
Diese Entdeckung blieb den Nachgeborenen vorbehalten,

den Müden und den Enttäuschten, die nach einem Ort such-ten, an dem sie ausscheren konnten. Vom Korsett des bürger-lichen Erwerbslebens wollten sie sich auf dem Monte Verità ebenso befreien wie von einer kulturellen Tradition, deren An-eignung die Leistung voraussetzte. Der Zivilisationsbruch war die Kehrseite der Selbstverwirklichung von Anfang an.

So viel uns die Rückbesinnung auf das »Natürliche« bis heute gebracht hat, gleich, ob es um die Steigerung unseres Selbstbewusstseins oder um das ökologische Denken geht, so offensichtlich ist, dass sich das gesellschaftliche Wertebe-wusstsein damit zu Lasten der Kultur verschoben hat. Ein Blick in die Lehrpläne der Schulen mit ihrem schwindenden Anteil musischer Fächer kann das ebenso belegen wie, leich-ter zu verfolgen, das tägliche Bildungsprogramm des Fern-sehens. Auf allen Kanälen laufen Naturfilme, mehr und mehr von Jahr zu Jahr. Fremde Länder und Kontinente werden uns nicht mehr historisch und kulturell, sondern über die Vor-stellung ihrer Fauna und Flora nahegebracht. So sehen wir beispielsweise in einem Dokumentarfilm zum Mississippi be-eindruckend schöne Bilder mächtiger Kaimane, Lianen-ver-wachsener Bayous und wandernder Krabben in Heerscharen. Über die Kulturgeschichte des Ol' Man River, den der Streifen vorzustellen vorgibt, erfahren wir dagegen herzlich wenig; sie wird bloß am Rande gestreift, allenfalls als naturzerstörende Zivilisation ins Bild gesetzt. Die Autoren, muss man wie in anderen Fällen vermuten, haben das historische Denken und mithin die Aufklärung hinter sich gelassen. Mehr als die Na-tur an sich wollen sie nicht erfassen. Was darüber hinausgeht, wird schlichtweg übersehen, jedenfalls nicht als fortwirkend konstituierender Teil unseres Daseins wahrgenommen.

Längst hat sich, gebraucht man den Begriff einmal wertfrei, zur Gesellschaftskultur verwandelt, was in einer Exklave der

Zivilisation als soziales Experiment begann. Dass dieses Experiment noch in seinem Scheitern vorbildhaft werden könnte, ist nicht auszuschließen. Zunächst einmal aber hat sich die Welt von der Hoffnung anstecken lassen, mit der die Siedler seinerzeit Hacke und Schaufel anpackten. Das verwilderte Gelände auf dem Monte Monescia war wie geschaffen für ihren auffälligen Rückzug, etwas herausgehoben und dennoch nicht aus der Welt. Zwar gab es hier, wie wir gesehen haben, nichts, das irgendwie brauchbar gewesen wäre, keine Reste früherer Erschließung. Damit gab es allerdings auch nichts, auf dem man sinnvoller Weise hätte aufbauen müssen, nicht im wörtlichen und nicht im übertragenen Sinn. Wer hierherzog, brauchte sich nicht mit anderen vergleichen. Er war sozusagen erlöst von der Geschichte, konnte leben, arbeiten, lieben und scheitern, wie er es für richtig hielt. Wenigstens glaubten das die meisten der Neuankömmlinge, darunter einige, die noch von sich reden machen sollten, weil sie es dann doch wieder verstanden, sich herauszuheben, besser zu sein als die Übrigen. Ihnen boten sich Möglichkeiten der kreativen Entfaltung, die nachher viel zur Verklärung des Monte Verità als Pflanzstätte moderner Kunst beigetragen haben.

Eine, die in dem Zusammenhang immer wieder genannt wird, ist Mary Wigman. Für sie, die den neuen Stil des Ausdruckstanzes prägte, wurde der »Berg der Wahrheit« zum Ausgangspunkt einer Weltkarriere. »Hier«, erinnerte sie sich einmal, »gab es weder Vorbild noch Führung. Hier war ich Neuling, der, ganz auf sich selbst gestellt, die faszinierendste Erkundungsexpedition antrat, die es für den Tänzer gibt: die Entdeckung des eigenen Körpers und seine Wandlung vom Leib zum ›Instrument‹.« Die Anregung dazu verdankte sie dem Choreografen Rudolf von Laban, der wiederholt auf dem Berg wirkte. Seine Idee, den Tanz nicht mehr nach den

Regeln des klassischen Balletts als Darbietung für das Publikum, sondern als Gefühlsentäußerung der Tänzer zu lehren, entsprach der individualistischen Selbstsuche, der sie sich auf dem Monte Verità verschrieben hatten. Unter »Verzicht auf alle zivilisatorischen Reizungen« sollten sich Labans Tänzer bewegen nach der Choreografie ihrer Emotionen »zur Läuterung des Körpergefühls«. Die Regellosigkeit wurde zur Regel erklärt, das eigene Empfinden zum Maß der Dinge erhoben. Dass Rudolf von Laban zwei Jahrzehnte später, bevor er 1937 nach England emigrierte, vorübergehend zum Hofzeremonienmeister Adolf Hitlers avancierte, indem er das geometrisch choreografierte Massenballett zur Eröffnung der Olympischen Spiele 1936 vorbereitete, darf dabei nicht unbeachtet bleiben. Zeigt es doch, wohin der Weg führen kann, wenn die rationale Orientierung, resultierend aus der intellektuellen Aneignung eines humanistischen Wertesystems, zugunsten der emotionalen, in dem Fall der ästhetisch berauschenden, aufgegeben wird. Das muss nicht, kann aber immer wieder die Sprengung ethischer Grenzen nach sich ziehen. In ihrer Konsequenz nämlich duldet die Selbstverwirklichung, für die auch Rudolf von Laban seine Tänzer auf die Bühne schickte, keine Einschränkung. Wo sie der höchste Zweck ist, werden Schranken bedenkenlos überwunden. Bis in die Gegenwart herauf werden wir noch sehen, dass das voluntative Handeln der Dilettanten mit moralischer Enthemmung einhergehen kann, ob sie nun als Verursacher einer Finanzkrise, als Diktatoren, als Manager gewinnoptimierter Atomkraftwerke oder als Showmaster auftreten, die ihren Schnitt mit der Schadenfreude machen.

Für den Anfang ist das noch eine sehr geraffte Darstellung, nicht mehr als ein erster Ausblick vom »Berg der Wahrheit« in die Zukunft. Einwenden könnte man dagegen, dass das alles so, wie es später kam, nicht in der Absicht der Lebensreformer lag. Schließlich sind etliche von ihnen, man denke nur an das Schicksal des im KZ ermordeten Erich Mühsam, selbst Opfer diktatorischer Verfolgung geworden. Wer hätte dem willentlich Vorschub leisten wollen? Niemand. Was immer auf dem Monte Verità ausprobiert und getrieben wurde, sollte der Befreiung des Menschen dienen, nicht seiner Unterwerfung. Es ging um die Erlösung von Konventionen, um das Überwinden festgeschriebener Verhaltens- und Denkmuster, um die Erfindung eines neuen Menschen, wie kurios das der Welt mitunter auch vorkommen mochte. Wenn sich die Rohköstler nackt an die Bestellung ihrer Gemüsebeete machten, wollten sie sich vor allem eins mit der Natur fühlen, befreit von allem, was sie als zivilisatorische Einengung empfanden bis hin zu Hemd und Hose. Anstößig und aufreizend wurden die Szenen erst von den anderen, den Zaungästen erlebt. In kleinen und größeren Gesellschaften kamen sie an den Wochenenden aus dem Hinterland oder per Schiff über den See, um sich zu amüsieren. Findige Bürger hatten Aussichtsplattformen errichtet; fünfzig Rappen kostete der Blick über den Bretterzaun. Bald lief der Besichtigungstourismus so gut, dass Henri Oedenkoven selbst in das Geschäft einstieg. Zu einem Eintrittspreis von zwei Franken wurde das Gelände für die andrängenden Besucher geöffnet. Was sich dabei abspielte, beschreibt der Journalist Robert Landmann in seinem Buch über den Monte Verità: »Die guten Bürger waren wie die Kinder. Sie fassten ihre neugierige Pilgerfahrt als etwas Verbotenes auf, fanden einen pikanten Reiz darin, die Kolonie zu besichtigen, einen gierigen Blick in das Luftbad zu werfen und die sonderbaren Langhaarigen anzugaffen. Wer Glück hatte, konnte die Spezies der Nuss- und Obstvertilger sogar beim Essen beobachten … Um einen einzelnen Rohköstler lagerten sich häufig ganze Gruppen von Familien mit ängstlich blickenden Kindern.« Glaubt man der Darstellung, so muss es zugegangen sein wie beim Besuch im Zoo.

Dass die Zur-Schau-Gestellten ihrerseits gegen derartige Vorführungen wenig bis nichts einzuwenden hatten, dass sie dabei überzeugt und insofern wahrhaftig mitspielten, verwundert nur auf den ersten Blick. Erregten sie damit doch nicht mehr als das Aufsehen, das sie suchten. Sie wollten auffallen und der Welt ein Beispiel geben, indem sie vorführten, was sie für das bessere Leben hielten, jeder für sich. Weder mussten sie als bekennende Dilettanten fürchten, vor Ansprüchen zu versagen, auf die sie ohnehin nichts gaben, noch bedurften sie des Zuspruchs der anderen, um an sich zu glauben. Wenigstens sollte es sich nach außen hin so verhalten. Wie dieser psychische Selbstversuch von Fall zu Fall bewältigt wurde, wäre eine andere Frage. Nicht jeder fand dabei in sich das Glück, das er suchte. Ein Paradies der Seligen war auch der »Berg der Wahrheit« vor allem in der Verheißung, die freilich, dies muss man sich immer wieder vor Augen führen, für die Realität genommen wurde. Und anziehend wirkte das nun allemal. Selbst Hermann Hesse suchte hier die innere Einkehr, was für ihn zunächst hieß, von der Alkoholsucht loszukommen. Ebenso wie Mary Wigman und Rudolf von Laban kamen Isidora Duncan und der skandalumwitterte Psychoanalytiker Otto Gross, der wiederum andere Gäste behandelte, bisweilen unter Zuhilfenahme von Rauschmitteln, was in dem Fall einer jungen Frau tödlich geendet haben soll. Genau wurde das nie aufgeklärt, wie so vieles, das sich an Legenden und Gerüchten um den Monte Verità rankt.

Mancher Biograf hat den Lebensweg seiner Figur noch im Nachhinein über den Berg verlaufen lassen, um am freiheitlichen Nimbus seiner Geschichte zu partizipieren. Selbst Lenin soll vor der Rückkehr nach Russland in Ascona Station gemacht haben. Nachweislich und länger sind aber meist die weniger und die gänzlich Unbekannten auf dem Berg gewesen, Lebenskünstler und Sonderlinge, die ihre Möbel aus knorrigen Ästen zusammenbauten, Mystiker und Vegetarier, die die Sanftmut der Heidelbeere predigten, oder kunsthandwerkliche Autodidakten wie Käthe Kruse, die hier ihre erste Puppe baute, noch zusammengesteckt aus bemalten Kartoffeln. Sehr viel größere Kunstwerke hat der kreißende Berg nicht hervorgebracht, nicht in der Malerei, nicht in der Musik und nicht in Literatur. Originäres, das stilbildend wirkte, wurde allenfalls auf dem Gebiet des Tanzes entwickelt, obwohl Ascona auch da eher die Bedeutung einer Zwischenstation zuzuschreiben ist. Die Künstler, die Intellektuellen überhaupt kamen, weil sie sich von dem Versprechen einer freiheitlichen Atmosphäre, wie es sie sonst nirgends zu geben schien, angezogen fühlten, geblieben sind sie nicht. Einmal angekommen, mussten die meisten schnell erkennen, dass der gefeierte »Berg der Wahrheit« vor allem eines war, ein Eldorado des Dilettantismus.

Was aus der Ferne vielversprechend gewirkt hatte, erwies sich aus der Nähe als ein Forum der Banalität. Wo alles gleich viel galt, weil schon das pure Dasein genügen sollte, sich als Originalgenie zu begreifen, konnte kein kreativer Dialog mehr entstehen. Selbst der anfangs so begeisterte Erich Mühsam distanzierte sich schnell von den »schmachtäugigen Blassgesichtern, die von morgens früh bis abends spät nur beflissen sind, in untadeligem Lebenswandel Leib und Seele im Gleichgewicht zu halten«. Noch in dieser Hinsicht wurde hier die Zukunft vorgeprägt. Ideologischer Eifer kompensierte bereits damals die mangelnde Schöpferkraft, Dogmatismus das fehlende Wissen. Wer länger verweilte, konnte leicht den Eindruck gewinnen, nun erst recht unter die Kleingeister geraten zu sein. Der Schriftsteller Hugo Ball, der den Monte Verità ebenso streifte wie seine Dada-Freunde Tristan Tzara und Hans Arp, sprach 1916 gar von einer »Menge schafblöder Naturmenschen«. Das war gewiss eine haltlos ungerechte Übertreibung, verriet aber umso deutlicher die Enttäuschung der Künstler, denen der Berg nicht zu bieten vermochte, was sie sich erwarteten.

Weder konnte sich eine neue Gesellschaft herausbilden, wo jedem die individuelle Freiheit das Wichtigste war, noch gab es ein künstlerisches Interesse, das über das eigene Ich hinausreichte. Das individualistisch befreite wollte kein gesellschaftlich produktives Individuum mehr sein. Die Kreativität, der Leistungsanspruch und das Leistungsvermögen erschöpften sich in der Ausgestaltung des eigenen Lebens, der Selbstinszenierung in dieser oder jener Rolle, als Sonnenanbeter, als Mystiker oder als Naturmensch. Dafür hat man sich mit grobem Leinen kostümiert, Sandalen und rauschende Bärte getragen, lange bevor die Hippies in ähnlichem Aufzug nach Goa, nach San Francisco und auf die Kanareninsel La Gomera zogen. Der Auftritt ersetzte schon damals das Werk. In einer Höhle etwas abseits des Monte Verità zelebrierte Gusto Gräser das Dasein des philosophierenden Eremiten, bestaunt unter anderem von Hermann Hesse. Zur Legende wurde der »Kohlrabi-Apostel« Karl Wilhelm Diefenbach, ein mäßig begabter Maler, der die Natur in schwülstigen Gemälden feierte. Wie Jesus selbst ist er dahergekommen, um der Welt die Religion der salzlosen Naturkost zu verkünden. Zu Menschenaufläufen kam es, wenn er den Sündigen Enthaltsamkeit predigte und Erlösung versprach, am liebsten den Frauen, deren Seele er selbst vorher durch »den geschlechtlichen Verkehr« gründlich erforschen musste. Dieser Durchgangsverkehr in seinen

Betten ließ die Phantasie der Bürger aufblühen. Mit lüsterner Neugier sahen sie auf den durchgeknallten Propheten, einen Bhagwan des Fin de Siècle, der schon seinerzeit die Freiheit, die er jedem versprach, ad absurdum führte, indem er sie für sich unumschränkt beanspruchte, sie als Dogma seiner Selbstverwirklichung verstand.

Unmittelbar, in der Praxis des Monte Verità, scheiterte das Projekt an den Idealen, die es verwirklichen sollte. Sicher, Ascona zog die Welt weiter an. Es gab noch manches Auf und Ab in der Geschichte. Von Schauspielern und Spionen, von Emigranten und Politikern wäre weiter zu erzählen, von dem Kaufhauskönig Max Emden, der sich auf seinen Inseln im See gern mit nackten Mädchen umgab und das Leben selbst kurzerhand zum Kunstwerk erklärte, oder von dem Baron von der Heydt, des Kaisers Bankier, der das erste Luxushotel im Bauhausstil auf dem Monte Verità errichtete. Auch Konrad Adenauer hat dort einmal mehrere Wochen seiner Sommerferien verbracht. Doch das war schon viel später, in den fünfziger Jahren des vorigen Jahrhunderts, als bereits jene begannen, das Bauland unter sich aufzuteilen, vor deren Geschäftigkeit die Lebensreformer einst geflohen sind. Am Ende waren die Geister, die sie riefen, nicht mehr zu beherrschen. Sie sind es bis heute nicht. Abgetan ist noch lange nicht, was auf dem Monte Verità zum Ausbruch kam, im Gegenteil. Tummeln wir uns unterdessen doch alle mehr oder weniger in dem virtuellen Paradies, das dort beispielgebend erschaffen worden ist: in der Vorstellung unserer eigenen Großartigkeit als Lebenszweck.

Erstmals konnte sich der Dilettantismus damals, um 1900, als ein Phänomen des Wohlstands entfalten. So bedrückend die sozialen Verhältnisse für die meisten noch waren, vielen eröffneten sie zugleich die Möglichkeit des Ausstiegs. Das änderte nichts am Elend der Massen in den Mietskasernen der Industrieviere, muss aber doch bedacht werden, wenn man verstehen will, wie es zur Expansion des Dilettantismus kommen konnte. Schließlich handelten die neuen Amateure nicht mehr aus der Not heraus. Anders als etwa die Entdecker der Neuen Welt, die sich in unerschlossener Fremde behaupten mussten, waren sie nicht gezwungen, sich alles Mögliche, wovon sie nichts wussten, zuzutrauen und anzueignen. Ebenso wenig sind sie mit jenen zu verwechseln, die sich als Laien Wissen und Fähigkeiten aneignen, weil sie für diese oder jene Sache entflammt sind, eine Entwicklung voranbringen oder eine Idee verbreiten möchten.

Das hat es zu allen Zeiten gegeben, in der Religion, in der Philosophie und in der Kunst sowie in der Wissenschaft. In diesem Sinne wäre selbst Goethe mit seinen naturwissenschaftlichen Arbeiten der Laienbruderschaft zuzurechnen, nicht aber der Masse der Dilettanten, von denen er selbst sagt, dass sie »durch alles in die Augen fallende Tätige gereizt« werden und dem »Nachahmungstrieb« folgen. »Überhaupt«, erklärt Goethe weiter, »will der Dilettant in seiner Selbstverkennung das Passive an die Stelle des Aktiven setzen, und weil er auf eine lebhafte Weise Wirkungen erleidet, so glaubt er mit diesen erlittenen Wirkungen wirken zu können.« Noch einmal und etwas gegenwärtiger formuliert: Was der Dilettant tut, tut er, um das Vergnügen zu genießen, das ihm die Sache verspricht, nicht der Sache wegen. Er will sich, wie es die wörtliche Übersetzung des italienischen »dilettare« sagt, ergötzen, erfreuen. Er ist, wenn man so will, der geborene Freizeitmensch – einer, der erst in dem Maße auftreten konnte, in dem die Gesellschaft Raum dafür bot, womit wir wieder im frühen 20. Jahrhundert und auf dem Monte Verità angelangt wären. Denn ungeachtet der Bedürfnislosigkeit, die viele der Siedler dort vorlebten, genossen sie eine luxuriöse Existenz, insofern sie die Freiheit besaßen, sich aus der Pflicht zu nehmen. Der kapitalistische Fortschritt, von dem sie sich mit gutem Grund abwendeten, hatte sie in die Lage versetzt, sich leisten zu können, was unter der Feudalordnung allein dem Adel vorbehalten war, die Ausschmückung der individuellen Existenz, unter bescheidenen Umständen zumeist und ärmlich mitunter, doch erlöst aus »Handwerks- und Gewerbesbanden«.

Die bürgerliche Gesellschaft konnte das mittlerweile nicht nur verkraften, sie honorierte es sogar mit wachsender Anerkennung. Schon dem freieren Treiben der Boheme, aus deren Umkreis sich das Personal des Monte Verità zunächst rekrutierte, hatte das tätige Bürgertum eher neidvoll verlangend als erschrocken zugeschaut. Puccinis Dichter Rudolf und das Mädchen, das man nur »Mimi« nennt, rührten das Publikum um 1900 zu Tränen. Was an den Rändern der Gesellschaft geschah, begann Interesse zu wecken. Immerhin wurden da Sehnsüchte ausgelebt, die man sich sonst nicht einzugestehen wagte. Der Titel eines längst vergessenen Unterhaltungsromans von Clara Blüthgen versprach den Lesern 1902 eine Begegnung mit den »Dilettanten des Lasters«. Tatsächlich ging es nicht um Frivolitäten, sondern um Menschen, die sich ziellos umhergetrieben fühlten, befallen von einer uns eigentümlich vertrauten Orientierungslosigkeit. Um dem zu entkommen, versuchten sie, den Lebensstil der Boheme zu kopieren. Ihre Lasterhaftigkeit bestand in dem Gedanken an einen Ausbruch aus dem Reglement der bürgerlichen Leistungsgesellschaft. Deren Grundfesten aber wollten sie keineswegs erschüttern. Die Opposition, in der sie sich wiegten, war keine politische Auflehnung, vielmehr Ausdruck eines individuellen Lebensanspruchs, den der wirtschaftliche Aufschwung garantieren sollte, dessen Verwirklichung er ihnen schuldete. Auf dem Monte Verità wären die Figuren des Romans gut aufgehoben gewesen, verbunden in einem Anspruchsdenken, das schon den Zeitgeist der Zukunft verriet.

Wie im Laborversuch zeigte sich, rückschauend betrachtet, auf dem »Berg der Wahrheit«, wofür der Boden bereitet war in einer Welt, die der Mensch immer weniger zu begreifen vermochte, in der er aber zugleich hoffen durfte, sich in der Abkehr mit dem notdürftig Angeeigneten selbstverwirklichen zu können. Freilich musste er, greifen wir der Entwicklung vor, bald auch lernen, allein damit auszukommen. Aus den einzelnen Dilettanten, den »Pfuschern«, wie sie Goethe beschrieben hatte, formierte sich die Gesellschaft der Dilettanten, freiwillig und notgedrungen zugleich. Es vollzog sich ein Wertewandel, bei dem die Urteile geradezu ins Gegenteil verkehrt wurden. Das Vollkommene, die Beherrschung einer Tätigkeit, egal auf welchem Gebiet, sollte nicht länger, jedenfalls nicht ausschließlich Maßstab der Bewertung sein. Mindestens ebenso sollte der Versuch, das Bemühen darum, der subjektive Glaube an die eigenen, die im wörtlichen Sinne eingebildeten Fähigkeiten zählen. Welche Kräfte das freisetzte, haben wir bereits angedeutet und werden es später noch ausführlicher beschreiben, mit all den Auswirkungen, den positiven und den negativen, die das in der Kunst, in der Politik, in der Wirtschaft, in der Bildung sowie auf unsere Lebenseinstellung bisher gehabt hat. Und immer wird sich dabei zeigen, wie verführbar wir durch den Dilettantismus sind.

Weil wir das Perfekte zwar bewundern können, uns dabei aber stets eingestehen müssen, wie begrenzt die eigenen Fähigkeiten sind, neigen wir dazu, den Amateur zu feiern. Durch sein Wollen fühlen wir uns selbst ermuntert, mit ihm stehen wir auf Augenhöhe, während das Können der Perfektionisten schnell als irritierend empfunden und mit dem Stigma des Elitären belegt wird. Der Dilettant dagegen ist unser Bruder im Geist, bestärkt er uns doch in der Hoffnung, dass es jeder aus sich heraus schaffen kann. Obwohl er nur über begrenzte gesangliche Fähigkeiten verfügt, eroberte der englische Kaufhausangestellte Paul Potts 2007 als Sänger die Herzen von Millionen, weil er den Mut gehabt hatte, Puccinis »Nessun dorma« bei einer Talentshow ins Mikrofon zu schmettern, so gut er eben konnte. Gerüchteweise wurde ihm in zahlreichen Artikeln dafür gleich noch ein Doktortitel nachgesagt. Das Publikum promovierte seinen Helden. Was zählte, war die Selbstverwirklichung, das, was der Mann für sich, im Rahmen seines Vermögens, erreicht hatte. Später, im Zusammenhang mit der Bildungspolitik, wird uns dieses Prinzip als Richtlinie reformerischen Handelns wiederbegegnen. Denn auch da drohen unterdessen die subjektiven Maßstäbe zunehmend an die Stelle der objektiven zu treten. Ein wahrhaft revolutionärer Wertewandel, der es endlich jedermann ermöglicht, Großes zu vollbringen, wie abstrus oder bescheiden das bei Lichte besehen auch sein mag. Begeistert feierte die Literaturkritik 2010 den Roman »Axolotl Roadkill«, das fäkalsprachlich auftrumpfende Machwerk der minderjährigen Autorin Helene Hegemann, bei dem sich dann zudem herausstellte, dass es über weite Strecken abgeschrieben war wie eine Guttenberg-Dissertation. Die Betrügerin konnte das nicht weiter anfechten. »Inhaltlich«, erklärte die auf frischer Tat Ertappte, »finde ich mein Verhalten und meine Arbeitsweise aber total legitim.« Wieso auch nicht, möchte man hinzufügen, war doch das Werk zunächst sogar für den Leipziger Buchpreis, vergeben vom Börsenverein des Deutschen Buchhandels, aussichtsreich nominiert gewesen. Die selbstbewusste Präsentation des Banalen hatte für Furore gesorgt – beispielhaft. Nie zuvor in der Geschichte gab es so viele »beste« Romane, so viele »geniale« Leistungen wie in der Epoche des gesellschaftlich sanktionierten Dilettantismus.

Das im Internet verfügbare *Kunstforum International* verzeichnet zwischen Christian Schad, dem Maler der Neuen Sachlichkeit, und dem Dadaisten Kurt Schwitters auch einen Mann namens Armand Schulthess. Es handle sich, ist dort und bei Wikipedia zu lesen, um einen »bedeutenden Schweizer Künstler«. Er habe ein »einzigartiges Gesamtkunstwerk« geschaffen, von dem »etwa 600 Originalarbeiten« erhalten seien. Wo, in welchen Museen oder Sammlungen, wird nicht gesagt, ebenso wenig wird uns gesagt, worum es sich bei den Arbeiten handelt. Um Genaueres zu erfahren, müssen wir uns auf die Suche begeben und geraten dabei noch einmal in die Nähe des Monte Verità. In dessen Hinterland verbrachte der 1901 geborene Armand Schulthess die letzten zwanzig Jahre seines Lebens. Am Rande von Auressio im zerklüfteten Onsernone-Tal, etwa zwanzig Kilometer entfernt von Ascona, hatte er sich 1942 ein 18 000 Quadratmeter großes Gelände gekauft, auf dem er von 1951 an bis zu seinem mysteriösen Tod 1972 – man fand seine Leiche eines Tages unterm Laub – als pensionsversorgter Eremit lebte. Hier, im Schatten eines alten Kastanienwaldes, erschuf sich der einstige Beamte des Eidgenössischen Volkswirtschaftsdepartements seinen eigenen Kosmos, jenes »Gesamtkunstwerk«, das ihm bis heute nachgerühmt wird, wobei allerdings einzuräumen ist, dass er sich selbst niemals der Öffentlichkeit als Künstler vorstellte.

Diese Entdeckung blieb einer jungen Schauspielerin vorbehalten, die ihrerseits gerade dabei war, sich als bildende Künstlerin darzustellen. Die Präsentation von Armand Schulthess wurde das erste Werk, mit dem die Performance-Aktivistin Ingeborg Lüscher, mittlerweile selbst in den einschlägigen Lexika verzeichnet, Aufsehen erregte. Angezogen von den Geschichten, die über den Sonderling umliefen, machte sie sich 1969 auf den Weg in den Kastanienwald. Was sie dort vorfand, hat sie so fasziniert, dass sie dann wöchentlich, immer am Mittwoch, wiedergekommen ist, obwohl sich Schulthess meist vor der jungen Frau versteckte, sie gelegentlich mit Steinen bewarf. Noch vierzig Jahre danach klingt Begeisterung durch, wenn Ingeborg Lüscher von dem verwilderten Haus, dem absonderlichen Mann und seinem Wald erzählt. Überall an den Bäumen, berichtet sie, klapperten kleine Blechtäfelchen, als gelte es die Vögel zu vertreiben. Bei näherem Hinsehen habe sich aber gezeigt, dass jeder dieser Deckel, ausgeschnitten aus alten Konservendosen, beschriftet war. Was darauf stand, war zusammengeklaubtes Wissen aus allen möglichen Bereichen, aus der Biologie, der Physik, der Chemie, der Politik, der Wirtschaft, der Sexualwissenschaft und so weiter. Abgeschrieben hatte es Armand Schulthess aus Lexika, Fachbüchern, Zeitungen und Zeitschriften, die zumeist aus dem Altpapier stammten. Die enorme Fleißarbeit eines Kopisten, bei dem man abermals an Flauberts Bouvard und Pécuchet denken mag, an die Schreiber, die als verwirrte Kopisten enden, nachdem sie vergebens versucht haben, den Inhalt der abgeschriebenen Bücher zu verstehen.

Dass es Ingeborg Lüscher dennoch gelang, die Kuriosität als »Enzyklopädie im Walde« in die Kunstgeschichte zu heben, zeigt, welcher Abstand inzwischen zu den normativen Vorstellungen der Vergangenheit bestand. Wer mochte sich jetzt noch an Diderot und d'Alembert erinnern, die die »Encyclopédie« im 18. Jahrhundert als ein Werk erschaffen hatten, dass das durchdrungene Wissen der Zeit aufarbeitet und in eigener Form darstellt. Wer dachte, wenn er den Begriff des Gesamtkunstwerks gebrauchte, noch an den Auf-

klärungsphilosophen Georg Wilhelm Fridrich Hegel, der geglaubt hatte, dass es einer bestimmten, allgemein anerkannten
Ästhetik bedürfe, um aus dem subjektiven Empfinden etwas zu formen, das von vielen als Kunst verstanden werden
kann. Gerade das Fehlen einer solchen Ästhetik, die Unfähigkeit, sie zu erfassen, sollte mittlerweile faszinieren. Worauf es
ankam, war nicht mehr das Werk für sich, sondern die Geschichte darum, der Bezug zu dem »Schöpfer«, der sich prä-
sentierte oder präsentieren ließ, ohne dass man viel mehr als
Neugier auf die Sensation oder menschliches Verständnis für
die problematische Existenz aufbringen musste. Damit hatte
Ingeborg Lüscher auch den Kurator Harald Szeemann überzeugen können. Spontan lud er sie 1972 ein, das »Werk« von
Armand Schulthess mit einer Dokumentation auf der Docu-
menta 5 in Kassel vorzustellen, und zwar in der Abteilung »Individuelle Mythologien«. Pars pro toto erhielt der Dilettantismus die höheren Weihen intellektueller Anerkennung.

Nur folgerichtig war es danach, dass Harald Szeemann
den inzwischen verstorbenen Armand Schulthess in die große
Ausstellung aufnahm, die er 1980 auf dem Monte Verità über
dessen Geschichte zeigte. Hier, auf dem »Berg der Wahrheit«,
erinnern wir uns, hatte Ida Hoffmann Jahrzehnte zuvor verkündet, wofür Armand Schulthess nun als Kronzeuge aufgerufen wurde: Jedermann kann, darf und soll sich als Künstler verwirklichen. Und das galt nun umso mehr, als die Entdeckung des Philosophen aus dem Kastanienwald in eine
Zeit fiel, in der der Vietnamkrieg abermals Zweifel an der
menschlichen Befähigung der modernen, das heißt der bür-
gerlich aufgeklärten Gesellschaft weckte. Ingeborg Lüscher
selbst stellte diesen Zusammenhang ausdrücklich her, ebenso
wie Harald Szeemann, der, so die Erinnerung einer weiteren
Mitarbeiterin, damals gesagt haben soll, dass er dem Men-

schen, jedem einzelnen, Mut machen wolle, seinen ganz eigenen Weg zu finden, eine eigene Utopie zu leben. Deshalb hat er die Geschichte des Monte Verità dem Vergessen entrissen, sie noch einmal mit wahlverwandtschaftlicher Zuneigung in einer großen Ausstellung nachempfunden.

Heute ist davon nichts mehr zu sehen. Die Dauerausstellung wurde vor Jahren geschlossen. Die historische Casa Anatta, das Haus der Seele, in dem die Schau über 18 Räume hinweg aufgebaut war, verfällt zusehends, die Farbe blättert von den Wänden, Spinnen weben ihre Netze. Siebenschläfer, Ratten und Mäuse haben sich eingenistet. Die Natur, könnte man meinen, will sich das Haus zurückholen. Zwar sind Dach und Fenster seit kurzem notdürftig gesichert, doch für eine gründliche Renovierung, wie sie das Schild an der versperrten Tür ankündigt, fehlt nach wie vor das Geld und mehr wohl noch der Wille, es zu beschaffen. Denkmalpfleger und Politiker treten auf der Stelle, unbemerkt in einer Gegenwart, die gelernt hat, sich großzügig von den Verpflichtungen der Vergangenheit loszusagen. Der Geschichtsvergessenheit der Dilettanten ist die eigene Geschichte anheimgefallen. Auch der Monte Verità wird von dem Geist ignoriert, den er so beispielgebend beschworen hat. Und da ist es am Ende nur noch eine ironische Zugabe des Schicksals, dass der Berg nun wieder, Parzelle um Parzelle, in den Besitz jener Gesellschaft gelangt, aus der die Gründer vorzeiten ausscheren wollten. Ihre Utopie hat sich zum Mainstream verwandelt. Was anfangs eher exotisch, als politischer Anarchismus oder lebensreformerischer Ausstieg, in Erscheinung trat, ist zur existenziellen Grundhaltung der modernen Gesellschaft, einer Ansammlung befreiter und egozentrisch lebender Individuen, geworden – in den konsumanarchistisch agierenden Gemeinwesen westlicher Prägung ebenso wie den diktatorisch beherrschten

Konsumgesellschaften des Ostens, Chinas und Russlands insbesondere. Allseits ziehen die Profiteure den größten Gewinn aus der neuen Freiheit des epidemischen Dilettantismus, in der Wirtschaft nicht anders als in der Politik, ja sogar in der Kunst, obwohl die Geschichte da zunächst ganz anders weitergegangen ist, mit einem Kreativitätsschub der Moderne, wie er ohne die Aufsprengung des überkommenen, des normativen Denkens unvorstellbar gewesen wäre.

Genies, so weit das Auge reicht

Die Ausbreitung des Dilettantismus

Es gibt einen verblüffenden anthropologischen Befund: Obwohl unser heutiges Wissen das der Vorfahren um ein Vielfaches, im Wortsinne unermesslich übersteigt und sich überdies in immer kürzeren Abständen statistisch verdoppelt, nach jüngsten Annahmen alle fünf Jahre, sind die intellektuellen Anlagen der Menschen konstant geblieben. Weder wurden wir gescheiter noch wurden wir dümmer geboren als die Athener, die Römer oder die Renaissancemenschen zu ihrer Zeit; auch unseren Nachkommen wird es aller Voraussicht nach kaum anders ergehen. Bezogen auf die jeweiligen Bevölkerungszahlen ist der Anteil der Klugen und der weniger Klugen, der Hoch- und der außergewöhnlich Begabten, soweit sich die Geschichte überschauen lässt, stets gleich groß gewesen, über alle Epochen hinweg, in Phasen des gesellschaftlichen Aufschwungs wie in den bleiernen Zeiten der Stagnation. Auf einen Aristoteles kamen in der Antike so viele durchschnittlich begabte Köpfe wie auf einen Michelangelo, einen Voltaire, einen Mozart, einen Einstein oder einen Picasso in späteren Jahrhunderten. Nicht einmal der Geniekult, wie ihn die Dichter des Sturm und Drang, der junge Goethe, Schiller oder Jakob Michael Reinhold Lenz, propagierten, konnte an dieser Vorsehung etwas ändern. Die Zeugung des Originalgenies, seine progressive Vermehrung blieb Illusion, ein literarischer Retorten-Traum, der am Ende, in Goethes »Faust«, nicht mehr hervorbrachte als das »chemische Menschlein« Homunculus, ein Geistwesen, das nicht leben konnte, weil ihm Fleisch und Blut fehlten. Das Genie des

Dichters hatte erkannt, dass sich das Genie nicht manipulieren lässt, weil der progressiven Vermehrung genialer Veranlagung ganz offensichtlich natürliche Grenzen gesetzt sind – Grenzen, die wir uns nach wie vor, Hirnforschung hin oder her, nicht zu erklären vermögen. Fest steht bisher lediglich, dass die Zahl der herausragenden Geister immer bloß in dem Maße proportional ansteigen konnte, in dem die Bevölkerung des jeweiligen Kulturkreises gewachsen ist.

Aber stimmt das wirklich, kann man der historischen Ermittlung trauen? Gab es nicht immer auch Epochen, in denen die Genies wie die Pilze aus dem Boden schossen, während der Renaissance in Italien, um 1600 in England, im elisabethanischen Zeitalter, während der Aufklärung in Frankreich und in Deutschland oder zum Ausgang des 19. Jahrhunderts, als die Naturwissenschaften das hergebrachte Weltbild mit den neuen Erkenntnissen der theoretischen Physik schlichtweg über den Haufen warfen, als die Psychologie Einblicke in Tiefen der Seele eröffnete, bei denen der Bürger vor sich selbst erschrak, und die Kunst das Innenleben zu gestalten begann, wie man vorher Landschaften gemalt hatte? Waren diese produktiv bewegten Perioden nicht deutlich Genie-gesegneter als andere?

Ja, es gab diese Blütezeiten des Geistes, Konstellationen, unter denen das Genie mehr als sonst herausgefordert war, sich zu entfalten. Wirtschaftliche Entwicklungen und politische Umbrüche, auch große Katastrophen und die Angst vor der Zukunft haben das mit sich gebracht, Spielräume eröffnet, die es erlaubten, über den Tag hinaus zu denken, aus der Not heraus Neues zu erschaffen. Die Probleme stimulierten das Genie, das zu ihrer Bewältigung gebraucht wurde. Eine expansive Population der Begabten, auf die man fortan getrost vertrauen durfte, gab es aber niemals, keinen genetischen Schub, der einen immer größeren Teil der Gesellschaft zu Außergewöhnlichem befähigt hätte. Wer sich diese Illusion erhalten wollte, musste bereit sein, das Gewöhnliche zum Großartigen zu erklären, Genialität auch denen zugestehen, die sie kurzerhand für sich beanspruchten, den Rosstäuschern und den Aufschneidern, den professionellen Dilettanten kurzum. Denn sie allein können sich massenhaft ausbreiten, auch ohne besondere Anlagen, die sie zu herausragender Leistung befähigten. Ihre Stunde schlug bisher noch immer, wenn die anderen ermüdeten, in den Zeiten der Dekadenz: im zerfallenden Römischen Reich unter Nero, dem Despoten, der sich selbst für einen genialen Künstler hielt, wie unter Adolf Hitler, dem Führer, der ein verkrachter Maler war. Darauf werden wir später wieder zurückkommen, das wird sich historisch erklären lassen.

Wie aber verhält es sich mit uns selbst, jetzt zum Anfang des 21. Jahrhunderts? Schließlich wiederholt sich die Geschichte nicht so platt, wie es der deutsche Liberale Guido Westerwelle glauben machen wollte, als er den arbeitslosen Hartz-IV-Empfänger in einem politischen Autoritätsanfall spätrömische Dekadenz unterstellte, ein Leben in Saus und Braus. Das war parteipolitische Propaganda und historischer Unsinn zugleich, die Notlüge eines politischen Gernegroß, der mit aufgeschnappten Phrasen kompensieren muss, was ihm an politischen Ideen fehlt. Ein gängiges Verfahren der intellektuellen Aufschneider seit jeher, gewiss, mittlerweile aber – und nicht bloß in der Politik – so gesellschaftsgängig, dass wir allen Grund haben, uns zu fragen, mit welcher Geniedichte wir gegenwärtig überhaupt noch rechnen dürfen. Wie hoch ist das Potenzial der aktivierten Begabung, verglichen mit dem selbstbewusst angenommenen, dem gesellschaftlich »gefühlten« Begabungsgrad? Liegt er eher unter oder über dem Mittel

54

früherer Epochen? Können wir uns stolz auf die Brust schlagen oder sollten wir lieber stillschweigen? Ist das Glas halbvoll oder ist es halbleer? Je nach Interessenlage mag man die Fragen so oder so beantworten, mit Gründen das eine oder das andere annehmen.

Fraglos stimmt es, dass die Deutschen auf dem Medaillenspiegel der Nobelpreisträger schon einmal bessere Plätze belegt haben. Insgesamt elf dieser höchsten Auszeichnungen geistiger Leistung, vier für Chemie, drei für Physik, jeweils einer für Medizin und Literatur sowie zwei Friedensnobelpreise, waren allein während der zwanziger Jahre des vorigen Jahrhunderts in das Land der Dichter und Denker gegangen. Ganze sechs dagegen sind es noch im abgelaufenen letzten Jahrzehnt gewesen, wobei zwei davon eigentlich aus der Statistik fallen müssten, weil sie an Physiker vergeben wurden, die ihre bahnbrechenden Forschungen an amerikanischen Instituten betrieben haben. Doch so genau kommt es darauf gar nicht an, zumal die Nobelpreisrate für sich genommen noch wenig über die intellektuelle Exzellenz einer ganzen Gesellschaft aussagen mag. Immerhin werden die besten Autos der Welt nach wie vor in der schwäbischen Provinz zusammengebaut. Nur ist es auch da inzwischen so, dass das Know-how immer öfter von anderen übernommen wird. Wir setzen ein, was in Asien, in Amerika oder sonstwo erfunden wurde, nicht durchweg, doch mit steigender Tendenz, während sich die Welt freut, wenn sie gut ausgebildete Hoteldirektoren, Köche und Tourismusmanager aus Deutschland und Österreich anwerben kann, damit sie die Infrastruktur des Luxus am arabischen Golf und auf den Kreuzfahrtschiffen perfektionieren.

Unversehens sind wir, was den technologischen Fortschritt anlangt, von einer Nation engagierter Tüftler und Entwickler zu einem Volk anspruchsvoller Verbraucher geworden, zunehmend angewiesen auf den Zuzug ausländischer Fachkräfte, und das umso mehr, je mehr die Qualifikationsanforderungen steigen, je komplexer die Aufgaben werden. »Wenn es um Positionen geht, die international oder interdisziplinär ausgerichtet sind, sind wir Deutschen mit einer erbärmlichen Personaldecke ausgestattet«, sagt Norbert Walter, der ehemalige Chefvolkswirt der Deutschen Bank. Der Mann weiß, wovon er spricht. Er kennt die Welt, einerseits. Andererseits könnt man ihm nämlich entgegenhalten, dass es noch nie so viele »Kreative« gab wie in unseren Tagen. Man muss sie nur da suchen, wo sie zu finden sind, in der Kulturwirtschaft zuvörderst.

Allein in Berlin beschäftigten in diesem Wirtschaftszweig (inklusive Museen und Theatern) schon 2008 (aktuellere Angaben liegen bisher nicht vor) über 23 000 Unternehmen mehr als 160 000 Menschen. Im engeren »Kreativsektor« (dazu rechnen beispielsweise Werbeagenturen, bildende Künstler, Schriftsteller) gab es 4285 Unternehmen mit 8451 Mitarbeitern, die zusammen 802 467 000 Euro umsetzten. Bis 2015 soll sich die Gesamtbeschäftigungszahl auf 200 000 erhöhen. Etwas niedriger, aber kaum weniger beeindruckend sind die Zahlen in Hessen, wo 120 000 Beschäftigte in 22 000 Unternehmen mehr als 19 Milliarden Euro jährlich erwirtschaften. Zehn Milliarden meldete Niedersachsen bereits 2007, während die Sachsen 2009 darauf verwiesen, dass rund 40 000 Menschen in der »Kultur- und Kreativwirtschaft« beschäftigt seien, unterm Strich mehr als im Maschinenbau und in der Automobilindustrie, einem der führenden Wirtschaftszweige des Landes.

Die Zahlen erheischen Respekt. Sie lesen sich wie die Bilanz einer prosperierenden Kulturgesellschaft. Selbst wenn wir die Angaben zu Theatern, Museen, Verlagen und Buchhandlungen, zu den Kinos und der Filmindustrie herauszögen, alles wegließen, was dem traditionellen Kulturbetrieb zuzurechnen ist, bliebe noch immer ein statistisch ermitteltes Kreativpotenzial, das es zuvor so niemals gegeben hat. Wie lässt sich das erklären, wie verträgt es sich mit dem anderen Befund, mit der Klage Norbert Walters über die »erbärmliche Personaldecke« in den Kreativbereichen der Industrie, des Finanzwesens, des Handels und der Großforschung nicht zuletzt? Sind wir womöglich dabei, endlich unser wahres Wesen als gestaltende Künstler in der Masse zu entdecken? Erleben wir gerade einen Vulkanausbruch kultureller Begabung? Oder laufen wir womöglich Gefahr, einem gewaltigen Selbstbetrug, der Illusion einer kreativ blühenden Landschaft, zu erliegen?

Ja und nein. Erstens stimmen die Zahlen, das heißt, es sind heute tatsächlich sehr viel mehr Menschen als noch vor fünfzig, hundert oder zweihundert Jahren mit kulturellen Dingen beschäftigt. Es gibt eine breitere Theaterszene, eine florierende Filmindustrie, eine schier unüberschaubare Verlagslandschaft; nicht zu reden von den Galerien, von Architekten und Städteplanern, von Produktgestaltern, Licht-, Ton-, Show- und Webdesignern, die ebenfalls zum Kulturbetrieb gezählt werden wollen. Auf den ersten Blick ein Phänomen der Masse, das als solches auch auf die Masse, den wachsenden Wohlstand und die Ansprüche einer expandierenden Dienstleistungsgesellschaft, zurückzuführen wäre, auf mehr und mehr Freizeit, die es auszufüllen gilt. Das ist es aber nicht allein, nicht einmal vorrangig. Hat sich doch zweitens unsere Wahrnehmung geändert, resultiert das messbare Wachstum der Kulturwirtschaft aus einer Begriffserweiterung, deren Darstellung uns in die Geschichte des Dilettantismus zurückführt. Was Ida Hoffmann, die Pianistin ohne Karriere, programmatisch vorgab, als sie auf dem Monte Verità zu Beginn des vorigen Jahrhunderts erklärte, »jeder Mensch ist ein Künstler«, hat über die Jahrzehnte dazu geführt, dass nun beinahe alles, was Menschen tun, als eine kulturelle Leistung angesehen wird. Kaum ein Bereich des Lebens, der heute nicht mit dem Begriff der »Kultur« verbunden würde. Sie ist, schrieb Nils Minkmar 2007 in der *Frankfurter Allgemeinen Sonntagszeitung*, zu einer »Ersatzreligion« geworden. Die Beispiele, die er dafür aufführt, reichen von der Unternehmenskultur über die Kultur der Flohmärkte bis hin zur »Kultur der Selbstbefriedigung«, der der Kultursender Arte am 23. November 2007 einen eigenen Themenabend gewidmet hat. Begriffliche Begrenzungen sind, geht es um die Kultur, nicht mehr auszumachen. Jeder kann dafür halten, was seinem Niveau entspricht. Klaus Wowereit etwa, der Regierende Bürgermeister von Berlin, schreibt in seiner Autobiografie: »Kultur ist für mich, wenn die Kinder auf der Bühne stehen, die Mütter die Kostüme nähen und die Großeltern den Kuchen backen.«

Wo ein solches Kulturverständnis vorherrscht, und wer wollte bestreiten, dass das zunehmend der Fall ist, bedarf es keiner Genies und keiner anspruchsvolleren Ausbildung mehr, da sind die Dilettanten unter sich. Zum Seher wird der Einäugige unter den Blinden. Um den statistischen Erfolg muss einem da nicht bange sein. Noch aus der erbärmlichsten Personaldecke lässt sich, ein letztes Mal mit Norbert Walter zu sprechen, eine blühende Kulturlandschaft zaubern, mit Off-Theatern, mit Schreibwerkstätten und Malkreisen, mit Kunstaktionen gegen den Fleischverzehr, mit Loveparade und Rock für den Frieden. Das alles hat, um gleich jeglichen Missverständnissen vorzubeugen, seine Existenzberechtigung, selbstverständlich. Das soll und muss es geben, es mag durchaus unterhaltsam und von Fall zu Fall sogar anregend sein. Nur muss man sich fragen, was damit gewonnen oder verloren wird,

wenn wir alles und jedes mit dem »Image« der Kultur versehen. Schließlich unterstellt die hergebrachte Bedeutung des
Begriffes noch immer etwas Besonderes und Gutes zugleich.
Weshalb sonst wäre das Wort so begehrt, weshalb sonst würden wir uns hüten, von einer Kultur des Bösen, des Terrors
oder der Unterdrückung zu sprechen.

Wann immer der Begriff der »Kultur« gebraucht wird,
dient er der Aufwertung. Nach wie vor partizipieren wir mit
seiner Benutzung an einem Kulturverständnis, das etwas Her-
vorstechendes voraussetzt. Allein aus der Anhäufung des Be-
liebigen ergibt sich noch keine Kultur. Erst in dem Maße,
indem sich Unterscheidungen ausgebildet haben und gesellschaftlich zugelassen wurden, konnte Kultur überhaupt entstehen. Als das Resultat schöpferischer Anstrengung hat sie
sich im Laufe der Geschichte herausgehoben. Sie ist ein errun-
gener Wert, dessen Erhalt voraussetzt, dass der Nivellierung
fortdauernd widerstanden und der Begriff nicht durch infla-
tionären Gebrauch entwertet wird.

Nur so konnte die Kultur ihren höchsten Ausdruck in der
Kunst finden, in der Malerei, in der Musik, auf dem Theater
und in der Literatur seit jeher sowie im Film, in den elektronischen Medien, in Performances und Videoinstallationen,
seit das Zeitalter der technischen Reproduzierbarkeit ange-
brochen ist. Immer brauchte die Kunst den ideellen Mehr-
wert, gleich, ob sie erbauen oder aufrütteln wollte. Sobald
dieser Bezugspunkt jenseits der banalen Existenz aufgegeben
wurde, wurden die Kunst-Produkte zur austauschbaren Ware,
zum Kunstgewerbe. Sie verloren ihre Originalität. Die künstlerische Kreativität erschöpfte sich in der mehr oder weniger
gelungenen Nachahmung dessen, was einmal originell gewesen war, nämlich anders, als es sich jeder selbst hätte vorstellen können.

So, in der Nachahmung, entstehen allenfalls der Kitsch und die Kolportage. Das Publikum bekommt, was ihm bereits bekannt vorkommt, Kunst von der Stange, Prêt-à-porter statt Haute Couture. Der Dilettant triumphiert über das Genie, die Romane der Hedwig Courths-Mahler verkaufen sich besser als die Theodor Fontanes, Abba übertrifft den Erfolg der Beatles, wenn auch nur vorübergehend, da der Dilettant selbst eben nichts zu schaffen vermag, dessen Originalität dann wiederum zur Nachahmung herausfordern würde oder anregend auf andere Bereiche, auf Wirtschaft, Politik, Wissenschaft wirken könnte. Von großen Forschern wie Albert Einstein wissen wir, dass das Erlebnis großer Kunst auch zu wissenschaftlicher Erkenntnis inspirieren kann, während der Kitsch den Geist nur einzulullen vermag, indem er sentimental anrührt oder aufwühlend wirkt, kurzum Emotionen provoziert, die dem Klischee genügen. In dessen Aufwertung erschöpft sich die Kreativität der Dilettanten.

Wo sie den Ton angeben, gewinnen die Spektakel des Entertainments an Bedeutung, nicht nur auf der Show-Bühne, sondern auch in den altehrwürdigen Institutionen des bürgerlichen Kulturbetriebs. »Auch Museen«, sagt der Elder Statesman der deutschen Kunstkritik Eduard Beaucamp, »müssen ihren Tribut an den Zeitgeist entrichten, der heute ökonomisch ist und den Erfolg im statistischen Ergebnis und wirtschaftlichen Gewinn sucht. Das Museum darf nicht mehr auf seiner konservativen Haupttugend, der lebendigen Statik seiner Sammlungen, bestehen und die Kanonbildung verteidigen. Um zu gefallen und sich gesellschaftlich zu behaupten, muss es sich zu einem guten Teil in einen Unterhaltungsbetrieb verwandeln, in den Schauladen einer ästhetischen Wechselwirtschaft.« Mit anderen Worten, wichtiger als der kulturelle Qualitätsanspruch ist die Quantität kulturwirtschaftlicher Erfolgsmeldungen, die nun wiederum als ein Beleg für das kreative Potenzial der Gesellschaft schlechthin herangezogen werden können. Dafür wird unterdessen alles zusammengenommen, was sich irgendwie erfassen lässt. Kleine und kleinste Aktivitäten bis hin zum »Museum im Koffer« oder dem »Kulturführerschein« der Evangelischen Erwachsenenbildung finden ebenso Berücksichtigung wie kommerzielle Massenspektakel, deren kultureller Wert erst dann vorsichtig hinterfragt wird, wenn es wie bei der Loveparade 2010 in Duisburg zu einer Panik gekommen ist, bei der 19 Menschen gestorben sind. Dass dies der schreckliche Tribut an einen Zeitgeist sein könnte, der den Hedonismus des Einzelnen als das kulturelle Vergnügen aller betrachtet, weil sich sonst, abgesehen von der Fußballbegeisterung, nichts findet, worauf man sich verständigen, das einen verbinden könnte, wurde bisher übersehen.

Wo sich die besondere Leistung nicht mehr zur Geltung bringen kann, weil jeder so einzigartig ist, dass er für sich selbst bestimmt, was Kultur ist, weil es ihm Spaß macht, sinken die Maßstäbe kontinuierlich. Im Berliner KW Institute for Contemporary Art hatte der Franzose Cyprien Gaillard zum Gallery Weekend 2011 eine Pyramide aus gefüllten Bierkästen aufgebaut. Die Besucher durften sie besteigen und während des Aufstiegs die Flaschen leeren. Viele taten das mit großem Vergnügen, wovon kein Aufhebens zu machen wäre, würde derartiges nicht als Kultur angesehen und schrumpfte damit, mit dem Bedeutungsgewinn von Kitsch und Blödsinn, nicht unversehens der Respekt vor den kulturellen Traditionen, vor dem gewachsenen Wertebestand der bürgerlichen Gesellschaft. Wenn das ZDF in einer großen Show »die besten Musiker aller Zeiten« ermittelt und Herbert Grönemeyer dabei den ersten Platz vor Udo Jürgens und Wolfgang Amadeus

Mozart belegt, verrät das nicht nur schlechten Geschmack und eine womöglich entschuldbare Unkenntnis, sondern mehr noch die Ignoranz einer Öffentlichkeit, in der man gar nicht mehr willens ist, zur Kenntnis zu nehmen, was jenseits des Mainstreams liegen könnte. Am wechselnden Zeitgeist aber kann sich keine Gesellschaft dauerhaft orientieren, nicht ästhetisch und auch nicht ethisch. Dazu bedarf es einer gewachsenen Kultur, man könnte auch sagen einer »Leitkultur«. Sie ist, egal, ob jüdisch-christlich, muslimisch oder anders geprägt, die Basis jeglichen gesellschaftlichen Zusammenlebens, das Fundament, auf dem sich Veränderungen ergeben können. Alle Revolutionen, die dem nicht Rechnung tragen wollten und glaubten, Tabula rasa machen zu müssen, haben im Chaos oder in der Barbarei geendet, der Weltkommunismus nicht anders als die Warlord-Regime der jüngeren Vergangenheit auf dem afrikanischen Kontinent.

Der dialektische Prozess der Entwicklung schließt immer beides in eins: Überwindung und Bewahrung – und Bewahrung wiederum setzt Aneignung voraus. »Jeder Mensch«, erklärt der Staatsrechtler Paul Kirchhof, »muss dank Bildung und Bindung die Bereitschaft mitbringen, Herr seiner selbst zu sein, seine eigenen Angelegenheiten verantwortlich in die Hand zu nehmen, seine Freiheitsrechte in Grenzen eines definierten Rechts wahrzunehmen. Freiheit ist Herrschaft über sich selbst, setzt Selbstbeherrschung voraus.« Wird auf die Vermittlung dieser Normen verzichtet und nur noch vermittelt, was die Erfüllung der Bedürfnisse auf kürzestem Weg erlaubt, wird die geistesgeschichtliche Ausbildung an Schulen und Hochschulen zusammengestrichen, um mehr Zeit für die Beschäftigung mit der neuesten Unterhaltungselektronik zu gewinnen, verliert der »Kulturstaat«, so wieder Paul Kirchhof, sein »Gesicht«. Den Bürgern droht eine Orientierungslosigkeit, die Verwahrlosung nach sich zieht. Nichts zeigt das deutlicher als die wachsende Gewaltbereitschaft unter Jugendlichen. Für das Jahr 2009 zählte die deutsche Opferstatistik 88 967 Fälle, 244 Menschen pro Tag, die von Jugendlichen zusammengeschlagen, getreten und gefährlich, mitunter lebensbedrohlich verletzt wurden. Im Vergleich mit dem Jahr 2000 eine Zunahme um rund hundert Prozent, ein Zuwachs, der in direktem Zusammenhang mit dem Verlust an kultureller Bildung steht. Ist doch die Moral das mit Abstand wichtigste aller unserer Kulturgüter. Und als solches muss sie eben auch erworben werden. Es ist uns nicht genetisch mit auf den Weg gegeben, wovon später, wenn es hier um die Schulen des Dilettantismus geht, noch ausführlicher die Rede sein muss. Die gegenteilige Annahme, dass der Mensch von Natur aus gut sei, zählt zu den größten Lebenslügen der Reformpädagogik: eine subtile Rechtfertigung des Dilettantismus, der Leistungsverweigerung, unter dem Deckmantel einer freiheitlichen Erziehung, der das »Erlebnis« über alles geht.

Darauf, auf die bildende Kraft des Erlebens, setzt auch der Pop-Schriftsteller Tino Hanekamp in dem Roman »So was von da«, erschienen im Verlag Kiepenheuer & Witsch. Nach seinem literarischen Anliegen befragt, erklärte der hauptamtliche Betreiber eines Nachtklubs gegenüber *Spiegel online* am 7. Mai 2011: »Es wäre schön, wenn dieses Buch einigen Leuten die Angst nehmen würde. Man bekommt ja die ganze Zeit erzählt, was alles schieflaufen kann, wie die Welt als nächstes untergeht. Aber uns hier in diesem Land kann doch eigentlich kaum etwas passieren. Im schlimmsten Fall kriegt der Typ im Buch von Kiezkalle den Finger gebrochen und ist pleite – aber er hat wenigstens was erlebt. Ich will junge Leute zum Unsinnmachen anstiften. Erzählen, wie abenteuerlich das ist, so was zu machen und wie viel man dabei lernt und erlebt. Dass das doch viel toller ist als aus purer Vernunft Soziologie zu studieren oder in irgendeiner Bank zu verschimmeln.«

Das Gewalterlebnis wird zur Bildungserfahrung, das niedrigste Niveau zum Tertium datur einer Gesellschaft, die es sich leisten kann, jegliche »Kultur« zu pflegen. Verloren ist die Vorstellung von ihrer orientierenden Bedeutung, wohlfeil wird der inflationär gebrauchte Begriff, wo jeder »irgendwie genial« erscheint, wenn er nur den Mut aufbringt, sich irgendwie irgendwo hervorzutun. Sei es, dass er einen Roman vorlegt, der dazu ermuntert, sich von Kiezkalle die Finger brechen zu lassen, um überhaupt noch etwas zu erleben und sich selbst zu spüren. Oder sei es, dass er in der ZDF-Sendung »Wetten, dass?« mehrere Menschen am Geruch ihres Fußschweißes unterscheiden kann, vielleicht sogar in der Lage ist, seine heruntergelassenen Hosen ohne Zuhilfenahme der Hände, nur durch die Bewegung seines Hinterteils wieder hochzuziehen, angefeuert unter anderem von der deutschen Familienministerin Ursula von der Leyen, die der Vorführung auf der Bühne beiwohnte, vor einem Millionenpublikum und Seite an Seite mit Thomas Gottschalk. Alles irgendwie Kultur, Kultur, so weit das Auge reicht, erfassbar in Statistiken, die nachweisen sollen, dass die Kultur in der Demokratie zum Gemeingut geworden ist, zu etwas, das sich jedermann selbst erfinden kann. Um welchen Preis das geschieht, verraten diese Statistiken des erfolgreichen Versagens in aller Regel nicht.

Grundsätzlich entspricht der intellektuelle Demokratisierungsprozess ja durchaus den Vorstellungen der Künstler, der Schaffenden überhaupt. Die elitäre Haltung wurde ihnen seit jeher eher nachgesagt, als dass sie sie für sich beansprucht hätten. Shakespeare inszenierte seine Stücke am Rande der Märkte, in den verrufenen Vierteln Londons und nur gelegentlich am Hofe Elisabeths II. Privilegien, die die Kulturgesellschaft aufspalten, konnten nie die Sache der Künstler sein. Früher als die Bürger sind sie dagegen Sturm gelaufen. Auch deshalb, um die Differenz zwischen Leben und Kunst ein für alle Mal zu überwinden, hatten sich die Lebensreformer des Fin de Siècle auf dem Monte Verità zusammengefunden. Das war einer der großen Träume der Avantgardisten, freilich noch getragen von dem Wissen um die Kunst und deren verpflichtende Tradition. Auf ihr Niveau wollten sie das Leben heben, es selbst zum Kunstwerk machen, nicht umgekehrt. Eine Verschmelzung des Lebens mit der Kunst zu Lasten der Kunst, diese Einigung auf den kleinsten gemeinsamen Nenner, wäre ihren Intentionen zuwidergelaufen. Auch wenn sie ihren Ansprüchen als Künstler selbst nie gerecht zu werden vermochten und am Ende dilettantisch versagten, so haben sie doch Ziele verfolgt, die die Zeitgenossen stärker beeinflussten, als manche der satirisch gefärbten Berichte vermuten lassen.

Die Dadaisten zumal sind durch die Schule des Monte Verità gegangen. Den »schafblöden Naturmenschen«, die Hugo Ball verspottete, hatten sie manches zu verdanken. Nicht zuletzt haben sie ihnen Mut gemacht, mit der Konvention zu brechen. Der Boden dafür war, erinnern wir uns, durch die Boheme bereitet. Mit ihrem Aufkommen traten die Künstler aus der Vereinzelung. Sie wurden nicht mehr nur als ästhetisch erkennbare Gruppierungen, sondern als soziale Bewegung wahrgenommen.

Ganzen Stadtvierteln drückten sie ihren Stempel auf, dem Quartier Latin in Paris und Schwabing in München zuerst. Künstler-Cafés wie das Berliner Größenwahn, das Wiener Central oder das Münchener Stephanie wurden zu Biotopen, in denen vieles gleichzeitig gedeihen konnte, die große Begabung und der pure Dilettantismus. Aus den Kaffeehäusern führen die Spuren auf den Monte Verità, und von da aus verzweigen sie sich wieder bis in die Züricher Spiegelgasse. Hier, wo schon Georg Büchner 1837 starb und Lenin eben dabei war, die russische Revolution vorzubereiten, eröffneten am 5. Februar 1916 die Dadaisten Hugo Ball, Tristan Tzara und Emmy Hennings, wie andere von Ascona kommend, ihr Cabaret Voltaire.

Was sie auf die Bühne brachten und an den Wänden ihres Lokals aufhängten, was sie malten, dichteten, aufführten, verstörte das Publikum wie selten zuvor. War das noch Kunst, diese Verse, die keinen Sinn ergaben und keine poetische Stimmung erzeugen wollten; diese Kostüme, die den Menschen in kubische Objekte verwandelten; diese Bilder, die keine Bilder mehr waren, sondern Collagen, auf denen Papierschnipsel, Stoffreste, Holzstücke, Vogelfedern, der ganze Abfall des Alltags rätselhaft zusammengefügt wurde? Sollte man das ernst nehmen, steckte da mehr dahinter oder war das alles nur von unreifen Köpfen ersonnen, dummes Zeug, Kinderkram, wie die konservative Kritik argwöhnte? Immerhin assoziierte schon der Name »Dada« das Stammeln der Babys. Auch sprachen die Dadaisten selbst von »Gaukelei«. Ihre eigenen Spektakel waren von dem Spott, den sie mit der Welt trieben, nie ganz ausgenommen.

Jedermann sein eigner Fussball hieß eine dadaistische Zeitschrift, die 1919 einmalig in Berlin erschien. Zu den Mitarbeitern zählte der Schriftsteller und spätere Psychoanalytiker Richard Huelsenbeck. Dada, schrieb er in einer »Erklärung«, »ist das beutende Nichts, an dem nichts etwas bedeutet«. In diesem Sinne wollte Dada »eine sehr sehr sehr sehr sehr freie, brutal moderne und primitive Kunst sein«. So hatte es der Initiator Tristan Tzara, ein aus Rumänien stammender Schriftsteller, gleich 1916 vorgegeben. Zwei Jahre später erklärte er weiter in einem großen »Manifest«, dass Dada »aus einem Bedürfnis von Unabhängigkeit, des Misstrauens gegen die Gemeinsamkeit« entstanden sei: ein »Erzeugnis des Ekels« und der »Negation«, was wiederum heißt, Dada war doch mehr als dilettantischer Nonsens. Was aller tradierten Ästhetik so offensichtlich widersprach, dass man es für einen Ausdruck des Unvermögens, mindestens der Unkenntnis hätte halten können, verdankte sich der Ablehnung dessen, was man nur zu genau kannte.

Indem sie sich kühn über den ästhetischen Kanon einer Gesellschaft erhoben, die ihren ethischen Anspruch gerade auf den Schlachtfeldern des Ersten Weltkrieges verwirkte, glaubten die Dadaisten Zeichen für die Zukunft zu setzen. Allerdings haben sie – wirkliche Genies – auch schnell erkannt, welche Gefahr dabei drohte. Bereits 1919 warnte Tristan Tzara vor der Bildung einer Schule des Dadaismus, in der dann kommerziell erstarren würde, was als ästhetische Revolte entstanden war. »Es ist nichts weniger als komisch«, schrieb er damals in einem Brief an André Breton, »wenn nun Wahnsinnige oder Männer, die zur Zersetzung des alten deutschen Organismus beitrugen, eine Schule propagieren, die ich niemals schaffen wollte.« Dass es genau so kommen würde, hat der 1963 in Paris verstorbene Tristan Tzara selbst noch bis zur Verbitterung mit ansehen müssen. Zwar erlebte das Erbe der Dadaisten im nachfolgenden Surrealismus noch einmal eine kreative Aufhebung, doch traten bald auch die Epigonen auf den Plan. Bis in unsere Tage, und heute mehr denn je, machen sie glänzende Geschäfte mit der formalen Nachahmung des Dadaismus.

Wie die alternativen Lebenskonzepte des Monte Verità wurde die avantgardistische Erweiterung der künstlerischen Formenvielfalt von der Gesellschaft, die sie provozieren sollte, geschmacklich assimiliert, das zu befremdlich empfundene à la mode integriert. Nur mehr formal begriffen, verlor der neuartige Ausdruck seinen ironischen Esprit, aus dem Stil wurde, wie von Tristan Tzara befürchtet, eine Schule, die seither immer neue Absolventen hervorbringt, kaum anders als die Akademien des 19. Jahrhunderts, gegen die die Avantgardisten dazumal aufgestanden waren. Die Freiheit, die sie sich nahmen, ist zu einer Narrenfreiheit geworden, der sich unterdessen jeder Dilettant nach Herzenslust erfreuen kann.

So gesehen ist es den Künstlern tatsächlich gelungen, »das Reich Gottes auf die Erde zu bringen«. Der, der ihnen das zur Aufgabe machen wollte, war kein Geringerer als der Anthroposoph Rudolf Steiner, ein Übervater der Lebensreformbewegung. Nach seiner »Philosophie der Freiheit« trug jeder Mensch ein »höheres Selbst« in sich; hatte er es entdeckt, war er zur »Wesensschau« berufen. Dieser gestiegene Respekt vor der individuellen Weltorientierung entsprach dem Geist einer Zeit, in der es für immer mehr Menschen möglich wurde, ihren persönlichen Intentionen zu leben, sei es in der gewonnenen Freizeit oder sogar beruflich. Die Existenz des Künstlers begann Sehnsüchte zu wecken. Nie zuvor gab es so viele Schriftsteller in Deutschland wie in den zwanziger Jahren des vorigen Jahrhunderts, den Roaring Twenties. Neben den großen Namen, die wir heute noch kennen, standen zahllose, an die sich kein Lexikon mehr erinnert und deren Augen dennoch im Glanz der »goldenen Zwanziger« schimmerten. Literaten, Musiker, Opernsänger, Kunstmaler wurden beliebte Filmhelden. Die großzügige Freiheit ihrer vorgeführten Existenz weckte die schönsten Träume. Darum, um die Existenz als solche, um den Glamour und das Ansehen, das man ihr nachsagte, ging es zunehmend. Für das scheinbar so freie Leben, für das leichtere Dasein, nicht für die Kunst wurde gedichtet, geträllert, gepfiffen, gepinselt und nachgemalt, was das Zeug hielt. Wenig hat sich daran im Laufe der Zeit geändert, sieht man einmal davon ab, dass die Dilettanten inzwischen wesentlich besser bezahlt werden, dass Marketinggenies wie Jeef Koons oder Damien Hirst alles in den Schatten stellen, was andere Epigonen vor ihnen aufgeführt haben.

Figuren wie die monströsen Luftballon-Dackel von Koons oder das im Formaldehyd-Bad schwimmende Schaf von Hirst hätten ohne weiteres auch auf einer Dada-Ausstellung um 1920 in Berlin stehen können, wäre die Produktion denn technisch machbar und finanzierbar gewesen. Allerdings hätten die Dadaisten das Ganze wohl nicht so todernst genommen, dem Dackel vielleicht einen Fuchs an den Schwanz gebunden, dem Schaf einen Wolf unter den Bauch geschoben. Durch den Mangel an Ironie unterscheidet sich der Abklatsch vom Original, der Künstler vom Dilettanten, obwohl der wahrscheinlich besser als jener weiß, was sich wie an den Mann bringen lässt. Ein Dackel, dem der Fuchs auf den Fersen ist, wäre vermutlich nicht elegant genug für den Markt, auf dem diese Werke der Verwunderung inzwischen für Millionen gehandelt werden.

Aber darf man solche Zweifel überhaupt noch hegen, ohne sich dem Verdacht auszusetzen, man wolle die junge Kunst in Bausch und Bogen verspotten, jenen das Wort reden, die, ideologisch oder intellektuell beschränkt, von vornherein verdammen, was ihnen nicht gefällig anmuten will? In der Tat ist hier Vorsicht geboten, bedenkt man, welchen Schaden dieser verhockte Dumpfsinn eben erst, im abgelaufenen 20. Jahrhundert, angerichtet hat, sei es, dass die Moderne von den Nationalsozialisten als »entartete Kunst« verdammt wurde oder dass sie die Kommunisten als »Formalismus« zu diffamieren versuchten. In beiden Fällen konnte das die schlimmsten Folgen haben. In dem einen System mussten die Künstler emigrieren, um der Internierung im KZ zu entgehen, in dem anderen hatten sie die Verbannung zu befürchten. Mit Berufsverboten wurden sie da wie dort belegt. Das darf man nicht vergessen. Die Erinnerung daran bewahrt das gesellschaftliche Bewusstsein bis heute. Auch wenn der historische Tatbestand nicht mehr jedem immer bewusst sein mag, beeinflusst er unser kritisches Urteilsvermögen fortwirkend. Geblieben ist eine merkliche Befangenheit im Umgang mit der modernen Kunst, die umso größer wird, je mehr wir einer kulturellen Bildung entraten, die uns zu kritischem Urteil befähigte. Ein Dilemma des Dilettantismus, dem wir, eingedenk der geschichtlichen Erfahrung, lieber mit Akklamation und vorauseilender Anerkennung als mit geäußertem Zweifel zu entkommen suchen.

Wer sich nicht blamieren will, verbirgt sein Unverständnis hinter dem gestischen Ausdruck des Interesses, bei der Weinprobe wie bei der Kunstbetrachtung. Ein erstaunter Blick, ein vielsagendes Lächeln, allenfalls ein Kopfschütteln ersetzen das formulierte und immer mit der Gefahr des Irrtums verbundene Urteil. Wer wollte es noch wagen, zu sagen, dass der Kaiser nackt ist, wenn er uns mit geschwellter Brust auf glänzendem Parkett präsentiert wird. Als der Objekt- und Installationskünstler Carsten Höller, seines Zeichens habilitierter Agrarwissenschaftler, im November 2010 an renommiertem Ort, in der großen Ausstellungshalle des Hamburger Bahnhofs in Berlin, lebende Rentiere unter riesenhaft vergrößerten Fliegenpilzen zeigte, um so an den Mythos von der berauschenden Wirkung des Pilz-vergifteten Rentierurins zu erinnern, füllte das Ereignis die Spalten der Feuilletons. »Aus Höllers Werken«, schrieb die *Welt am Sonntag*, »spricht die Lust am Kontrollverlust, aber auch das Eingeständnis der eigenen Unsicherheit.« Was es damit weiter auf sich haben könnte, blieb im Dunkeln. Das Spektakel, finanziert von der

Schering Stiftung zur Förderung von Wissenschaft und Kultur, war dem Kritiker genug, der Rahmen seiner Präsentation erhob es zur Kunst.

Vom »Marketing als Kunst« spricht der Berliner Philosoph Norbert Bolz in seiner Medientheorie und bringt damit auf den Begriff, was auch Damien Hirst veranstaltet, wenn er den Kunstmarkt mit Gags und Sensationen aufmischt, ob er nun einen präparierten Haifisch, ein übermenschlich großes Anatomiemodell oder einen diamantenbesetzten Totenschädel ausstellt. Der Effekt ergibt sich stets aus der Inszenierung und dem Entertainment der Vorführung, abgestimmt auf ein Publikum, das lieber staunen als verstehen will. »Der Kult um den Künstler«, so noch einmal Norbert Bolz, »ist selbst sein einziges Werk.« Einer der Ersten, auf den das zutraf, war Joseph Beuys, dessen Werke sich unterdessen eigentümlich abgestanden ausnehmen, reduziert auf das Maß historischer Zeugnisse. Ohne den begleitenden Auftritt des Künstlers, gleichsam aus dem Schatten seiner charismatischen Persönlichkeit gerückt, schmilzt ihre künstlerische Bedeutung dahin wie das Eis in der Sonne. Als die Düsseldorfer Kunstsammlung Nordrhein-Westfalen Ende 2010 dennoch eine größere Retrospektive wagte, schrieb die Kritikerin der *FAZ* über den Künstler: »Man darf sich bei ihm nicht im Geringsten auf stilistische und formale Kriterien einlassen, sondern nur auf das Lebensprinzip.« Wo das Kunstwerk aber nicht mehr formal und stilistisch betrachtet werden darf, kann es als solches auch nicht bestehen. Es erweist sich als das kunsthandwerklich verfertigte Requisit einer vergänglichen Inszenierung. Die Nachwelt verstaut es im Fundus der Kuriositäten. Dass auch die Produkte eines Jeff Koons und eines Damien Hirst einmal dort landen werden, ist mit einiger Wahrscheinlichkeit anzunehmen. Selbst Jonathan Meese, dem gegenwärtigen Liebling der Kunstkritik, könnte Ähnliches bevorstehen, und das, obwohl er gerade noch für den Mut beklatscht wird, mit dem er »für die komplette und totale Abschaffung von Kunsthochschulen« eintritt. Wozu sollten sie auch gut sein in einer Zeit, die davon ausgehen möchte, dass das Originelle allein aus der individuellen Eingebung und mithin kunstgeschichtlich voraussetzungslos entstehen kann, befreit von allen normativen Einflüssen.

Wo sich der Künstler selbst als Künstler definiert, schafft er auch seine eigene Ästhetik. Die Prophezeiung der Dadaisten – *Jedermann sein eigner Fussball* – geht endlich in Erfüllung, egal wie. Der Zweck heiligt die Mittel; und der Zweck ist das Faszinosum. Nach den Preisen seiner Werke gefragt, hat Damien Hirst einmal ganz ungeniert erklärt: Den Millionen verdanke er sein Image als Künstler. Mag sein, dass er das so wörtlich nicht gemeint hat, wie es genommen werden sollte, und mag weiter sein, dass die Ästhetik des Geschäfts nicht ausreicht, um vor der Kunstgeschichte zu bestehen, für die erfolgreiche Beschickung des Kunstmarktes hat es gelangt. Auf ihm herrscht der Zeitgeist; und der Zeitgeist will keine Einschränkung dulden, geht es um die Selbstverwirklichung, in der Kunst wie im Leben. »Die Diktatur der Kunst braucht keine Meinung!«, erklärte Jonathan Meese auf einer ganzseitigen Werbeanzeige der *Bild*-Zeitung.

Es ist dieses bedingungslos um sich greifende, von den Künstlern als neuer Genie-Kult vorgelebte Selbstbewusstsein, das die amerikanische Psychologin Jean Twenge zu der Feststellung einer »Narzissmus-Epidemie« veranlasste. Für die »Generation Me«, die sie in ihrem gleichnamigen Buch beschreibt, ist das Individuelle zur Norm geworden. Das philosophische Fundament dazu lieferte die Postmoderne mit einem Toleranzedikt, das zweierlei ermöglicht. Erstens braucht niemand mehr Bildungsaufwand zu betreiben, um zu irgend-etwas kritisch Stellung zu nehmen; »die Menschen« haben gelernt, dass sich eine Meinung ebenso gut »menschlich«, aus dem Bauch heraus und ohne Wissen um die Sache behaupten lässt; an die Stelle der Kritik rückt das Geltenlassen. Und zweitens darf sich jeder ermuntert fühlen, mit der Begabung aufzutreten, die er zu haben wünscht, egal, wie es darum tatsächlich bestellt sein mag. Dazu werden wir sogar ausdrücklich aufgefordert. Unlängst erst wieder, Anfang 2011, suchte die Bayerische Staatsoper für einen Talentwettbewerb »Menschen, die glauben, dass sie die Besten sein werden«. In die Verlegenheit, über ihre gesangliche Befähigung oder eine stimmliche Ausbildung nachdenken zu müssen, wollte sie die Ausschreibung gar nicht erst bringen.

Der Dilettantismus ist endgültig zur Weltanschauung einer Popkultur geworden, in der jedermann, wenn er nur will, die Chance bekommt, mit Erfolg zu versagen. In einem Rückblick auf die neunziger Jahre des vorigen Jahrhunderts schreibt der 2011 verstorbene Schriftsteller Marc Fischer: »Alles schien möglich: Du wolltest Musik machen, ein Buch schreiben, einen Film drehen: kein Problem, mach's halt. Fast jedes Buch kam heraus, fast jede Platte wurde veröffentlicht, fast jedes Bild ausgestellt. Darüber, wie viel man davon am Ende auch verkaufen konnte, dachte kaum jemand nach … Alle waren Künstler und Geschäftsleute. Man brauchte nicht mal ein Werk zu haben oder ein Geschäft.«

Wie an der Börse vor dem Crash stiegen die Kurse mit der geweckten Erwartung. Der Markt im Allgemeinen und der Kunstmarkt im Besonderen ließen das zu; die Broker wussten, was sie zu tun hatten. Schon immer ist die Spekulation auf den gefühlten Erfolg auch das Geschäft der Kunsthändler gewesen. Auf ihr Bauchgefühl waren sie stets angewiesen. Ohne dieses Gespür für das Neue wäre Daniel-Henry Kahnweiler niemals der Galerist und geschäftliche Lebenspartner Pablo Picassos geworden, Paul Cassirer nicht der Förderer vieler Expressionisten. Anders jedoch als ihre Nachkommen heute hatten sie noch die Freiheit, ihre spontane Begeisterung kritisch zu überprüfen. Sie mussten den Markt nicht expansiv bedienen, koste es, was es wolle, künstlerischen Anspruch, kaufmännische Ehrlichkeit und den guten Ruf unter Umständen. Es gab noch keine Nachfrage, die das so wie gegenwärtig verlangt hätte. Der seit den neunziger Jahren des vorigen Jahrhunderts mit kurzer Unterbrechung andauernde Boom des Kunstmarktes ist geschichtlich ohne Beispiel. Für die Auktion der Kunstsammlung von Yves Saint Laurent musste man 2009 das Grand Palais in Paris anmieten. Mehr als 30 000 Interessenten kamen, um die 730 Auktionsstücke zu besichtigen. Anfang Mai 2011 versteigerte das Auktionshaus Sotheby's in New York an zwei Abenden 58 Lose für 128 Millionen Dollar. Christie's erzielte parallel mit 65 Objekten einen Umsatz von 302 Millionen. Über vierzig Millionen erbrachte der Verkauf der Privatsammlung des Grafen Christian Dürckheim-Ketelhodt, 55 Werke der sechziger und siebziger Jahre, darunter Gemälde von Georg Baselitz, Gerhard Richter, Sigmar Polke, Jörg Immendorf und Markus Lüpertz. Die Mindestgebote lagen oft bei einer, zwei oder gar drei Millionen. Das Auktionshaus durfte sich einen weiteren »Preisauftrieb für die deutsche Nachkriegsmalerei« erhoffen.

Mit dem international wachsenden Reichtum ist ein Repräsentationsbedürfnis entstanden, das den Galeristen einerseits erkleckliche Gewinne beschert und sie andererseits hoffnungslos überfordert. Wo denn soll all die vorzeigbare Kunst herkommen, nach der das steigende Vermögen privater Sammler verlangt, wenn sich die Genies eben nicht, wie zu

Beginn des Kapitels dargestellt, je nach Marktlage vermehren lassen. Zwar kann man, was ja geschieht, versuchen, durch erhöhte Preise die Kauflust in der Breite zu dämpfen. Nur liegt das nicht im Interesse des Marktes, er will das größere Angebot. Und seine Mitspieler, Künstler, Händler sowie Käufer, wissen es sich zu verschaffen, indem sie gemeinsam ein bisschen schummeln und bereit sind, den Anschein, also das Marketing der Kunst, ihre inszenierte Bedeutung, für die Kunst selbst zu nehmen. Abermals schlägt die Stunde der Dilettanten, oder, mit Joseph Beuys zu sprechen, der »Kommunismus des Genies« wird zur Notwendigkeit. Es steigt die Bereitschaft, den Fälschern aufzusitzen.

Die Kunstmarktbilanz 2010 verzeichnet unter anderem über eintausend gefälschte Giacometti-Skulpturen, über hundert Fälschungen von Werken Andy Warhols und den Fall der »Sammlung Jägers«, etwa dreißig gefälschte Gemälde der Moderne, kopierte Werke von Max Pechstein, Max Ernst, Fernand Léger und Heinrich Campendonk. Manche davon waren, bevor der Betrug aufflog, jahrelang auf dem Kunstmarkt umgeschlagen worden, von einer Hand in die andere gegangen, von Sotheby's zu Christie's, zu Lempertz in Köln und so weiter und so fort, immer mit steigenden Preisen. Bisweilen kosteten die Fälschungen mehr als die Originale, ohne dass man das bemerken wollte. Zu gut liefen die Geschäfte. Gutachter erhielten eine prozentuale Beteiligung am Verkaufserlös, sechsstellige Honorare, wenn sie die Echtheit eines Gemäldes bestätigten, enttarnten sie dagegen eine Fälschung, wurden sie mit ein- bis zweitausend Euro abgefunden. Der Markt brauchte die Ware, auch die der Fälscher. Die Opfer machten es den Tätern leicht. Aber ist das schon alles, ist wirklich nur als Fälschung anzusehen, was die Kopisten mehr oder weniger geschickt produzieren? Oder wird nicht auch da betrogen und gemogelt, wo uns Marketing und Präsentation einen Kunstwert vortäuschen, der gar nicht vorhanden ist, wo sich das Banale zum Bedeutenden aufbläst? Formaljuristisch muss man die Frage selbstverständlich verneinen, nicht aber, wenn es um das Ethos in der Kunst, die ästhetische Verantwortung des Künstlers und des Kunstmarktes geht. Da erweist sich auch der kommerziell protegierte Dilettantismus als schlichte Rosstäuscherei, deren vorgespiegelter Wert so vergänglich ist wie die Marketinginszenierung selbst. Dass der geprellte Konsument das nachher in aller Regel auch noch beschämt hinnimmt, macht die Sache nicht besser, sichert dem Verfahren nur die Zukunft.

Die DDR-Kunst beispielsweise konnte von dieser temporären Aufwertung durch die Eigendynamik des Marktes lange profitieren. Zuerst im Westen nur wenig beachtet, eher naserümpfend beiseitegeschoben als neugierig betrachtet, begann sie ernsthafteres Interesse zu wecken, nachdem sich herumgesprochen hatte, dass das Kölner Sammlerehepaar Irene und Peter Ludwig die Werke ostdeutscher Maler, Grafiker und Bildhauer in größerem Umfang zusammentrug. Der Westen entdeckte die »Leipziger Schule« mit steigenden Preisen. Helmut Schmidt ließ sich von Bernhard Heisig für die Galerie der Bundeskanzler porträtieren. Dass Heisig wie seine Leipziger Kollegen Werner Tübke und Wolfgang Mattheuer zu den Nationalpreis-geehrten Staatskünstlern zählte, deren Werke regelmäßig auf den ideologisch konzipierten »DDR-Kunstausstellungen« zu sehen waren, verschleierte der Eiserne Vorhang. Er war sozusagen in das Marketingkonzept integriert. Was dahinter geschah, entzog sich dem ästhetischen Vergleich. Es musste ihm nicht standhalten. Ihre künstlerische Bedeutung wurde den Werken deklamatorisch zugeschrieben. Mit den Preisen erhöhte sich das Image, was wiederum den Preisen zugutekam. Als der Eiserne Vorhang dann endlich fiel, platzte die Blase unversehens. Werner Tübkes gewaltiges Bauernkriegspanorama erwies sich plötzlich als die manieristische Monstrosität, die Disney-Collage, die es immer gewesen war. Kein Gedanke mehr an Vergleiche mit der Renaissance, wie sie zuvor angestellt worden waren. Einer nach dem anderen fielen die Künstler der DDR aus der Gnade der Kritik. Der Daumen der Kunsthändler zeigte nach unten, die Preise verfielen. Diverse Wertberichtigungen waren vorzunehmen, so irreal wie die Aufschläge zuvor gestalteten sich nun die Abschläge, schmerzhaft für manches Museum und etliche Sammler. Mit der Kunst selbst aber hatte das alles beispielhaft wenig zu tun.

Der bereits zitierte Eduard Beaucamp, selbst ein leidenschaftlicher Vorkämpfer der ostdeutschen Kunst im Westen und zugleich einer der wenigen, die sich die Freiheit des kritischen Urteils bewahren konnten, verfolgt diese Okkupation der Kunst durch den Markt seit Jahrzehnten. »Die kommerziellen Impulse«, schreibt er in einem seiner Aufsätze, »sind heute genauso radikal und umfassend wie einst die expressionistischen, dadaistischen, konstruktivistischen oder surrealistischen Prinzipien und Schubkräfte der Moderne. Absurd, mit ästhetischen Kriterien gegen die kommerziellen Vereinbarungen und Kanonisierungen anrennen zu wollen.« Das stimmt zweifelsohne und stimmt doch wieder nicht ganz, weil es den Schwindel verschwörungstheoretisch erklären will. Der Kommerz ist aber an sich kein böses Wesen, dem wir wie einer diktatorisch herrschenden Macht ausgeliefert sind, insofern unterscheidet sich die demokratisch verfasste Gesellschaft nach wie vor von den totalitären Systemen. Während ihre Machthaber, man denke nur an die gegenwärtige Verfolgung des chinesischen Künstler Ai Weiwei, kurzerhand unterdrücken und verbieten, was ihnen nicht in den ideologischen Kram passt, kann uns der gern gescholtene Markt nur aufzwingen, was wir hinnehmen wollen. Es stimmt nicht, dass wir ihm auf Gedeih und Verderb ausgeliefert wären. Wer das behauptet, stiehlt sich aus der Verantwortung für die eigene Unzulänglichkeit, sucht sich über den praktizierten Dilettantismus hinwegzutäuschen.

Weder sind wir gezwungen, unsere Geschmacksurteile an der Werbung auszurichten, noch müssen wir fürchten, unterschwellig indoktriniert zu werden, vorausgesetzt, wir verfügen noch über die intellektuelle Fähigkeit, uns ein sachlich begründetes Urteil zu bilden. Und hier eben liegt der Hase im Pfeffer. Weil wir stets über mehr verfügen wollen, als wir beherrschen, müssen wir akzeptieren, was uns vorgesetzt wird. Für 10 000 Euro wurde auf der Art Cologne 2011 ein Werk des Spaniers José Corbo verkauft. Es handelte sich um eine Installation mit Kinderbildern, bei denen sich später herausstellte, dass sie der Sohn des Künstlers gemalt hatte.

Es ist unser eigener Dilettantismus, der es den professionellen Dilettanten leichtmacht, uns mit der Vorspiegelung des Gewünschten abzuspeisen, ob sie uns nun in der Erwartung großer Börsengewinne wiegen oder in der Illusion bestärken, etwas von der Kunst zu verstehen. Wer uns das Gefühl vermittelt, so viel zu verstehen, wie wir zu verstehen glauben, wer uns sagt, was bedeutend anmutet und zugleich so naheliegend ist, dass wir uns einbilden dürfen, wir wären auch selbst darauf gekommen, hat leichtes Spiel. Selbst einem Comedian, der uns blauäugig erklärt, wie man einfach weg sein kann, folgen wir dann wie die Kinder im Märchen dem Rattenfänger.

Über vier Millionen Mal wurde Hape Kerkelings »Reise auf dem Jakobsweg« seit ihrem Erscheinen 2006 verkauft. Mehr als einhundert Wochen stand das Buch auf Platz eins der *Spie-*

gel-Bestsellerliste. An einer ersten Verfilmung wird gearbeitet. Wenn sie 2012 in die Kinos und ins Fernsehen kommt – der NDR zeichnet als Koproduzent –, werden noch mehr Menschen erfahren, was dem Glück der Deutschen entgegensteht, ihr »großer Kopf«, »diese verfluchte Denkmaschine, die versucht, Herz und Bauch ständig zu kontrollieren«. Auf die Frage »Was macht uns menschlich?« bekommen sie als »Erkenntnis des Tages« zur Antwort: »Unsere kleinen Macken und die großen Fehler. Hätten wir sie nicht, wären wir alle wandelnde Götter!« Das will nicht einmal Hape Kerkeling sein, obwohl er doch bei der Wanderung herausgefunden hat: »Gott ist für mich so eine Art hervorragender Film wie ›Ghandi‹, mehrfach preisgekrönt und großartig! Und die Amtskirche ist lediglich das Dorfkino, in dem das Meisterwerk gezeigt wird … Die Vorführung ist mies, doch ändert das nichts an der Größe des Films. Leinwand und Lautsprecher geben nur das wieder, wozu sie in der Lage sind. Das ist menschlich.« Erleuchtet hat die Erkenntnis den Pilger »so, wie sich ein stinkender Misthaufen irgendwann selbst entzündet und dann lichterloh brennt«. Wahrlich, überfordert braucht sich hier niemand zu fühlen, zumal der aus Funk und Fernsehen bekannte Komiker meist noch ein fröhliches Lied auf den Lippen hat, »alle Grand-Prix-Siegertitel von 1973 bis heute«. Die Gedanken, die ihm dabei zufliegen, könnten jedem einfallen, der ihm nachreisen würde.

Tausende haben das schon getan, wie ihr Vorbild ausgestattet mit luftdurchlässiger Funktionskleidung und stoßgedämpften Wanderschuhen. Der Jakobsweg zählt mittlerweile zu den größeren touristischen Attraktionen in Europa. Den Gläubigen ist er schon lange nicht mehr vorbehalten. Unter sie haben sich die Urlauber gemischt, Hape Kerkeling und seine Leser. Die Gottsuche muss ihre Sache nicht sein. Das

Ziel ihrer Wanderung sind sie selbst. Da, wo sie aufgebrochen sind, bei sich, nirgends sonst wollen sie ankommen. Das unterscheidet sie von den christlichen Pilgern früherer Zeiten und denen anderer Religionen in der Gegenwart. Während sich die Muslime etwa auf die Hadsch begeben, um am heiligen Schrein in Mekka die spirituelle Kraft für das Leben, bisweilen auch für das Sterben im Dschihad, zu schöpfen, suchen die Pilger der Postmoderne das Erlebnis einer Grenzerfahrung mit maßvoller Anstrengung, ein bisschen Schmerz in den müden Füßen am Abend und viel Spaß über den Tag verteilt. Wer es etwas strenger mag, kann sich mittlerweile auch schon für das Internationale Extrempilgerrennen, unterstützt von TKI, der Tiroler Kulturinitiative, anmelden. 23 Kilometer des Jakobsweges zwischen Terfens und Innsbruck sind dafür reserviert. Für einen Tag kann man das Pilgern ausprobieren wie vieles sonst, Bungeejumping zum Beispiel, einen Radausflug »für den Frieden« von Paris bis Moskau oder einen »Friedensmarsch« von Sylt auf die Zugspitze »zum Gedenken an Hiroshima«.

Das Spiel, und zwar das Nachspiel des Vorgemachten, das unverbindliche, nicht das spekulativ erfindende, das Schiller als die Quelle aller neuen Ideen ausmachte, das infantile Spiel also ist zum Beschäftigungsprinzip einer Gesellschaft geworden, in der die Menschen nichts mehr entscheiden und alles versuchen wollen, was angeboten wird, unverbindlich und ohne den Zwang zu tieferer Durchdringung. Aus dem umzäunten Freigelände der Lebensreformer auf dem Monte Verità ist eine Spielwiese geworden, auf der wir uns unterschiedslos tummeln, einer neben dem anderen. »Biographie: Ein Spiel« heißt eines der bekanntesten Theaterstücke von Max Frisch. Obwohl es bei seiner Premiere am Schauspielhaus Zürich 1968 von der Kritik nur zurückhaltend aufgenommen worden war, gehörte es bald zum festen Repertoire der Theater. Drückte doch schon der Titel aus, wonach es das Publikum verlangte. Obwohl der biografische Rollenwechsel in dem Stück noch zum Scheitern verurteilt scheint, weil jeder Mensch am Ende immer derselbe bleibt, bleibt der Wunsch, dieser Festlegung zu entkommen. Frisch selbst hat dem in einer späteren Bearbeitung des Stückes größere Chancen eingeräumt und damit einem Zeitgeist entsprochen, der sich nicht länger beirren ließ. Das zweckfreie Spiel mit den Möglichkeiten, wie es die Dadaisten vorgeführt hatten, um mit der absurd anmutenden Darbietung über die einschränkende Realität zu triumphieren, sollte zum Lifestyle einer Freizeitgesellschaft werden, in der wir uns rundum befähigt fühlen dürfen.

Erfolgsmüde Banker versuchen sich als Weinbauern, Professoren eröffnen Cafés, während wieder andere herausfinden, dass sie sich in der Schafzucht viel besser selbst verwirklichen können als auf dem angestammten Chefsessel in der Autoindustrie. Und wer sich das alles nicht leisten kann, der hat noch immer die Möglichkeit, sich im Glauben auf und davon zu machen, für drei Wochen zum Guru nach Indien zu reisen oder mit Hape Kerkeling im Rucksack den Jakobsweg einzuschlagen. Dass den meisten das Neue, auf das sie sich einlassen, herzlich fremd ist, dass sie keine Ahnung haben von dem, was sie sein wollen, dass die einen den Wein nur aus dem Glas kennen und die anderen noch nie ein Schaf auf der Weide ergriffen haben, tut den Vorhaben keinen Abbruch. Im Gegenteil, als Dilettanten bewahrt sie das Unwissen vor der Furcht des Versagens. Und es mag viele geben, die nur deshalb auf ein fremdes Gebiet wechseln, um wieder freier agieren zu können, ohne die bedrückende Vorahnung aller denkbaren Probleme und Gefahren.

Wer die Schwierigkeiten seines Vorhabens nicht abschätzen kann, handelt oftmals beherzter als die alten Hasen. Ein besonders charmantes Beispiel dafür bot 2010 die junge Lena Meyer-Landrut. Millionen waren hingerissen von ihrem Auftritt beim Eurovision Song Contest in Oslo. Christian Wulff, heute deutscher Bundespräsident, damals noch Ministerpräsident von Niedersachsen, rollte ihr den roten Teppich aus, nachdem sie der Welt gezeigt hatte, dass man keine Sängerin, nicht einmal Schlagersängerin sein muss, um beim Liederwettbewerb der Eurovision den Grand Prix zu gewinnen. Wir feiern, was wir zu feiern haben, am liebsten uns selbst. Noch bei der sogenannten Titelverteidigung im Jahr darauf stand eine ganze Stadt Kopf. Zehntausende reisten nach Düsseldorf, um live dabei zu sein. Zwölf Millionen Euro, Gebührengelder, machte die ARD für die Ausrichtung des Grand Prix locker. 13,38 Millionen Zuschauer verfolgten das Spektakel an den Bildschirmen. Landauf, landab herrschte Feierlaune. Nur in Frankfurt am Main wehten die Fahnen auf Halbmast, weil die Eintracht, der örtliche Fußballverein, am selben Wochenende aus der Bundesliga abstieg. »Es ist«, sagte Petra Roth, die christdemokratische Oberbürgermeisterin der Bankenstadt, »erschütternd, es fehlen die Worte, es macht traurig. Wir müssen sehen, dass es nur eine Saison dauert.« So nah liegen Glück und Leid beieinander. Die Dadaisten hätten das nicht absurder erfinden können; es wäre ihnen angst und bange geworden bei dieser Utopie einer Kulturgesellschaft.

Augen zu und durchregiert

Die Machtentfaltung des Dilettantismus

Dass die Dilettanten von dem, was sie tun, meist nichts und in jedem Fall zu wenig verstehen, weiß jeder Dilettant und hält es den anderen gern vor. Allein dieser Mangel, glaubt man, zeichne sie aus. »Dilettant«, reimte Paul Heyse Ende des 19. Jahrhunderts, »Dilettant heißt der kuriose Mann. / Der findet sein Vergnügen daran, / Etwas zu machen, was er nicht kann.« Dass es auch etwas gibt, das die Dilettanten sehr wohl beherrschen, ein Gebiet, auf dem sie es zu erstaunlicher und durchaus respektierter Leistung bringen können, wird leicht übersehen. Dabei ist genau das, die Kunst, sich und der Welt etwas vorzumachen, ihr ureigenes Metier. Erfolgreiche Dilettanten sind Meister der Blendung. Und damit wiederum können sie es in der Politik weit bringen, was nicht heißen soll, dass jeder Politiker ein gewiefter Dilettant sein muss, beileibe nicht, was aber doch manches erklären kann, so zum Beispiel, weshalb der CSU-Vorsitzende Horst Seehofer, Bundeskanzlerin Angela Merkel und zwei Drittel aller Deutschen der »festen Überzeugung« sind, der überführte Hochstapler Karl-Theodor zu Guttenberg besäße eine besondere politische Begabung, die dem Land nicht verlorengehen dürfe. »Macht keinen guten Mann kaputt. Scheiß auf den Doktor«, hatte die *Bild*-Zeitung schon am 17. Februar 2011 getitelt, wenige Tage nachdem bekannt geworden war, dass sich der mehrfache Bundesminister die akademischen Würden mit geistigem Diebstahl erschlichen hatte.

Obwohl er der Öffentlichkeit Tag um Tag einen Bären nach dem anderen aufband und die Universität Bayreuth, die ihn promoviert hatte, mit Lügen abfertigte, dass sich die akademischen Balken bogen, blieb er Everybody's Darling. Wo er auftrat, gab es Schulterklopfen, Beifall oder Jubel wie bei einer Veranstaltung der hessischen CDU, auf der sich der angezählte Politiker Ende Februar noch mit einer »oberfränkischen Wettertanne« verglich, die so schnell nicht »umzuhauen« sei. Dass er dann am 1. März 2011 dennoch gehen musste, weil sich die akademische Zunft ihren Ehrenkodex nicht so mir nichts, dir nichts abhandeln lassen wollte, darauf bestand, den Betrüger einen »Betrüger« zu nennen, wurde wie ein schwerer Verlust verbucht. Es gab einen feierlichen Abgang in Ehren mit großem Zapfenstreich. Parteifreunde begannen umgehend, die Weichen für die Zukunft zu stellen, indem sie den Gefallenen trotzig für den nächsten Landesparteitag als Delegierten aufstellten. Der Gedanke an eine Rückkehr der »politischen Begabung« verstand sich von selbst. Auf die Frage »Soll Karl-Theodor zu Guttenberg nach einer Pause wieder in die Bundespolitik zurückkehren?« antworteten im Mai 2011 noch 82 Prozent der Anhänger von CDU/CSU und FDP mit ja, selbst 55 Prozent der SPD-Wähler waren dafür, ebenso wie 52 Prozent derer, die sich zu den Stammwählern der Linkspartei zählen. Einzig im Lager der Grünen wurden nicht mehr die 78 Prozent erreicht, die anfangs, direkt nach der Abdankung, für das politische Comeback des Plagiators votierten.

Zwar hatte der Politologe und Zeithistoriker Arnulf Baring den Minister unterdessen »einen Mogelpeter vor dem Herren« genannt und lakonisch festgestellt: »Er geht, ohne dass etwas von ihm bleiben wird. Keine These, keine Schrift, kein Gedanke, nichts. Er wirkte durch seine guten Manieren, seinen Stil und den Anschein, unkonventionell entscheidungsfähig zu sein.« Aber was wurde auch mehr erwartet? Der »Anschein« der Kompetenz hatte den meisten genügt. Sicher könnte man dem »Ankündigungsminister«, als den Baring den quirligen Aufsteiger titulierte, im Nachhinein die politische Rechnung präsentieren. Schließlich war nicht nur seine Dissertation getürkt. Auch die Erfolgsmeldungen, die er als Kabinettsmitglied, zuletzt in der Rolle des Verteidigungsministers, herausgab, waren das Papier nicht wert, auf dem sie verbreitet wurden. Fachlich hat er nichts als heiße Luft produziert, nichts Brauchbares hinterlassen. Die Bundeswehrreform, für die er weithin beklatscht wurde, weil sie die als lästig empfundene Wehrpflicht abschaffte, war keineswegs so vorbereitet, wie des Ministers Erklärung, er übergebe »ein weitgehend bestelltes Haus«, vermuten lassen sollte. Als der Nachfolger im Amt nach den fertigen Plänen greifen wollte, waren die Schubladen leer. Die wenigen Zahlen, die sich fanden, stimmten weder hinten noch vorne, gründeten vielmehr auf Annahmen, die das Ziel propagandistisch rechtfertigten. Mit der Realität hatte das alles wenig zu tun. Die Freiwilligen, mit denen Karl-Theodor zu Guttenberg die Wehrpflichtigen ersetzen wollte, wollten sich nicht melden. Sie waren Phantome der Phantasie, dem Wunschdenken eines professionellen Dilettanten entsprungen.

Das fachliche Versagen des Gefeierten lag auf der Hand. Jedem konnte es wie Schuppen von den Augen fallen, wenn er denn genauer hinschaute. Wer aber wollte das schon? Offensichtlich nur ein kleinerer Teil des Volkes, jedenfalls nicht die Mehrheit, glaubt man den Umfragen. Die Vorstellung, dass es mit dem Mann etwas hätte werden können, war einfach zu schön, zu sexy gewesen, als dass man sie sich von der schnöden Realität kaputtmachen lassen wollte. War es nicht ein Vergnügen, wie elegant er 2009 auf die Bühne der Politik gesprungen ist, wie er auf seiner ersten Dienstreise, damals noch als Bundesminister der Wirtschaft, lachend auf dem Times Square für die Fotografen posierte und wie er bei anderer Gelegenheit freimütig erklärte, »ich habe es immer geschafft, mit relativ wenig Aufwand relativ weit zu kommen«? Was für ein trauriges Bild hatte dagegen sein Vorgänger im Amt des Wirtschaftsministers abgegeben, der stets müde und angestrengt wirkende Michael Glos. Ihm mochte bei seinem Abschied keiner eine Träne nachweinen, nicht in der Regierung und nicht in den Medien. Als habe es sich um den Abgang eines gescheiterten Entertainers gehandelt, sprachen die Kommentatoren vor allem von der »Langeweile«, die der Minister verbreitet habe. Nach dem, was er in der Sache, also in der Wirtschaftspolitik, bewirkt oder unterlassen hat, wurde so wenig gefragt wie nachher, wenn man Karl-Theodor zu Guttenberg für das forsche Auftreten feierte, mit dem er etwa in der Opel-Krise, als es um den fragwürdigen Fortbestand der deutschen General-Motors-Werke ging, nichts erreichte, was ohne ihn nicht ebenso zustande gekommen wäre.

Bewertet wurde in diesem wie in jenem Fall allein die Qualität des Auftritts. Darin war der Jüngere dem Älteren tatsächlich haushoch überlegen, ein Popstar, auf den das Volk, besser gesagt die Nation gewartet zu haben scheint. War es doch nicht nur die Masse gern belächelter *Bild*-Leser, die in den Guttenbergs ihre Hoffnungsträger erkannte, hingerissen vom Glamour einer Adelsfamilie, die sich schon einmal bei AC/DC-Rhythmen austoben konnte. Auch die politische Klasse feierte »die besondere politische Begabung«, was nicht mehr und nicht weniger heißt, als dass die Politiker selbst den gefinkelten Dilettanten für den besten aller möglichen Politiker halten, für einen Meister der Blendung, der die Kunst, sich und anderen etwas vorzumachen, so perfekt beherrscht, dass er unbeeindruckt von sachlichem Zweifel agieren und Macht erlangen kann, wofür auch immer.

Wie in der Kunst ist die Ausbreitung des Dilettantismus in der Politik ein Phänomen der jüngeren Geschichte, die Folge einer ideellen Gewichtsverlagerung. Mit der Einrichtung der bürgerlichen Gesellschaft, mit ihrer bisweilen krisenüberschatteten, aber doch stetigen materiellen und konstitutionellen Festigung hat sich das sachliche Interesse an der zukunftsgestaltenden Politik zunehmend verloren, während zugleich Strukturen entstanden sind, die es dem Einzelnen erlaubten, sich mit individueller Absicht für die Existenz des Politikers zu entscheiden.

In dem Maße, in dem das Gefallen am politischen Dasein zum Antrieb politischen Handelns wurde, schrumpft die Bedeutung des sachlichen Interesses. Politik wurde weniger und sollte mehr sein, mehr als sture Pflichterfüllung. Insofern hat Gerhard Schröder, als er bei seinem Amtsantritt als Bundeskanzler sagte, er wolle »Spaß« bei der Politik haben, die er macht, ein Bekenntnis abgelegt, dessen historische Bedeutung ihm im Moment nicht annähernd bewusst gewesen sein mag. Denn tatsächlich war es ja, versteht man das Wort Spaß einmal metaphorisch, als sprachliches Bild für den individuellen Zweck des Handelns, längst gang und gäbe, Politik zu betreiben, um sich in der Rolle des Politikers zu inszenieren, freiwillig oder notgedrungen. Ein Akt purer Selbstbehauptung war das politische Handeln schon für die letzten drei europäischen Kaiser gewesen. Alle drei, Wilhelm II., Franz Joseph und Zar Nikolaus, gaben sie die Herrscher, ohne es noch zu sein, der Erste, der Deutsche, indem er sich eitel auftrumpfend gebärdete, der Zweite, der Österreicher, indem er erschöpft auf dem Thron aushielt, und der Dritte, der Russe, indem er sich ängstlich an das Hofzeremoniell klammerte. Als es 1914 ernst wurde, war keiner von ihnen der Situation gewachsen. Einer wie der andere versagten sie vor der Geschichte, weil sie auf die Darstellung ihrer Rollen fixiert blieben. Wie vorgeschobene Figuren entfesselten sie de jure einen Weltkrieg, dem sie de facto selbst ausgeliefert waren. Weder im Angriff noch in der Verteidigung gab es Ziele, für die sie politisch einstehen konnten. Was sie taten, entsprach der Konvention; von dem, was dabei herauskommen sollte, machten sie sich keine Vorstellung. Das Weltgeschehen konnten sie nur mehr als Teil ihrer Selbstdarstellung begreifen. Andere sollten es ihnen bald nachtun und dabei noch viel größeres Unheil anrichten.

Mit dem Verlust gesellschaftlicher Perspektiven begann die Machtentfaltung des Dilettantismus. Verramscht wurde das Erbe der Aufklärung, der Entwurf einer vernunftgeleiteten Gesellschaft. Das Primat der geltungssuchenden Persönlichkeit ersetzte das der verfochtenen Sache. An deren Stelle rückten die Angebote der Ideologen. Ideale wurden vorgeschützt oder bestenfalls archivarisch verwaltet, vorgehalten für den Profilierungsbedarf der zahllosen Verweser politischer Ämter. Für sie gilt, was Friedrich Schiller in seiner Antrittsvorlesung in Jena, »Was heißt und zu welchem Ende studiert man Universalgeschichte«, 1789 über den »Brotgelehrten« sagte: »Nicht bei seinen Gedankenschätzen sucht er seinen Lohn – seinen Lohn erwartet er von fremder Anerkennung, von Ehrenstellen, von Versorgung.« Oder eben auch, um in die Gegenwart zurückzukehren, von der Abbildung in den Medien, in den Leitmedien sowie in der Regenbogenpresse und im Fernsehen.

Kein Politiker, der darauf freiwillig verzichten würde, und keiner, dem man glauben dürfte, dass er diese Berichterstattung nur erträgt, weil ihn die Mediengesellschaft dazu zwingen würde. Vielmehr ist diese Mediengesellschaft eine Bühne, die sich die Politiker geschaffen haben. Dass sie auf diesen Brettern, die ihnen die Welt bedeuten, nicht immer das beste Bild abgeben, ist eine gelegentlich aufleuchtende Ironie des

Schicksals, mehr nicht. Helmut Kohl beispielsweise hat das nie abgehalten, die besten Beziehungen zu *Bild* zu pflegen. Hans-Hermann Tiedje, den Chefredakteur, der ihn einmal als »Umfaller« auf die Titelseite brachte, hat er später als Wahlkampfmanager engagiert; mit dem gegenwärtigen *Bild*-Chefredakteur Kai Diekmann verbindet ihn eine persönliche Freundschaft. Beide Seiten wussten immer, was sie aneinander hatten. Das Zusammenspiel funktioniert wie im Showtheater. Die einen bekommen die Bühne, die anderen das Entertainment, das die Kassen füllt. Und wer da keine gute Figur macht, der hat einen schweren Stand. Er kann sich trollen mit seiner fachlichen Exzellenz, die er unter Umständen haben mag oder entwickeln könnte.

Roland Koch, der einstige und stets ungeliebte Ministerpräsident Hessens, versteht von Wirtschaft und Wirtschaftspolitik vermutlich mehr als die ganze wirtschaftspolitische Eingreiftruppe unter Führung von Angela Merkel, bei den einschlägigen Aufführungen, im laufenden Spielbetrieb der Talkshows wurde der »unnahbare Perfektionist« aber höchst selten besetzt, und wenn, dann zumeist in der Rolle des Ausländer-verbellenden Law-and-order-Mannes. Er selbst hatte sich freilich dafür empfohlen, als er sich in einem seiner Wahlkämpfe auf das Gebiet der Ausländerpolitik wagte. Da konnte er nur erfolgreich versagen: Er gewann die Wahl, blieb aber zugleich auf die angenommene Rolle festgelegt, während sich kaum noch jemand für seine wirtschaftspolitische Kompetenz interessieren mochte.

Längst sitzen die Politiker in der Falle, die sie sich selbst gestellt haben. Narzisstisch auf den eigenen Auftritt fixiert, haben sie den Boden fundierter Sachkenntnis unter den Füßen verloren, sind politische Gaukler geworden, denen das Volk beinahe alles zutraut, weil sie sich selbst alles zutrauen. Ohne

Bedenken genießen sie eine intellektuelle Leichtigkeit des Daseins, die es ihnen erlaubt, heute dies und morgen jenes zu verwalten, um übermorgen wieder auf einem ganz anderen Fachgebiet den Anschein der Kompetenz zu erwecken. Eben noch war der Liberale Philipp Rösler Gesundheitsminister. Von Haus aus Arzt, schien er wie geschaffen für das Amt. Doch dann, von einem Tag auf den anderen, übergab er die Funktion seinem Staatssekretär, um selbst Wirtschaftsminister zu werden, nicht weil sich herausgestellt hätte, dass er dafür noch besser geeignet ist, sondern weil er zum Parteivorsitzenden der FDP gewählt worden war und das glanzlose Gesundheitsministerium dieser gewachsenen Bedeutung seiner Person nicht mehr genügt hätte. Er wechselte das Ministerium wie den Stuhl am Kabinettstisch, wo er als Parteichef nunmehr direkt zur Rechten der Bundeskanzlerin sitzt. Die Frage, was ihn fachlich zu diesem Ämtertausch qualifiziert haben könnte, wurde nie gestellt, nicht einmal von der Öffentlichkeit, die gelernt hat, derartige Kabinettsumbildungen (es war die dritte seit der Bundestagswahl 2009) als eine Selbstverständlichkeit parteiinterner Karriereplanungen hinzunehmen. Ohnehin glauben nur noch 17 Prozent der Deutschen, so das Ergebnis einer Umfrage des renommierten Instituts für Demoskopie in Allensbach, dass ihre Politiker »fähig und kompetent« sind, nur drei Prozent halten sie für »selbstlos«, meinen, sie wären bereit, sich für das Land »aufzuopfern«.

Nun mag man hier mit einigem Grund einwenden, dass sich die Begabung des Politikers gerade darin beweist, dieses oder jenes Amt politisch lenken zu können, dass diese diplomatische Befähigung entscheidender sei als die jeweilige Sachkompetenz, für die schließlich ein einschlägig qualifizierter Apparat geradestehen könne. Und sicher muss, wer als Wissenschaftsminister etwas bewegen will, nicht unbedingt ein habilitierter Physiker sein, wie es andererseits für eine Bundeskanzlerin kein Hemmnis sein muss, aus der Wissenschaft und nicht aus der höheren Beamtenlaufbahn zu kommen. Seiteneinsteiger haben wir uns in der Politik immer wieder gewünscht, auch fehlt es nicht an Beispielen, die zeigen, was sie bewirken können. Man denke nur an den Industriellen Walther Rathenau, der als Reichsaußenminister, getragen von humanistischer Bildung und republikanischer Überzeugung, Grundsteine für die eigenständige Außenpolitik der Weimarer Republik legte. Nur, was wird man dereinst dem deutschen Außenminister Guido Westerwelle nachsagen können? Wird man sich daran erinnern, wie er der Resolution gegen den libyschen Despoten Muammar al-Gaddafi im UN-Sicherheitsrat nicht zustimmte, wie er mit dieser diplomatischen Eselei außenpolitisches Profil zu gewinnen versuchte und dabei Gefahr lief, Deutschland international zu isolieren? Oder wird man sich nur schemenhaft an einen Mann erinnern, der von Anfang an den Eindruck machte, dass er dem Amt, in dem er sich mit puerilem Stolz spreizte, nicht gewachsen sein würde? Tatsächlich ist und bleibt wohl die Inszenierung das Bemerkenswerteste an der Karriere des Guido Westerwelle. Das macht ihn zum Exempel.

Die Rolle des politischen Dilettanten könnte man nicht besser als mit ihm besetzen, auch wenn er sie nicht so glamourös wie Karl-Theodor zu Guttenberg und nicht so undurchschaubar wie Angela Merkel zu geben versteht. Er lebt, schreibt der Journalist Marcus Jauer in einem Porträt des Politikers, »ein Leben, als halte er sich für den Star einer Show«. Für dieses Selbstbild gab er alles. Dafür ging er in den Container von »Big Brother«, dafür malte er sich eine 18, die Prozentzahl, die seine Partei bei der Wahl 2002 anstrebte, auf die Schuhsohlen, dafür reiste er in einem knallgelben Wohnwagen, dem

»Guido-Mobil«, durch die Lande, dafür ließ er sich im weißen Anzug in einer Gondel auf dem Canale Grande fotografieren. Das alles wirkte immer ein bisschen albern, peinlich oftmals, und verfehlte dennoch nicht seine Wirkung. Am Ende wurde dieser »Spaßwahlkampf«, die halbseiden schillernde Inszenierung, so ernst genommen wie die Gummidackel von Jeff Koons oder der Diamantenschädel von Damien Hirst. Den Millionen, die die Künstler für ihren ambitionierten Kitsch kassierten, entsprachen die Wählerstimmen, die Guido Westerwelle endlich in das ersehnte Amt des Außenministers trugen. Als er es schließlich bekommen hatte, geschah, was zu erwarten war: Er wusste nicht, was er mit dem Amt anfangen sollte. Er konnte nur mehr aufsagen, womit ihn andere zuvor beindruckt hatten. Noch die Stimmenthaltung im UN-Sicherheitsrat war im Grunde nicht mehr als eine Replik des Auftritts, mit dem sich Joschka Fischer am selben Ort 2003 von dem Engagement der Amerikaner im Irakkrieg distanziert hatte. Dass das jetzt nicht mehr funktionierte, dass ihm das nicht wie seinem Vorgänger den Nimbus eines unerschrockenen Diplomaten eintrug, musste sich Guido Westerwelle allerdings auch nicht vorwerfen lassen. Schließlich hatte er alles getan, wozu er in der Lage war – die glücklich erlangte Rolle seines Lebens verkörpert und dabei ein bisschen improvisiert.

Was, muss man weiter fragen, tun die anderen eigentlich anderes? Waren die Renten jemals so sicher, wie es Norbert Blüm einstmals vollmundig versprochen hat? Hat die von der deutschen Bundeskanzlerin durchgepeitschte Abwrackprämie für Altautos der Volkswirtschaft wirklich mehr gebracht, als sie den Steuerzahler kostete? Wurde mit dem Rauchverbot die Tabakindustrie in die Knie gezwungen? Wird die Anhebung der Hartz-IV-Bezüge um fünf Euro den Wohlstand des Einzelnen spürbarer heben, als sie die Gesellschaft im Ganzen belastet? Wird das Elektroauto, die neueste milliardenteure Initiative aus dem Kanzleramt, den Energieverbrauch und die CO_2-Emissionen so nachhaltig senken, wie wir glauben sollen, wo doch auch der Strom für die Elektroautos erst einmal erzeugt werden muss, bevor er aus der Steckdose kommt, erzeugt unter anderem durch fossile Brennstoffe, die unsere Autos derzeit noch als Benzin oder Diesel verbrauchen? Sollen wir das alles glauben? Werden wir für so naiv gehalten, dass wir die Vorspiegelung nicht als solche erkennen? Will man uns für dumm verkaufen? Oder müssen wir uns an den Gedanken gewöhnen, dass es die Politiker ganz einfach nicht besser wissen? Wenn ein Treffen der politischen Finanzelite Europas wie am 6. Mai 2011, als *Spiegel online* meldete, die Griechen überlegten, wieder eine eigene Währung, die Drachme, einzuführen, nicht nur um jeden Preis geheim gehalten werden sollte, sondern nachher, nachdem es stattgefunden hat, auch noch verleugnet wurde, dann muss das nicht heißen, dass dabei Wegweisendes besprochen wurde, es kann ebenso gut sein, dass nicht herauskommen sollte, wie ratlos man wieder einmal beisammengesessen hat. In Jean-Claude Junckers Aussage, »wenn es ernst wird, muss man lügen«, muss sich nicht die Arroganz der Macht verraten, sie könnte auch offenbaren, dass der Vorsitzende der Euro-Gruppe manchmal ein bisschen spinnt, weil er einfach nicht weiß, was er wahrheitsgetreu erklären soll. Immerhin hat das internationale Management der Euro-Krise bisher wenig mehr als ratlosen Starrsinn erkennen lassen. Wovon man eben noch sagte, es werde nie geschehen, das hat man dann kurz darauf gleichwohl geschehen lassen. Milliarden um Milliarden flossen in »ein Fass ohne Boden«, wie der Ökonom und Präsident des ifo-Instituts für Wirtschaftsforschung, Hans-Werner Sinn, sagt, während Wolfgang Schäuble nach Jahren hilflosen Krisenmanagements im Sommer 2011 plötzlich erklärte, jetzt werde man den »ganzen Instrumentenkasten« einsetzen. Was, bitte schön, hatte man vorher getan? Blind auf das Schicksal vertraut? Womöglich.

Jedenfalls spricht wenig dafür, dass diese Salamitaktik ein bewusstes Täuschungsmanöver von Politikern war, die mehr wussten, weil sie das Ganze überblickten. Das wäre ja noch halbwegs beruhigend, insofern es ein überlegtes Handeln vermuten ließe, man annehmen dürfte, dass auf der Brücke des Dampfers Offiziere stehen, die wissen, welche Eisberge vor ihnen in der See treiben und was sie tun müssen, um nicht im Crash mit Mann und Maus unterzugehen. Aber darf man davon noch ausgehen, wenn die Politik ihren Bankrott schon selbst erklärt, indem sie ihr Handeln als »alternativlos« bezeichnet, mithin eingesteht, nur noch notgedrungen, also fremdbestimmt agieren zu können?

Viele Fragen und keine Antworten, die beruhigen könnten. Stattdessen die populistischen Ausfälle einer Bundeskanzlerin, die den Griechen unterstellt, sie arbeiteten zu wenig und machten zu lange Urlaub, obwohl es doch die Deutschen sind, die mit 31 Tagen Jahresurlaub die europäische Statistik anführen und bei der jährlichen Durchschnittsarbeitszeit beinahe 700, exakt 690 Arbeitsstunden weniger als die Griechen aufzuweisen haben. Die Stammtischparolen, scheint es, sind kabinetttreif geworden. Genauer darf man sich schon länger nicht mehr anschauen, was da alles behauptet, widerrufen, unterstellt und beteuert wird. Wer das versucht, rüttelt an einem Kartenhaus. Statistischer Überprüfung kann es nicht standhalten. Sachlicher Kritik fehlt die Basis, sie würde von den Kritisierten nicht verstanden. Vielmehr muss man die ganze Inszenierung als das verstehen, was sie im Wortsinn ist, ein Staatstheater, mit dem sich die Politik den Eindruck einer Kompetenz vermittelt, über die ihre Darsteller nur allzu selten verfügen. Als professionelle Dilettanten handeln sie nicht wider besseres Wissen, sondern schlicht ahnungslos, aber durchdrungen von der Bedeutung der Rolle, die sie verkörpern. In ihr leben sie auf wie der Mime auf der Bühne.

Das zumindest kann man einem Guido Westerwelle so wenig absprechen wie einem Nicolas Sarkozy oder einem Silvio Berlusconi, egal, ob sie nun den Liberalen, den Resoluten oder den Mächtigen geben. Darin haben sie es alle, nicht nur die drei, zu beträchtlicher Meisterschaft gebracht. Als Darsteller bringen sich die Politiker zur Geltung. Um die Besetzungsliste dreht sich fast alles. Wäre das nicht der Fall, sähen sich die Parteien wohl kaum genötigt, den Wählern das eine um das andere Mal zu versichern, sie führten keine Personaldebatten, wogegen doch gar nichts einzuwenden wäre. Schließlich wird Politik seit jeher von Personen gemacht und geprägt. Ohne Willy Brandt hätte es keine Ostpolitik gegeben, ohne Helmut Kohl keine Wiedervereinigung. Wie die Entführung der Lufthansamaschine Landshut 1977 in Mogadischu geendet hätte, hätte es nicht einen Bundeskanzler Helmut Schmidt gegeben, der noch wusste, dass er für die Freiheit seines Landes persönlich einstehen muss, auch wenn das dazu führen kann, dass er am Ende die Verantwortung für den Tod vieler unschuldiger Menschen zu tragen hat, möchte man sich nicht ausmalen. Weitere Beispiele ließen sich anfügen. Allerdings führte diese Aufzählung immer weiter weg aus der Gegenwart zurück in eine Vergangenheit, in der sich der politische Ehrgeiz noch nicht mit dem Anspruch auf das Amt begnügte, Personaldebatten noch ein Streit der Ideen waren, jedenfalls mehr als der Postenschacher, bei dem man sich heute ungern in die Karten schauen lässt.

Natürlich gab es das schon immer, den Kampf um die Pfründe, im alten Rom und an den feudalen Höfen, im Absolutismus. Nur hat sich das Blatt immer wieder gewendet, erst recht mit der Aufklärung, als die Hoffnung aufkeimte, dass die Vernunft, der Hegelsche Weltgeist, in der Politik der bürgerlichen Gesellschaft zu sich finden werde. In Napoleon, der den »Code civil« nach Deutschland brachte, hatte Hegel gar den »Weltgeist zu Pferde« erkennen wollen. Die Verwirklichung des Vernünftigen sollte eine Gemeinschaft konstituieren, in der alle auf vernünftige Weise die Freiheit jedes Einzelnen garantierten, der eine die des anderen verbürgte. Zu den erklärten Zielen der Aufklärung gehörte die Loslösung der Politik vom egoistischen Zweck. Ihre Gestaltung wurde zur intellektuellen Herausforderung. Wer sie ernsthaft annahm, stellte die Sache über die Person. Schon in seiner zitierten Antrittsvorlesung hatte Schiller gesagt: »Wie verschieden auch die Bestimmung sei, die in der bürgerlichen Gesellschaft Sie [die Bürger] erwartet – etwas dazu steuern können Sie alle! Jedem Verdienst ist eine Bahn zur Unsterblichkeit aufgetan, zu der wahren Unsterblichkeit, meine ich, wo die Tat lebt und weiter lebt, wenn auch der Name ihres Urhebers hinter ihr zurückbleiben sollte.« In diesem überpersönlichen Einsatz für das Ganze sollte sich die Professionalität des Politikers in der bürgerlichen Gesellschaft beweisen. Das war das Ideal, so wollte man die spätfeudale Ordnung hinter sich lassen. 1848 sind viele der Abgesandten zur ersten deutschen Nationalversammlung oft tagelang zu Fuß unterwegs gewesen, um an den Tagungen in der Frankfurter Paulskirche teilnehmen zu können. Sie hatten einen Auftrag und mehr als sich selbst zu vertreten. Obwohl etliche von ihnen kaum lesen und schreiben konnten, oft aus Bereichen kamen, in denen man keine politische Erfahrung sammelte, Handwerker oder Händler waren,

waren sie keine politischen Dilettanten, da sie die Sache, in der sie sich engagierten, nicht als Mittel zum Zweck ansahen.

Selbst der legendäre Robert Blum, einer der politischen Köpfe des Vormärz, ein Tribun der Nationalversammlung, war nicht vom Fach gewesen. Seine Laufbahn hatte am Theater begonnen. Aber wer könnte ihn allein deshalb zur Spezies jener Blender zählen, die uns heute auf der politischen Bühne etwas vormachen wollen, nur weil sie nichts weiter im Kopf haben als das eigene Fortkommen, einen narzisstischen Auftritt, wie ihn, das muss man hier fairerweise einräumen, die Öffentlichkeit und ihre Medien unterdessen ganz selbstverständlich erwarten und befördern. Wo das Interesse an den Personen immer weiter in den Vordergrund rückt, verwischen sich die Grenzen zwischen der primär sachlich orientierten politischen Berichterstattung und dem Boulevardjournalismus zwangsläufig. Die Personality-Story ist nicht nur für Leser, Hörer und Zuschauer unterhaltsamer als die kritische Analyse politischen Handelns und Redens, mit ihr kann sich auch der Journalist als ein Vertrauter der Mächtigen, ein Eingeweihter präsentieren. Für die Nähe, die ihm gewährt wird, bezahlt er, bewusst oder unbewusst, mit dem Verlust an kritischer Distanz. Unversehens erliegt er der Illusion, am Herrschaftswissen zu partizipieren, wenn nicht gar der Versuchung, dieses Wissen nach der Maßgabe seiner Informanten zu verteilen. Die hermeneutische Annäherung an die Politiker, ihr Verstehen, führt dazu, dass auch die Berichterstattung vor allem Verständnis für den Politiker wecken will, während sie ihm doch zweifelnd auf den Zahn fühlen sollte. Die Ehrfurcht der Hofberichterstattung schleicht sich ein, wenn noch die größten Platitüden namhafter Politiker als wichtige Nachricht aufbereitet werden, wenn uns beispielsweise in den Hauptnachrichtensendungen des öffentlich-rechtlichen Fernsehens mitgeteilt wird, dass die Frau Bundeskanzlerin dieses oder jenes Attentat »empört hat«, dass sie es »zutiefst verurteilt«. Als handle es sich um die Verkündigung des Evangeliums, werden die Phrasen überforderter Politiker nachgebetet. Natürlich gibt es auch noch die anderen, die ein deutliches Wort nicht scheuen und der Bundeskanzlerin bei nächster Gelegenheit bescheinigen, »dass sie intellektuelle Babynahrung der dünnsten Sorte verteilt«, nur ist nicht zu übersehen, wie viele sich ihren journalistischen Schneid schon von der postmodernen Spaßgesellschaft haben abkaufen lassen und zu Kanzlerinverstehern mutiert sind.

Würde man diese Kumpanei zwischen Politik und Öffentlichkeit, ein Phänomen der Berliner Republik, über das noch zu reden sein wird, außer Acht lassen, entstünde allzu schnell ein Zerrbild, der falsche Eindruck billiger Politikerschelte. In dieses Horn zu blasen, wäre zu einfach. Denn bekanntlich gehören immer zwei dazu, wenn in einer Beziehung etwas schiefgeht; will sagen, die Politik, über die wir den Kopf schütteln, deren Taumeln – erst Atomausstieg nein, dann Energiewende ja, oder doch lieber jein; Steuern hoch und runter zugleich; Libyen-Einsatz nein, aber nicht so ganz nein, irgendwie schon, vielleicht mit einem kleinen Umweg über die Unterstützung der Bündnispartner in Afghanistan – entspricht doch unseren eigenen Vorgaben. Sie ist das, was wir uns eben zumuten lassen, nicht weil wir diesen oder jenen, Frau Merkel, Herrn Seehofer, Herrn Westerwelle oder sonst irgendjemanden gewählt haben, sondern weil wir selbst die sachliche Ausrichtung verloren haben, nicht mehr wissen, wen und was wir wollen. In einer Gesellschaft, die alles und jedes als Kultur gelten lässt, weil sie nur noch anerkennen kann, was ihr ohne Mühe, ohne die Anstrengung einer intellektuell disziplinierenden Bildung zufällt, haben die Meister der Blendung leichtes Spiel, sogar bei den Journalisten. Anders formuliert, die erkennbare Orientierungslosigkeit der Politik ist nur das Abbild der allgemeinen Misere: der Orientierungslosigkeit einer Gesellschaft, die Halt im Spiel sucht, zum Beispiel in der Eindeutigkeit des Fußballspiels. In ihrer Neujahrsbotschaft für 2011 versprach die deutsche Bundeskanzlerin den Bürgern, dass sie bei der Frauenfußballweltmeisterschaft wieder in der ersten Reihe sitzen und mit den Fans für einen Sieg der Deutschen fiebern werde. Auf Bildung und Wissenschaft kam sie dann später in zwei Nebensätzen zu sprechen.

Das niedrigste Niveau ist zu einer politischen Plattform geworden, auf der sich die aktiven, das heißt die gerissenen mit den passiven Dilettanten im Reigen der Illusionen wiegen. Jeder kann jedem etwas vormachen, indem er sich selbstbewusst aufschwingt und die Kompetenz vorspiegelt, die er gern hätte, zumal er davon ausgehen darf, dass die anderen in dieser Gesellschaft fröhlicher Zocker auch nicht so genau wissen, worum es denn eigentlich geht. »Dekadenz« lautet die ungern gehörte begriffliche Bezeichnung dieses Zustandes. Schriftsteller sprechen gelegentlich von einem Tanz auf dem Vulkan. Anfangs, im Fin des Siècle, war das noch ein heiterer Reigen gewesen, der sich durch die Verfeinerung der überkommenen Kultur um ihrer selbst willen auszeichnete; später, als das Interesse an der Kultur erlahmte, ist daraus ein Totentanz geworden. Und beunruhigend aktuell klingt in dem Zusammenhang, was der Journalist Hans Hirschfeld, damals Pressereferent und Ministerialrat, 1931, in der Abenddämmerung der Weimarer Republik, auf einer Tagung im Preußischen Herrenhaus sagte: »Wir sitzen nicht als Zuschauer am Rande eines Vulkans – wir sind mittendrin! Aber wir sehen es nicht. Das ist unsere Tragödie.«

Nun lässt sich die historische Situation gewiss nicht so

ohne weiteres vergleichen. Die Bedrohungen waren seinerzeit völlig andere. Man darf sie so wenig relativieren, wie man sich davor hüten muss, die heutige Lage zu dramatisieren. Allerdings bedarf es dessen auch gar nicht. In der Realität wird schon genug übertrieben, geschieht mehr, als sich der Satiriker einfallen lassen könnte. Mögen wir auch nicht mitten im Vulkan sitzen, den Überblick haben wir verloren. Niemand kann oder will noch sagen, wo wir wirklich stehen, irgendwo am Rande eines Milliardenloches, in dem zischend versinkt, was wir uns schon lange leihen müssen, Geld und Ansehen. Die Größenordnungen, um die es dabei geht, sechzig, achtzig, zweihundert Milliarden, übersteigen unser Vorstellungsvermögen ohnehin so weit, dass die reale Gefahr schon wieder aus dem Blick rückt und immer neue Wetten auf die Zukunft angenommen werden, Wetten mit Gewinnen, die es zu feiern gilt.

Der Versicherungskonzern Hamburg-Mannheimer, inzwischen aufgegangen in den Ergo-Versicherungen und damals wie heute ein Spezialist für »Vorsorge und Serviceleistungen«, ließ sich das bereits 2007 einiges kosten, als er die hundert besten Verkäufer zu einer geschlossenen Veranstaltung in die Gellert-Therme nach Budapest einlud. Anwesend waren auch wenigstens zwanzig, vielleicht hundert Prostituierte. Die Damen trugen rote und gelbe Bändchen. »Die einen«, versicherte einer der Teilnehmer nachher, »waren als Hostessen anwesend, die anderen würden sämtliche Wünsche erfüllen. Es gab auch Damen mit weißen Bändchen. Die waren aber reserviert für die Vorstände und die allerbesten Vertriebler.« Der Bequemlichkeit halber hatte man gleich neben den Quellen des Bades verhüllte Himmelbetten aufgestellt. »Jeder konnte«, so der Bericht eines weiteren Teilnehmers, »mit einer der Damen auf eines der Betten gehen und tun, was er wollte. Die Damen wurden nach jedem solchen Treffen mit einem Stempel auf ihrem Unterarm abgestempelt. So wurde festgehalten, welche Dame wie oft frequentiert wurde.« Die buchhalterische Ordnung blieb gewahrt; daheim in Deutschland wurden die Kosten des Ausflugs nachher auf den Cent genau von der Steuer abgesetzt, insofern war wirtschaftlich alles geregelt. Die Geschäfte liefen nun einmal zum Feiern gut. Zum großen Krach an den internationalen Finanzmärkten kam es erst ein Jahr später, als die Kurse nach der Insolvenz von Lehman Brothers weltweit einbrachen. Erst danach fuhr der Gesellschaft der Schreck in die Glieder. Man sprach vom moralischen Versagen der Wirtschaft. Politiker vor allem taten das gern, sie durften sich moralisch herausgefordert fühlen.

Von nun an, hieß es, sollte wieder das »Primat der Politik« gelten. Das klang vernünftig und war doch nichts weiter als die Ankündigung eines Laienspiels, das die Aufführung an den internationalen Finanzmärkten bald übertreffen würde. Gerade in der Stunde, die die ihre hätte werden können, in der Persönlichkeiten gefordert waren, die mutig, aus einer sachlich fundierten Überzeugung heraus entscheiden können, begannen die Politiker wie die Ameisen kreuz und quer zu laufen, mal in diese, mal in jene Richtung. Unvergesslich, wie sie die Bosse zuerst in der Opel- und gleich darauf in der Bankenkrise antreten ließen, einmal im Kanzleramt, dann wieder in diesem oder jenem Ministerium, und wie sie danach auf der Suche nach Investoren um die Welt jetteten. Der Plan, nach dem sie sich bewegten, war nicht erkennbar, weil es ihn nicht gab. Am Ende konnten sie nur weiter und weiter tun, was sie immer getan haben, um sich auf dem Posten zu halten: großzügig Geld ausgeben, Schulden tilgen, indem sie noch größere machen. Um ihre Glaubwürdigkeit nicht zu verlieren, müssen sie einmal begangene Fehler mit immer weiteren vertuschen, müssen täuschen, tricksen und im Bedarfsfall lügen, wie wir inzwischen aus berufenem Munde, von Jean-Claude Juncker, erfahren haben. Da er den Euro federführend mit auf den Weg gebracht hat, wird man etwa von Wolfgang Schäuble niemals erwarten können, dass er die Notbremse zieht, wenigstens über eine Reform der Währungsunion nachdenkt, um Schaden von den Völkern abzuwenden. Nach menschlichem Ermessen wird man von ihm stets das Gleiche zu hören bekommen, eine rückhaltlose Verteidigung des Euro, unter dessen Verlust die Deutschen insbesondere zu leiden hätten, ohne den es unserer Wirtschaft sehr viel schlechter ginge und die Arbeitslosigkeit höher wäre. Einschüchternd werden die bedrohlichen Behauptungen in den Raum gestellt, als müsse die Wahrheit übertönt werden. Richtig zeigt die Statistik, dass zwar die meisten Exporte der deutschen Wirtschaft nach wie vor in den europäischen Raum gehen, dass aber dieser Anteil mit der Einführung des Euro keineswegs gestiegen, sondern um fünf, das heißt von 46 auf 41 Prozent gesunken ist. Auch ist die deutsche Wirtschaft in diesem Zeitraum nur um durchschnittlich 1,2 Prozent im Jahr gewachsen, etwas stärker als Italien, doch sehr viel geringer als die Volkswirtschaften Irlands und Griechenlands, die im Jahresdurchschnitt 3,9 und 2,7 Prozent verzeichneten. Diese Wirklichkeit lässt sich auf Dauer nicht verleugnen, keine politische Notlüge schafft sie aus der Welt. Vergebens malt die Bundeskanzlerin den Teufel an die Wand, indem sie immerfort erklärt: »Scheitert der Euro, dann scheitert Europa.« Abnehmen wollen ihr das nur noch wenige. Bei einer Umfrage des Instituts für Demoskopie in Allensbach gaben im Juni 2011 schon 71 Prozent der Befragten an, dass sie »kein Vertrauen« mehr in den Euro haben; nur 15 Prozent glaubten noch an seinen längerfristigen Bestand. Martin Blessing, der Vorstandsvorsitzende der

Commerzbank, hat die Rückkehr zur DM bereits im Sommer 2011 als wirtschaftlich vernünftige Option ins Kalkül gezogen. Spätestens mit der Euro-Krise ist der politische Schwindel um die Stabilität der gemeinsamen Währung aufgeflogen. Wer dafür dennoch einen Rettungsschirm über dem anderen aufspannt, wird selbst von der Last der Schirme erdrückt werden; am Ende läuft er mit dem Kopf gegen die Wand, blindlings dem Abgrund entgegen. Der Europäische Stabilitätsmechanismus (ESM) fordert von Deutschland eine Bareinlage, keine Bürgschaft, in Höhe von rund 200 Milliarden Euro: ein Drittel der gesamten jährlichen Steuereinnahmen von Bund, Ländern und Kommunen. »Der jetzige Rettungsschirm darf nicht der Referenzfall für die Zukunft sein«, hatte Angela Merkel noch am 27. Oktober 2010 im Deutschen Bundestag gesagt. Was bekäme man zu hören, wenn man sie heute, unter dem nächsten Schirm, daran erinnerte. Vermutlich würde sie abermals erklären: »Wir werden auch in Zukunft das Notwendige tun.« Das ist der Merkelsche Gebetsmühlentext: So sage ich, wir werden, weil wir müssen und erreichen wollen, dass wir werden können, wenn wir unsere Hausaufgaben machen; als purer Nonsens würde das wahrgenommen, käme es aus dem Mund eines Kabarettisten. Hilflos drehen sich die Politiker mit ihren Reden selbst im Kreis. Denn was man sprachlich nicht fassen kann, hat man nicht verstanden. Orientierungslos handelt, wer nur noch nach dem Prinzip »Augen zu und durch« zu führen vermag. »Statt Siegfrieds Drachenkampf«, schrieb die *Frankfurter Allgemeine Sonntagszeitung* im Januar 2011, »ähnelt die Euro-Rettung eher jenem Don Quichotte, der sich im Kampf gegen Windmühlen verausgabt.« Passend dazu der Vorschlag, die Griechen sollten ihre Finanzprobleme unter anderem durch »eine stärkere Nutzung der Solarenergie« lösen, Sonne gäbe es ja ausreichend in Hellas. Die Idee stammt, was Wunder, von Wolfgang Schäuble, der bei anderer Gelegenheit launig einräumte: »Als Finanzminister hab ich mir abgewöhnt, Anlage-Ratschläge zu geben. Meiner Bank sage ich immer: ›Machen Sie, was Sie für richtig halten; ich will es gar nicht wissen.‹«

Nein, die Politiker wissen nicht mehr als jedermann sonst, sie haben nur die Möglichkeit, sich damit auffälliger in Szene zu setzen, größeren Schaden anzurichten. Dass sie das bisher nach Kräften taten, um voranzukommen, liegt in der Natur des Dilettanten, es ist ihnen nicht vorzuwerfen, zumal das Volk, »der große Lümmel«, sich nur allzu gern von dem alten »Eiapopeia« einlullen und das Blaue vom Himmel herunter versprechen lässt. Das wusste schon Heinrich Heine. Unterdessen jedoch sind wir an einem Punkt angelangt, an dem dieser politisch praktizierte Dilettantismus zu einer Bedrohung werden könnte, von der sich die Vordenker der bürgerlichen Gesellschaft kein Bild zu machen vermochten. Es ist eine Gefahr, die einerseits aus der intellektuellen Verarmung der Gesellschaft resultiert und die andererseits befördert wird durch die Selbstüberhebung, mit der die politische Klasse diesen geistigen Notstand zu kompensieren versucht.

Bezogen auf die CDU-Mannschaft um Angela Merkel hat Michael Spreng, der einstige Wahlkampfmanager Edmund Stoibers, einmal von der »Verzwergung« gesprochen und damit unversehens das Prinzip der modernen, genauer gesagt der postmodernen Politik überhaupt auf den Begriff gebracht. Lager- und parteiübergreifend wird sie von Frauen und Männern beherrscht, die auf den verschiedensten Seiten Karriere machen könnten. Ihre Eignung ergibt sich nicht primär aus der geistigen Verbundenheit mit diesem oder jenem Programm, sondern aus der sozialen Intelligenz, mit der sie ihren Aufstieg organisieren. Die Politik ist der Job, in dem sie etwas werden wollen. Das habe er gelernt, darauf habe er von seinem sechzehnten Lebensjahr an hingearbeitet, sagt der FDP-Generalsekretär Christian Lindner nicht ohne Stolz. In der Tat kann man ihm die Professionalität, die er etwa damit dokumentieren möchte, dass er erklärt, »die ordnungspolitischen Schlüsselaufgaben mit einem neuen Marktdesign« lösen zu wollen, schwer absprechen, vorausgesetzt, man erkennt den besonderen Charakter dieser Qualifikation, sieht, dass es hier nicht mehr um die Professionalität von Politikern, sondern um das inhaltslose Gewäsch politischer Dilettanten geht. Im Prozess der »Verzwergung« haben sie den Vorrang der Überzeugung durch den der Person ersetzt. Das macht sie geschmeidig. Von heute auf morgen können so aus Gegnern des kurzfristigen Ausstiegs aus der Atomenergie leidenschaftliche Befürworter der Energiewende werden. Um die sachlichen Voraussetzungen müssen sie sich auf der neu bezogenen Position so wenig kümmern, wie sie es auf der geräumten getan haben. Ist es doch ohnehin der Zeitgeist, der vorgibt, wofür sie sich als Meinungsführer profilieren wollen, unter diesem oder jenem Vorzeichen. Nur phantasiebegabte Exegeten können heute noch grundsätzliche Unterschiede aus den Wahlprogrammen der großen Volksparteien herauslesen. Wie auf dem Theater sagen alle denselben Text auf, das Eigene ergibt sich allenfalls aus dem Temperament der Darsteller.

Als geistiges Rüstzeug dafür haben sich die Karrierepolitiker angeeignet, was die Tagespolitik verlangt, heute dies, morgen jenes. Über viel mehr verfügen sie selten, oft nicht einmal über die Kenntnis der historischen Grundlagen ihrer jeweiligen Partei, was den Grünen einen gewissen Vorteil verschafft, insofern ihre Geschichte noch nicht weiter zurückreicht, für viele nicht weiter als das eigene Erleben. Das verbürgt von vornherein eine gewisse Authentizität. Größer ist die Gefahr, aus der Rolle zu fallen, bei den anderen, bei sozialen, christlichen oder liberalen Demokraten, da sie ihren Führungsanspruch auch aus der Tradition herleiten müssen. Verhaspeln sie sich historisch, zeigt sich schnell, wie wenig die Nachgeborenen noch mit dem verbunden sind, was sie zu vertreten vorgeben, in welch dilettantischer Verbindung sie zu den behaupteten Werten stehen.

Als die hessische Sozialdemokratin Andrea Ypsilanti, eine Soziologin, die ihre Diplomarbeit zum Thema »Frauen und Macht« geschrieben hat, nach der Landtagswahl 2008 erklärte, sie könne das vor der Wahl gegebene Versprechen, nicht mit den Kommunisten zu koalieren, nicht halten, weil sie nur mit deren Unterstützung werden könne, was sie werden müsse, nämlich Ministerpräsidentin, war sie sich des Wahlbetrugs, den sie damit beging, wohl bewusst. Wie wenig ihr aber klar war, welchen Verrat sie zugleich an der Geschichte ihrer Partei beging, wurde deutlich, als sie alles daransetzte, jene aus der Partei zu werfen, die ihr die Gefolgschaft versagten, weil sie noch wussten, was die Kommunisten den Sozialdemokraten in der Vergangenheit angetan hatten. Die Selbstverständlichkeit, mit der insbesondere die Darmstädter Sozialdemokratin Dagmar Metzger moralisch diskreditiert wurde, nur weil sie nicht bereit gewesen war, ihre freie Gewissensentscheidung, einen tradierten Grundwert der Sozialdemokratie, dem persönlichen Machtverlangen von Andrea Ypsilanti und ihrer Gefolgschaft zu opfern, verriet eine Geschichtsvergessenheit, man könnte auch sagen: eine historische Dummheit, die bundesweit Aufsehen erregte. Erstmals gab sich die Verbindung von intellektueller Beschränkung und persönlichem Machtverlangen so ungeniert zu erkennen, dass niemand mehr auf die Idee kommen konnte, hier werde der politische Anstand zynisch ignoriert, indem sich jemand wissentlich über die

Geschichte seiner Partei hinwegsetzt. Diesen Vorwurf musste sich Andrea Ypsilanti nicht gefallen lassen. Wie auch hätte sie achten sollen, was sie nicht kannte. Da ging es ihr ähnlich wie Matthias Platzeck, dem Ministerpräsidenten von Brandenburg, als er 2009, anlässlich des zwanzigsten Jahrestages der friedlichen Revolution in der DDR, die Wiedervereinigung als »Anschluss« bezeichnete. Zu seinen Gunsten musste man annehmen, dass er noch nie etwas vom gewaltsamen »Anschluss« Österreichs an das Dritte Reich Adolf Hitlers 1938 gehört hatte. Oder denken wir, um noch ein Beispiel für die Unkenntnis jüngster Geschichte anzufügen, an Erwin Sellering, den aus dem Westen zugereisten Ministerpräsidenten Mecklenburg-Vorpommerns, der glaubte, den Bürgern seines Landes erklären zu müssen, dass die DDR »kein Unrechtsstaat« gewesen ist. Mit der Geschichte des Landes, in dem er politische Verantwortung trägt, hatte er sich anscheinend nie eingehender befasst, um das Mindeste zu vermuten. So weit ist es gekommen, so weit, dass es einem wehmütig werden möchte bei dem Gedanken an Konrad Adenauer und Theodor Heuss, die noch mit Quellenkenntnis über Max Webers »Politische Schriften« korrespondieren konnten.

Nun soll hier keineswegs das Kind mit dem Bade ausgeschüttet werden. Dass nicht jeder Politiker ein studierter Historiker sein muss, versteht sich von selbst. Ebenso selbstverständlich müsste aber sein, dass sich die Politik auf einem gewissen Kulturniveau bewegen muss, wenn bewahrt werden soll, was über Epochen aufgebaut wurde, der materielle und der moralische Lebensstandard einer humanistisch aufgeklärten bürgerlichen Gesellschaft. Und da ist es keine Petitesse, wenn sich die deutsche Regierungschefin öffentlich darüber »freut«, dass ein Mensch getötet wurde, und sei es der Terroristenführer Osama Bin Laden. Wie es auch nicht belanglos ist, wenn der geistige Diebstahl, den ein Politiker bei der Abfassung seiner Dissertation begangen hat, mit der Bemerkung übergangen wird, er sei schließlich nicht als Promovend, sondern als Minister ins Kabinett berufen worden. Wenn die Bundeskanzlerin dennoch, an die Adresse ihrer Kritiker gerichtet, sagte, »wir müssen uns von niemandem erklären lassen, was Anstand und Ehre in unserer Gesellschaft sind«, dann wüsste man gern, was sie unter Anstand und Ehre versteht. Andernfalls müsste man folgern, dass es damit in unserer Gesellschaft so weit her nicht mehr sein kann, etwas im Argen liegt. Denn wenn man nichts mehr dabei findet, Politik und Moral derart zu trennen, wird am Ende, sicher nicht sofort, aber ganz sicher in der Konsequenz, dem Pragmatismus der Macht Tür und Tor geöffnet. Geschieht das unbewusst, dann macht das die Sache nicht besser. Im Gegenteil, es verrät sich darin der Bildungsnotstand einer politischen Klasse, deren Vertreter mit dem aufgeschnappten Wissen hantieren wie mit den Versatzstücken einer Theaterdekoration. Die Brocken werden eingesetzt, wo es der Inszenierung dienlich scheint.

Wie das danebengehen und zu welch haltlos unsachlichen Urteilen das führen kann, hat 2010 die Debatte um Thilo Sarrazin offenbart. Noch bevor sein Buch »Deutschland schafft sich ab«, eine streitbare Auseinandersetzung mit den intellektuellen und sozialen Folgen der Zuwanderung, überhaupt vorlag, wurde es nach der Veröffentlichung weniger Auszüge durch das Kanzleramt mit dem Etikett »überhaupt nicht hilfreich« versehen. Wie in den Zeiten, als das Politbüro der SED bestimmte, was den Bürgern der DDR frommte und was nicht, überschlugen sich die Politiker und mit ihnen die Wächter des Zeitgeistes in den Medien bei der Verurteilung eines Autors, der es gewagt hatte, Probleme anzusprechen, denen man lieber aus dem Weg ging. Nicht einmal der Bundespräsident hegte Bedenken, der Bundesbank, deren Mitarbeiter Thilo Sarrazin damals noch war, die Entlassung des Unbotmäßigen nahezulegen. Die Öffentlichkeit bekam einen Vorgeschmack von dem, wozu die entlarvten Politiker unter Umständen fähig sein können. Vergessen war das hohe Gut der Meinungsfreiheit. »So viel Arroganz gegenüber den Regeln der Demokratie hat man hierzulande selten erlebt«, schrieb die Publizistin Cora Stephan in einem Artikel unter der Überschrift »Unsere verlogene Elite«. Kein Argument war zu platt, als dass es nicht irgendeiner ihrer Vertreter vorgebracht hätte, um Thilo Sarrazin moralisch zu verurteilen. Ohne Text- und Sachkenntnis wurde dem Autor Rassismus unterstellt. Weil er von einem besonderen Gen der Juden spricht, wollte Dieter Graumann, der Vizepräsident des Zentralrats der Juden in Deutschland, sogar »Elemente der Rassenhygiene der Nazi-Zeit« in Sarrazins Argumentation erkennen. Von dem jüdischen und in Israel lebenden Schriftsteller Chaim Noll musste sich der Kritiker schließlich sagen lassen, dass er mit dieser Unterstellung schiefer lag als der Angegriffene. Denn nach der Halacha, dem verbindlichen, von Israel staatlich anerkannten jüdischen Religionsgesetz, kann man sich zwar zum Judentum bekennen, in jedem Fall aber ist Jude, wer von einer jüdischen Mutter geboren wird. Daran hat sich seit Jahrtausenden nichts geändert. Und nicht bloß Chaim Noll dürfte sich über »die Unbildung deutsch-jüdischer Funktionäre, denen offenbar das elementare Grundwissen über das Judentum abhandengekommen ist«, gewundert haben.

Dieter Graumann war jedoch nicht der Einzige, der in dieser beispielhaften Debatte einen moralischen Anlauf nahm, bei dem er intellektuell auf der Strecke blieb. Auch Christian Wulff hatte sich im Bücherregal vergriffen, als er versuchte, mit Goethes »West-östlichem Diwan« gegen Sarrazin ins Feld zu ziehen. Allerdings sollte sein intellektueller Fauxpas weniger Verwunderung erregen. Hatte er doch gleich nach seinen Amtsantritt als Bundespräsident erklärt, dass er nun erst einmal eine »Spielecke« in seinem Berliner Amtssitz einrichten werde. Man konnte sich von Anfang an vorstellen, wie und mit wem er darin Bundespräsident spielen würde; man wusste, dass er sich treu bleiben und weitermachen würde wie in Niedersachsen, als er einen Staatsempfang für die Schlagersängerin Lena Meyer-Landrut ausrichtete. Mit dieser Erfahrung versieht er das Amt des Bundespräsidenten bis heute nach seinen Möglichkeiten, sympathisch unbekümmert noch, wenn er Bankern und Politikern mit Platitüden ins Gewissen redet wie beim Treffen der Nobelpreisträger im Spätsommer 2011 am Bodensee. Vor der deprimierenden Ahnung, dass das Amt mehr als den Spaß am Spiel verlangen könnte, schützt ihn die Stärke aller Dilettanten, der Glaube an die eigene Präpotenz.

Dieses unerschütterliche Selbstbewusstsein löst den Dilettanten aber nicht nur die Zunge, verführt sie wie in der Sarrazin-Debatte zu verwegener Argumentation, zum freien Spiel mit aufgelesenen Bildungsbrocken, es verleiht ihnen auch eine ganz besondere Tatkraft, vor allem in der Politik, wo es oftmals zum Geschäft gehört, Erfolge auf einem Neuland zu erzielen, von dem sich die meisten keine oder bestenfalls eine vage Vorstellung zu machen vermögen. Im glücklichsten Fall kann der Dilettant hier erreichen, was keinem Experten gelingen würde, weil ihm der Mut fehlte, anzupacken, was nach aller fachlichen Voraussicht doch nur misslingen könnte. »Der Fachmann steht immer zu sehr in seinem Berufskreise, er ist daher fast nie in der Lage, eine wirkliche Revolution hervorzurufen: Er kennt die Tradition zu genau und hat daher, ob er will oder nicht, zu viel Respekt vor ihr. Auch weiß er zu viele

Einzelheiten, um die Dinge noch einfach genug sehen zu können«, schreibt der österreichische Schriftsteller und Philosoph Egon Friedell im ersten Band seiner 1927 erschienenen »Kulturgeschichte der Neuzeit«.

Mit ihrer fachlichen Unbefangenheit konnten und können die Dilettanten manches zuwege bringen, gerade auf der weltpolitischen Bühne. Kein geschulter Ökonom, kein Volkswirt, kein Währungspolitiker wäre in der Lage gewesen, die gemeinsame europäische Währung, den Euro, einzuführen. Hierzu bedurfte es einer Leidenschaft, wie sie nur finanzpolitische Laien vom Schlage eines François Mitterrand und eines Helmut Kohl aufzubringen wagten. Wenn man beiden auch nicht unterstellen darf, dass sie persönliche Ziele verfolgten, sich vor allem selbst in Szene setzen wollten, so muss man doch sehen, dass sie mit der Einführung des Euro politische Ziele verfolgten, von deren volks- und finanzwirtschaftlichen Auswirkungen sie sich keinen Begriff machten. Hatte der promovierte Historiker Helmut Kohl, als er die deutsche Wiedervereinigung durchsetzte, noch als Fachmann der Geschichte sowie als erfahrener Deutschlandpolitiker handeln und aus der fundierten Kenntnis der Vergangenheit schlussfolgern können, was die Zukunft verlangte, so agierte er im Fall des Euro von vornherein als Dilettant. Das Projekt, das er nunmehr verfolgte, ergab sich nicht mehr aus der Sache, der Entwicklung des europäischen Währungssystems; es war fremd motiviert, primär getragen von der Hoffnung, dass sich mit der Einführung einer gemeinsamen Währung das friedliche Zusammenleben der Völker in Europa ein für alle Mal sichern ließe und der Kontinent zudem an weltwirtschaftlicher Bedeutung gewinnen würde. Die Absicht war aller Ehren wert, auch wenn für den Erfolg kaum mehr als der gute Wille sprach, zumal die Geschichte zeigte, dass es bisher immer nur umgekehrt funktioniert hatte. Nur die Währungsbünde, die im Zuge einer nationalen, also politischen Einigung entstanden waren, hatten in der Vergangenheit länger bestehen können, etwa nach der Einigung Italiens 1861 oder nach der Konstituierung des Deutschen Reiches 1871. Nun sollte das Pferd beim Schwanz aufgezäumt werden, die Währungsunion einer politischen Einheit Vorschub leisten. Daran, wie das mental funktionieren würde, wie die europäische Öffentlichkeit ohne eine gemeinsame Sprache zusammenfinden könnte, wurde kein Gedanke verschwendet. Solche Nebensächlichkeiten wie der Zusammenhang von kultureller Identität und Wirtschaftsorganisation sollten die Entwicklung hin zum europäischen Großreich nicht aufhalten. Es bestand sogar ein unausgesprochenes Einverständnis zwischen dem christlich-konservativen Kohl und dem linken Philosophen Jürgen Habermas darüber, dass die Einheit Europas eine Frage des sozialen Ausgleichs sei. An Kritikern, die hier währungspolitische Zweifel anmeldeten, weil sie angesichts der unterschiedlichen Wirtschaftsstrukturen fürchteten, ärmere Länder könnten hoffnungslos an den Tropf der reicheren geraten und der Stabilitätspakt fortdauernd unterlaufen werden, fehlte es nicht. Indes, die Kraft der Vision, die Überzeugungskraft der Dilettanten war stärker, sie obsiegte über jeden Einspruch. Sie brachte die Parteien auf Linie. Ihr verdanken wir, was wir dann jahrelang als Erleichterung genossen haben, persönlich bei privaten Reisen und volkswirtschaftlich auf dem europäischen Binnenmarkt: den Euro.

Was, wäre es nach den Fachleuten gegangen, noch lange nicht in Angriff genommen worden wäre, hatte der praktizierte Dilettantismus sozusagen über Nacht zustande gebracht, einerseits. Andererseits hat das grandiose Exempel inzwischen ebenso gezeigt, dass der Dilettant, wo er kreativ werden will, immer auch Vabanque spielen muss. Dass er das nicht wissentlich tut, sondern in dem unbegründeten Glauben, Herr der Lage zu sein, steigert objektiv die Gefahr, so wie es ihm subjektive Überzeugungskraft verleiht. Das Erste bedarf keiner weiteren Erklärung: Wer sich ahnungslos in Sicherheit wiegt, ist möglicher Bedrohung mehr oder weniger hilflos ausgeliefert. Das Zweite, die Überzeugungskraft der Dilettanten, rührt daher, dass sie so handeln, wie wir es alle tun oder gern tun würden. Ihr simples Verständnis der Dinge ist nachvollziehbar. Egal, wozu sie sich versteigen, ob sie sich einbilden, Ärzte, Geologen oder Schriftsteller sein zu können, fürs Erste können Flauberts einfältige Helden Bouvard und Pécuchet ihr Publikum stets überzeugen. Ihre Auftritte genügen der allgemeinen Vorstellung, ihre Erklärungen entsprechen dem, was jeder vermuten würde, ihren Versprechen wird geglaubt, weil sie zu den eigenen Wünschen passen, menschlich verständlich sind. Einzig die Fachleute wollen sich damit nicht zufriedengeben. Sie sind die Störenfriede, die die Illusion platzen lassen. Im Roman des 19. Jahrhunderts wie in der Wirklichkeit, der politischen Realität des 21. Jahrhunderts erwecken sie Argwohn, weil sie unser Selbstbewusstsein, die Vorstellung von der eigenen Unfehlbarkeit unterlaufen. Ihre Argumentation müssen wir verstehen, die der anderen, der professionellen Dilettanten, brauchen wir nur zu glauben; und das fällt umso leichter, je mehr uns in Aussicht gestellt und je weniger ausgeschlossen wird.

Der Populismus, in dem sich die Politiker zu überbieten versuchen, wird durchaus erwartet. Jeder politisch Handelnde weiß, dass er verloren wäre, würde er sich nicht für soziale Gerechtigkeit, für gleiche Bildungschancen, den Umweltschutz und seit kurzem für die Energiewende rhetorisch starkmachen. Und da kann es ihm nur nützen, wenn er von der jeweiligen Sache möglichst wenig versteht, keinen Gedanken daran verschwenden muss, dass erzwungene Umverteilung der Leistungsgesellschaft das Rückgrat bricht und somit den Wohlstand aller gefährdet, dass Bildungschancen wahrgenommen werden müssen und sich nicht per Bezugsschein verteilen lassen, dass alternative Energiequellen nicht ausreichen werden, den Strombedarf eines Landes zu decken, in dem der Wind nicht stark genug bläst und die Sonne zu selten scheint. Was zählt, sind nicht die Fakten, sondern die Ansprüche, die Forderungen, die Wünsche. Obwohl die 2002 von Gerhard Schröder eingeleiteten Arbeitsmarktreformen messbare Erfolge zeigten, sprachen sich mehr als achtzig Prozent der Deutschen 2007 für deren Rücknahme aus. Die SPD selbst betrieb die Kehrtwende, weil ihr die Wähler davonliefen. Um nicht länger für ihren Anflug wirtschaftlicher Vernunft abgestraft zu werden, besann sich die Partei auf das probate Mittel der üblichen Versprechen. Dass diesen politischen Versprechen, den vollmundigen Ankündigungen, in aller Regel nichts folgt, was die geweckten Erwartungen halbwegs decken könnte, darauf darf man im politischen Alltag so sicher vertrauen wie auf die Fortsetzung der Aufführung.

The show must go on: Das ist das ganze und das ganz banale Geheimnis, das sich hinter hektisch zusammengeschnürten »Bildungspaketen«, »Regelsatzerhöhungen« und eilig einberufenen »Ethikkommissionen« ebenso verbirgt wie hinter der Partypräsenz des Berliner Bürgermeisters Klaus Wowereit oder den Berufspraktika, die die Grüne Renate Künast für einen Tag auf den Bauernhof, den Linken Gregor Gysi auf den Bau und die Liberale Sabine Leutheusser-Schnarrenberger in den Kindergarten führten, vor laufenden Kameras, versteht sich. Wem das nicht genug ist, wer mehr erwartet, als einem in der Show geboten werden kann, der handelt sich »Enttäuschung« ein wie Cora Stephan, die ein ganzes Buch über den »Irrtum« Angela Merkel geschrieben hat. In einem Interview sagte sie dazu: »Ich habe ›Angie‹ gewählt, eine Frau mit einer deutlichen Sprache und einem mutigen Reformprogramm. Und habe Mutti bekommen, eine Kanzlerin, die entscheidungsschwach und matt vor sich hin regiert.« Hier spricht eine Enttäuschte im Zorn. Was sie sagt, muss aber von der Gemeinten gar nicht so kritisch verstanden werden, wie es auf den ersten Blick scheint. Tatsächlich kommt sie sogar sehr gut dabei weg, wird ihr doch immerhin bescheinigt, dass sie es verstand, in der Rolle der »Angie«, also mit dem angenommenen Image der resoluten Powerfrau, zu überzeugen. Ihre Ankündigungsformeln – »und ich sage Ihnen hier, dass alles auf den Tisch kommt, und dass ich Ihnen dann sagen werde, wir machen unsere Hausaufgaben« – haben die gewünschte Wirkung getan. Dass die mittlerweile enttäuschte Wählerin Cora Stephan den inhaltlichen Leerraum nun ihrerseits mit eigenen Erwartungen füllte, um so zu finden, was sie finden wollte, vielleicht auch, weil sie sich scheute, in diesen Abgrund gähnender Leere zu schauen, das ist der Politikerin Angela Merkel nicht vorzuwerfen. Immerhin hat die Bundeskanzlerin ihr rhetorisches Handwerk noch im kommunistischen Jugendverband erlernen müssen. Bei der FDJ war sie Sekretärin für Agitprop und Propaganda.

Mit den ausdeutbaren Phrasen ihrer Rede hält sie sich heute an das Prozedere einer politischen Kultur, die den Posten als höchstes Gut verehrt. In seiner Erlangung und Behauptung erfüllt sich das politische Leben, sein Inhalt sind die Rituale, vor der Wahl andere als danach. Angela Merkel weiß das so gut, wie es Gerhard Schröder und sein englischer Freund Tony Blair gewusst haben. Nicht zu reden von den Knallchargen des Theaters, von Silvio Berlusconi oder Jörg Haider, dieser frühverstorbenen Jahrhundertbegabung der politischen Burleske. Jeder hat das Reglement verinnerlicht, ob er nun im Kabinett sitzen darf oder noch auf den Bänken der Opposition Platz nehmen muss. Dass es mittlerweile aber auch aufseiten der Wähler immer mehr gibt, die hinter die Kulissen schauen, zeigt die kontinuierlich sinkende Wahlbeteiligung in den westlichen Demokratien. Sicher hat das viele Gründe, vom Wohlstand, der träge macht, über den Rückgang politischer Bildung bis hin zum allgemeinen Desinteresse an den gesellschaftlichen Belangen. Doch verbirgt sich hinter all dem auch immer wieder das eine: das Bild einer politischen Klasse, die es nun einmal gibt, die man aber getrost sich selbst überlassen kann, da sie ohnehin ein Eigenleben führt, alternativlos mit sich selbst beschäftigt ist. Kommt es dennoch zu einer politischen Einmischung des Volkes, weil es sich unmittelbar bedroht fühlt, ist das Erschrecken groß. Die Politiker reagieren geradezu konsterniert, als würden sie die Welt nicht mehr verstehen.

Wie vor den Kopf geschlagen wirkte der Baden-Württembergische Ministerpräsident Stefan Mappus, als im Sommer und Herbst 2010 in Stuttgart Zehntausende auf die Straße gingen, um »Stuttgart 21«, den milliardenschweren Umbau des Hauptbahnhofs, zu verhindern. Das Projekt, bei dem große Teile der Stadt unterhöhlt werden sollen und von dem niemand mit Bestimmtheit sagen kann, welche Auswirkungen das auf das Grundwassermanagement und die Statik der vorhandenen Bebauung hat, weckte Zweifel, die vielen Angst machten. In Köln war erst kurz zuvor das Stadtarchiv infolge des U-Bahn-Baus eingestürzt. Im schwäbischen Staufen hatten Eingriffe in den Untergrund zu einer Gefährdung des gesamten Stadtkerns geführt. Zur Sorge bestand also Anlass, noch dazu die Pläne aus den neunziger Jahren des vorigen Jahrhunderts stammen, aus einer Zeit, die generell zur Gigantomanie neigte. Der gelernte Kfz-Mechaniker Wolfgang Schrempp wollte die Daimler-Benz AG damals zu einem Weltkonzern aufblasen und ist damit grandios gescheitert, er hatte sich um ein paar Milliarden verrechnet. Weil sie befürchteten, dass das ebenso bei »Stuttgart 21« der Fall sein könnte und der Steuerzahler am Ende für den Größenwahn von Politikern und Bahnvorständen einstehen muss, gingen die Bürger, nicht die Autonomen, in Stuttgart auf die Straße, um einen Baustopp zu erzwingen, der Zeit zur Überprüfung der Pläne geben sollte. Der christdemokratische Ministerpräsident Mappus antwortete darauf mit dem Einsatz von Reizgas und Wasserwerfern. Gewalt ersetzte die Argumente, die dem Politiker fehlten. Überhaupt schien er nicht zu verstehen, was da geschah. Zum einen war das Projekt, wenn auch in grauer Vorzeit und eher im Stillen, einmal beschlossen worden. Zum anderen war er der gewählte Ministerpräsident und mit der Macht ausgestattet, das Ganze ohne weiteres Palaver durchzusetzen. Wie konnte man ihm widersprechen? Weshalb sollte er noch mit den Bürgern reden, sich befragen lassen, wie kamen die Leute dazu, Krawall zu schlagen? Das grenzte an Ministerpräsidentenbeleidigung. Da konnte er nach einer Chinareise nur noch begeistert erzählen, welche Großprojekte dort durchgezogen werden, ohne dass sich jemand querlegt.

Etwa zeitgleich mit den Demonstranten in Stuttgart protestierten Tausende in Gorleben gegen die in Berlin beschlossene Laufzeitverlängerung für Atomkraftwerke. Und wie die Landesregierung in Stuttgart so hinterließ die Regierung in Berlin den Eindruck, als empfinde sie den Bürgerprotest im Wendland als pure Anmaßung. Dass in der Sache etwas nicht stimmen könnte, dass womöglich ernst zu nehmende Gründe für die Proteste vorlagen, wurde nicht erwogen; darauf kam man erst ein halbes Jahr später, nach dem Reaktorunfall von Fukushima. Hätte es diese Katastrophe nicht gegeben, würde die Regierung nach wie vor darauf bestehen, ihre Beschlüsse machtvoll durchzusetzen, wogegen nichts einzuwenden wäre, wenn es sich denn um sachlich fundierte Entscheidungen handelte. Ohne die Machtbefugnis des Staates taugt die beste Demokratie nichts. Das steht außer Frage, darum geht es nicht. Die beiden Beispiele, weitere ließen sich anfügen, haben etwas anderes gezeigt: einen Gebrauch der Macht, der sich als die Kehrseite des Dilettantismus erweist. Wo sie in der Sache nicht hinreichend beschlagen sind, es bei der Komplexität der Prozesse und ihrer oberflächlichen Vertrautheit mit den Aufgabengebieten nicht sein können, müssen die Politiker wie alle Dilettanten das Wissensdefizit durch die demonstrierte »Überzeugung« von der Richtigkeit der jeweiligen Entscheidung zu kompensieren versuchen, vor sich selbst wie vor der Öffentlichkeit. Der Satz »Ich bin der festen Überzeugung, dass …« gehört zu den meistgebrauchten Floskeln der politischen Rhetorik unserer Tage. Der nächste Schritt, der Gebrauch der Macht zur Verwirklichung dieser »Überzeugung«, folgt dann zwangsläufig. Mehr noch: Die Kraft der Überzeugung, der eigene Glaube daran, ergibt sich überhaupt erst aus der Verfügbarkeit über die Macht. Wer sie hat, hat auch das Recht, recht zu haben, mögen die anderen, die Machtlosen, sagen, was sie wollen.

Wie selbstverständlich das bereits geworden ist, zeigt die Wortbildung »durchregieren«. Obwohl das Kompositum nicht einmal im Duden steht, sondern von Angela Merkel geprägt wurde, wird es von Redenschreibern und Journalisten verwendet, ohne einen Gedanken daran zu verschwenden, wie verräterisch nahe es dem Verb »durchgreifen« steht.

Viele hatten das zunächst missverstanden und von der Ankündigung des »Durchregierens« auf eine besondere Tatkraft bei der Umsetzung wichtiger Reformen geschlossen, auf etwas, das das Land voranbringen würde. Wie das Ganze tatsächlich gemeint war, lag dann schnell auf der Hand, als die Kanzlerin wiederholt Anstalten machte, sich gutsherrlich über die Rechte des Parlaments hinwegzusetzen, bei der Energiewende ebenso wie in der Euro-Krise. Das Ausmaß der Enttäuschung bei den Wählern sollte das der Erwartung bald übersteigen. »Was diese Bundeskanzlerin so bietet«, heißt es in einem Leserbrief, den die *Welt am Sonntag* am 19. Juni 2011 veröffentlichte, »hat sich bisher noch kein Regierungschef in Deutschland geleistet. Orientierungslosigkeit verbunden mit Machterhalt um jeden Preis sind ihre Kennzeichen.« Etwas allgemeiner formulierte ein anderer Leser seine Enttäuschung, als er an gleicher Stelle fragte: »Aber was sind das für Politiker, die das eigene Wohl vor das Wohl von Volk und Land setzen?« Eine Antwort darauf gab die Publizistin Gertrud Höhler wenige Wochen später. Unter der Überschrift »Die Kanzlerin und ihre Untertanen« schrieb sie am 21. August 2011 in der *Welt am Sonntag:* »Die Kanzlerin entwickelt Leadership auf Feldern, wo die meisten noch arglos sind: Recht setzen und Recht brechen gehören da zusammen … New Leadership à la Merkel, das ist ein autoritäres Regime, das undercover arbeitet. Wir sehen nur die Schatten an der Wand, und der autoritär geschädigte Deutsche wagt keinen Widerspruch. So kann die Regierung einen ›aufschiebenden Demokratiestil‹ entwickeln, der von gebrochenen Versprechen lebt: ja, das Parlament beteiligen, natürlich, irgendwann. Ja, die Bürger informieren, aber doch nicht jetzt, da sich die Botschaft täglich ändert.«

Es geht ums Grundsätzliche und darum, wie es aufgehoben ist in den Händen dilettierender Politiker, deren Gebaren bisweilen so fatal an das anderer »lupenreiner Demokraten« erinnert. Nicht bloß von der *FAZ* müssen sie sich fragen lassen: »Ist dieses Deutschland noch demokratisch, deutsch und republikanisch?« Das Bewusstsein ihrer angemaßten Macht speist sich aus vielen Quellen. Aus dem Mangel an Zweifel weckender Sachkenntnis konstituiert es sich ebenso wie aus der Medienpräsenz und der aufwendigen Lebensinszenierung nicht zuletzt. Auch der Glamour des politischen Lebens stärkt den Glauben an die eigene Bedeutung. Wer sich scheut, dies anzusprechen, weil er fürchtet, der Unsachlichkeit geziehen oder der Missgunst verdächtigt zu werden, wird sich nie erklären können, wie es dazu kommen konnte, dass die politische Klasse in der Demokratie heute das Erscheinungsbild einer Parallelgesellschaft bietet. Dabei geht es nicht um die ordentliche Bezahlung der Mandatsträger. Nur um Gottes Lohn müssen sie so wenig arbeiten wie jeder andere. Ihre finanzielle Ausstattung soll sie unabhängig machen, ihre Entscheidungsfreiheit garantieren, privilegieren soll sie sie nicht. Ob das noch jedem bewusst ist, darf füglich bezweifelt werden. Jedenfalls verfügen die Politiker mittlerweile über eine materielle Ausstattung, von der Apanage über die Dienstlimousinen bis zum freien Zugriff auf Personal für jegliche Dienstleistungen, die sie über andere erhebt, ob sie sich dessen bewusst sind oder nicht.

Für die Beschäftigung eigenen Personals stehen etwa jedem Mitglied des Deutschen Bundestages monatlich 15 000 Euro zuzüglich Sozialabgaben zur Verfügung. Insgesamt beschäftigen die 621 Abgeordneten derzeit 6784 persönliche Mitarbeiter, zehnmal so viele wie 1970. Die »Sachmittelpauschale« stieg im letzten Jahrzehnt von 1025 auf 12 000 Euro pro Jahr und Abgeordnetem. Hinzu kommen 7668 Euro Diäten und eine steuerfreie monatliche »Aufwandsentschädigung« von 3984 Euro, die Nutzung der Limousinen des Bundestages mit Chauffeur, freie Fahrt erster Klasse auf sämtlichen Linien der Deutschen Bahn, freie Inlandsflüge bei beruflichen Anlässen, eine eigene medizinische Versorgung und die Möglichkeit, Zuarbeiten durch die Wissenschaftler und Bibliothekare des Bundestages erledigen zu lassen. Alles in allem eine Rundum-versorgung, die die Legende des im Vergleich mit der Indus-trie unterbezahlten Politikers ad absurdum führt. Tatsächlich erhalten die Abgeordneten allein an direkten Zuwendungen rund 18 000 Euro mehr pro Jahr als Manager mit vergleich-barer Qualifikation in der Wirtschaft. Ganz abgesehen da-von, dass all diese Leistungen dem einzelnen Abgeordneten leistungsunabhängig zustehen. Malt man sich noch aus, wel-che Bezüge und Aufwandsentschädigungen bei den regieren-den Politikern dazukommen, muss man sich nicht länger über das Selbstwertgefühl der Mandatsträger wundern, nicht dar-über staunen, dass sie sich für mehr als sieben Millionen Euro einen Tunnel vom Abgeordnetenhaus zum fünfzig Meter ent-fernten Reichstag bauen lassen, nur um nicht länger bei Wind und Wetter mit dem Volk über die Straße gehen zu müssen.

Die Ausstattung der Posten verbürgt ihre Bedeutung so-zusagen a priori. Sie schafft Anreize, die den ideellen Anspruch der Politik zur Nebensache schrumpfen lassen. Selbst der Pos-ten eines Bundeskanzlers wird so zum Karriereangebot. Nach dem Vorbild von Dieter Bohlens »Deutschland sucht den Superstar« und Heidi Klums Mannequin-Show »Germany's next Topmodel« veranstaltete das ZDF 2009 die Casting-Show »Ich kann Kanzler!« Die Kandidaten waren Jugendliche, die mit Floskeln parlierten; zur Jury gehörten neben dem Ratekönig Günther Jauch, den die Mehrheit der Deutschen gern im Amt des Bundespräsidenten sähe, die Entertainerin Anke Engelke und der pensionierte SPD-Politiker Henning Scherf. Den Parteien, hieß es nachher, sei der eine oder andere aufgefallen, der in ihren Reihen Karriere machen könnte.

Seit jeher war der »Bonze«, laut Brockhaus »ein höherer (dem Volk entfremdeter) Funktionär«, auch ein Produkt der Verhältnisse, die er sich geschaffen hat. Einmal auf seinem Posten angekommen, genießt er eine existenzielle Auszeichnung, die ihn verführt, das Wesentliche zu vergessen, nämlich die Tatsache, dass er nichts als der bezahlte Angestellte derer ist, über die er sich erhoben fühlt. Respekt und Zurückhaltung resultieren, da der Mensch ist, wie er ist, aus solchen Konstellationen selten, bestenfalls ausnahmsweise. In der Regel wachsen die Ansprüche mit den gewährten Privilegien. Wer schon viel hat und noch mehr bekommt, muss irgendwann glauben, dass ihm alles zusteht bis hin zur großzügigen Überlassung eines Doktortitels. Nach dem Aufsehen, das der Fall Guttenberg erregte hatte, wurde der akademische Grad vier weiteren Schwindlern mit politischer Rückendeckung entzogen, unter anderem der Stoiber-Tochter Veronica Saß und der liberalen Europaabgeordneten Silvana Koch-Merin. Auch sie mussten die Flucht nach vorn antreten und schnell abgeben, was sie sich zuvor ohne Bedenken genommen hatten.

Wie von selbst verliert sich das Gefühl für die Hybris in der Höhe. Über den Selbstzweifel triumphiert der Glaube an die eigene Vollkommenheit. Das Peinliche wird zur Selbstverständlichkeit. Oder wie sonst sollte man sich erklären, dass Politiker, wenn sie die Bürger meinen, so gern von »den Menschen« sprechen, als handle es sich um eine fremdartige Spezies, der sie sich selbst schon gar nicht mehr zugehörig fühlen, um unmündige Wesen, die der Fürsorge und Betreuung bedürfen, weil sie, »die Menschen, das nicht verstehen«, wie Angela Merkel es unlängst im Streit um die Atomenergie auf den Punkt brachte. Welcher Manager in der Wirtschaft dürfte sich erlauben, über seinen Arbeitgeber zu sprechen. Was geschähe mit einem Vorstandsvorsitzenden, der einen seiner Mitarbeiter öffentlich so demütigen würde wie der deutsche Finanzminister Wolfgang Schäuble seinen Pressesprecher, als er ihn auf einer Pressekonferenz, vor fünf Millionen Fernsehzuschauern, für einen Fehler spöttisch abkanzelte, den der Mann gar nicht begangen hatte. »Für ihn [den Minister]«, schrieb die *Welt am Sonntag* danach, »war es offensichtlich ein großartiger Jux.«

Wie kommen die gewählten Politiker dazu, sich derart aufzuführen? Woher nehmen sie sich bei all ihrem fachlichen Versagen das Recht, mit den vernunftbegabten Bürgern einer Republik umzuspringen, als handle es sich um Untertanen, die sie einerseits betüddeln müssen und andererseits »durchregieren« können? Wie konnte es zu dieser potentatenhaften Selbstinszenierung und der monarchischen Selbstgefälligkeit der politischen Klasse kommen, wo doch jeder weiß: Der Souverän ist das Volk? Haben wir uns diese Vorherrschaft still und heimlich abhandeln lassen – abhandeln von Politikern, denen nicht mehr als das Einfachste vom Einfachen einfallen will, das Regieren mit der Steuerpeitsche und dem Zuckerbrot der Wahlgeschenke? Fest steht, vergewaltigt wurde niemand, verführt schon eher. Dazu bedurfte es nicht viel im Zeitalter des Dilettantismus. Schritt für Schritt, in dem Maß, in dem wir die geistigen durch materielle Ansprüche ersetzt haben, bereit waren, die Bildung auf das zu reduzieren, was die Ausübung des Berufes gerade noch verlangte, meinten, wir seien ausreichend gebildet, wenn wir die jeweils neueste Software beherrschen, in dem Maße, in dem wir uns aus freien

Stücken zu Dilettanten degradierten, haben wir uns selbst der Möglichkeiten eines intellektuellen Controllings der gewählten Macht begeben. Der eigenen Entmündigung wurde nach Kräften Vorschub geleistet, anderes als das Käufliche nicht mehr verlangt. Alles sollte und soll bis heute eine Frage der gerechten Verteilung sein, auch die Bildung, wie wir noch sehen werden.

Nur zu gern überließ man die Politik denen, die keine Bedenken hegten, den Bürger in seinen Ansprüchen zu bestärken, ihm mit trügerischen Wahlgeschenken etwas vorzumachen, auf Teufel komm raus. Die zwischenzeitlichen Sparappelle sorgten dabei für den nötigen Nervenkitzel. Hingenommen wurden sie im Vertrauen auf die stillschweigend getroffene Vereinbarung, alles beim Alten zu belassen. Dass das nicht möglich ist, mag manchem klar gewesen sein, wahrhaben wollen es bis heute die wenigsten, ungeachtet gegenteiliger Beteuerungen. Jedenfalls gibt es bisher keine Anzeichen, die auf eine Änderung der erprobten politischen Doppelstrategie, die taktische Verschränkung von Versprechen und Drohung, hindeuteten. Einerseits werden Segnungen in Aussicht gestellt, in Maßen sogar ausgereicht, etwa Steuererleichterungen, die sich sogleich durch die Erhöhung anderer Abgaben, steigender Energiekosten zum Beispiel, wieder abschöpfen lassen; andererseits fließen Milliarden in diese oder jene Rettungsfonds mit der Androhung, dass es sonst, wenn man sich dazu nicht verstünde, noch sehr viel schlimmer kommen müsse. Wenn es dann trotzdem, obwohl so vorausschauend gehandelt wurde, noch viel schlimmer kommt als erwartet, kann das gleiche Spiel von vorn beginnen, und so weiter und so fort.

Die Dramaturgie ist immer die gleiche. Der Bürger könnte das durchschauen, wenn er wollte. Und manchmal, wenn die

Inszenierung gar zu laienhaft ausfällt, wie beim Management der Euro-Krise, gibt es tatsächlich Buhrufe. Die Politiker haben gelernt, das wegzustecken. Sie wissen, dass es erst dann wirklich ernst wird, wenn sie den erwarteten Unterhaltungswert vermissen lassen. Von Michael Glos, dem glücklosen Minister und fränkischen Müllermeister, war hier bereits die Rede. Er bekam die Verachtung des enttäuschten Publikums beispielhaft zu spüren, höhnische Kommentare begleiteten seinen politischen Abgang. Dass ihm Ähnliches widerfahren könnte, muss Wolfgang Schäuble nicht fürchten, da er seine Rolle gefunden hat. Egal, in welchem Ministerium er sich gerade aufhalten mag, immer überzeugt er als verschlagener Mephisto. Und wer erinnerte sich nicht gern an die gute Figur, die Gerhard Schröder in der Rolle des Bonvivants machte, oder, um ein letztes Mal auf den Freiherrn zu kommen, an Karl-Theodor zu Guttenberg, den *Bild* feierte wie einen dreifachen Oscar-Gewinner, über Monate hinweg und seitenlang. Jeder hat die Chance, sein Fach auf dem politischen Theater zu finden, und sei es das der »Mutti«. Das Publikum will es so, es will unterhalten und gepackt sein, jubeln und verdammen, ein bisschen aufblicken. Das genügt. Man muss nur beobachten, wie die Leute neugierig Haltung annehmen, sobald eine Regierungskarosse irgendwo vorfährt. Die Bundeskanzlerin kann dann schon einmal, wie in Greifswald geschehen, als »Vorsitzende der Bundesrepublik« begrüßt werden. Die Verehrung der Obrigkeit steckt uns noch immer im Blut. Die Politiker und das Volk, wenigstens große Teile des Volkes, haben sich gesucht und gefunden. Nicht auszudenken, was herauskäme, gäbe es einen Pisa-Test zur politischen Bildung.

Vor der Bundestagswahl 2009 fragte das ZDF in Brandenburg willkürlich ausgewählte Passanten nach dem SPD-Kanzlerkandidaten ihres Wahlkreises. Acht von zehn der Befragten wussten nicht, wer Frank-Walter Steinmeier ist, welche Rolle er in der Politik spielt. Das Gesicht kannten sie wohl, der Außenminister aber war ihnen unbekannt. Viele mögen nicht einmal gewusst haben, dass es das Auswärtige Amt überhaupt gibt. Von weiterer Personenkenntnis zu schweigen, erst recht von historischem Wissen. Wie es darum bestellt ist, lässt ein Hilferuf Norbert Lammerts, des Präsidenten des Deutschen Bundestages, erahnen. »Wenn heute«, sagte er 2009, zwanzig Jahre nach dem Mauerfall, »fünf Prozent der deutschen Gymnasiasten Walter Ulbricht für einen oppositionellen Liedermacher der DDR halten und mehr als sieben Prozent in Erich Honecker den zweiten Bundeskanzler der Bundesrepublik sehen, dann ist das bei weitem nicht so komisch, wie es sich anhört.« Wie, fragte sich Norbert Lammert, ein einsamer Rufer in der Wüste der Geschichtsvergessenheit, wie soll ein demokratisches Bewusstsein bei der zukünftigen Bildungselite entstehen, wenn mit der Geschichte derart läppisch umgegangen wird. Und wie, möchte man die Überlegung fortsetzen, soll es zu einer vernünftigen Wertschätzung des Rechtsstaates kommen, wenn die Politiker selbst nur noch die Klaviatur des Zeitgeistes beherrschen, Daniel Cohn-Bendit etwa, befragt nach den »positiven Identifikationsmöglichkeiten« für junge Ausländer, antwortet: »Ein schönes Beispiel ist der Fußball. Junge türkische Fußballer haben sich lange Zeit automatisch zur türkischen Nationalmannschaft hin orientiert. Dem Deutschen Fußballbund ist viel zu spät klar geworden, dass gute Fußballer oft einen Einwanderungshintergrund haben. Solange es für einen jungen Türken hier näher liegt, sich für die türkische statt für die deutsche Nationalmannschaft zu empfehlen, so lange stimmt es mit der Integration noch nicht.« Wer hätte das gedacht. So einfach ist die Sache: Der DFB wird's schon richten. Es lebe der Fußball! Es lebe Cohn-

Bendit, der politische Visionär! Oder, um endlich wieder einmal mit den Dadaisten zu sprechen: »Jedermann sein eigner Fussball!«

Wenn das das Niveau der Zukunft sein sollte, dann muss uns um die Zukunft bange sein. Wo es um die politische Bildung des Volkes so bestellt ist, ist nahezu alles möglich. Italien lässt das bereits erahnen. Silvio Berlusconi weiß, was er sich leisten kann. Seit Jahren gelingt es ihm, das Volk mit Tamtam und haltlosen Versprechen zu ködern. Aber wer dürfte hierzulande oder sonstwo in Europa noch mit dem Finger auf Italien zeigen. In Deutschland, in Österreich, in Frankreich, in Spanien, in England, überall können die Politiker auf den Hedonismus eines Bürgers setzen, der nicht mehr als Citoyen, sondern als Bourgeois an die Wahlurne tritt, sofern er sich der Mühe des Wahlgangs überhaupt noch unterzieht. Wer die einfachsten Regeln der Demokratie nicht mehr kennt, wird zum leichten Opfer jeglicher Bauernfängerei. Dass damit potenziellen Diktatoren Tür und Tor geöffnet wird, dass die Demokratie, wenn sie der Bildung enträt, Gefahr läuft, sich selbst zu zerstören, dass Demokratie und Bildung ursächlich zusammengehören, müssten die Politiker mit Schrecken erkennen, wenn sie noch über historisches Wissen und daraus abgeleitete Gesellschaftsperspektiven verfügten. Dafür spricht jedoch wenig, zu wenig.

Ohne politische Resonanz verhallte in den Feuilletons um die Jahreswende 2010/11 der leidenschaftliche Appell des Franzosen Stéphane Hessel. Als junger Mann hatte er in der Résistance gekämpft, war von den Deutschen gefasst und in das KZ Buchenwald verschleppt worden. Nach dem Krieg gehörte er als französischer Diplomat bei den Vereinten Nationen zu den Verfassern der Charta der Menschenrechte. Jetzt, im Alter von über neunzig Jahren, sah er sich veranlasst, der Welt noch einmal mit einem Pamphlet ins Gewissen zu reden. Unter der Überschrift »Indignez-vous!« (Empört euch!) schrieb er unter anderem: »Das allein auf die Produktion gerichtete Denken, das der Westen propagiert, hat die Welt in eine Krise gestürzt, aus der sie sich nur befreien kann, wenn sie einen radikalen Bruch mit dem Drang nach ›immer mehr‹ vollzieht, im Finanzsektor, in der Wissenschaft und Technik. Es ist höchste Zeit, dass die Sorge um Ethik, Gerechtigkeit und ein dauerhaftes Gleichgewicht in den Vordergrund tritt. Denn sonst drohen äußerste Gefahren.« An die Jugend gewendet, erklärte Stéphane Hessel deshalb weiter: »Am schlimmsten ist es, wenn man sagt: ›Damit habe ich nichts zu tun. Das ist mir egal.‹ Wer sich so verhält, verliert eine der wesentlichen und unverzichtbaren Eigenschaften, die den Menschen ausmachen: die Fähigkeit zur Empörung und das Engagement, das daraus erwächst.« Kurzum, der Menschenrechtler verlangte Haltung, genau das, womit sich die postmoderne Gesellschaft am schwersten tut, im Kleinen wie auf der großen Bühne der Weltpolitik. Wenige Wochen nach dem Erscheinen von Hessels Pamphlet, als der UN-Sicherheitsrat über die Libyen-Resolution abstimmte, enthielt sich Guido Westerwelle, erinnern wir uns, als deutscher Außenminister der Stimme. Das Hemd war ihm näher gewesen als der Rock, die persönliche Profilierung wichtiger als die Verteidigung der Menschenrechte; das höchste unserer Kulturgüter wurde nicht zum ersten Mal preisgegeben, ahnungslos verschaukelt von einem narzisstisch verblendeten Laien. Episodisch offenbarte sich der ethische Bankrott des politischen Pragmatismus, dem Stéphane Hessel sein »Empört euch!« entgegenschleuderte wie Émile Zola sein »J'accuse« ehedem, zum Ausgang des 19. Jahrhunderts, als die Versager lernten, ihren Machtanspruch ideologisch zu untermauern.

Politischer Dilettantismus ist schon immer die Folge eines Kulturverlustes gewesen, der leicht Schlimmeres nach sich ziehen kann, weil er zu moralischer Enthemmung führt. Was den Bürgern anfangs, in den zwanziger Jahren des vorigen Jahrhunderts, nur lächerlich und dumm vorkommen wollte, kostete sie später die Freiheit und mehr. Die halbe Welt und ganz Europa wurden schließlich von dem Größenwahn eines Mannes verheert, der dem Gefühl der eigenen Minderwertigkeit nur entkommen konnte, indem er sich zum Diktator aufschwang. Auch Adolf Hitler war ein Dilettant, der auf der politischen Bühne auslebte, was er sich sonst nicht zutraute. Zum Maler, der er werden wollte, hatte es nicht gelangt. Als Soldat war ihm die Angst in die Quere gekommen. Seine Größe bestand allein in der Einbildung, mit ihr überwand er alles. Was ihm abging, intellektuelles Vermögen, Können, Wissen und Bildung, ersetzte die zusammengereimte Ideologie, ein teleologisches Konstrukt zur Rechtfertigung des eigenen Führungsanspruches. Dass der Fall, betrachtet man ihn historisch, einmalig ist, mit nichts zu vergleichen, steht außer Frage und ändert doch nichts daran, dass das Ganze Methode hatte – Methode insofern, als es bei der ideologisch begründeten Machtergreifung der Dilettanten immer auf dasselbe hinausläuft: erstens auf eine Nivellierung der Masse, vorangetrieben unter dem Banner der Gerechtigkeit, und zweitens auf die Konzentration der Macht in den Händen weniger, wenn nicht gar in denen eines Einzelnen. Weil der politische Dilettant nicht vernünftig argumentieren kann, weil er die Sache, von der er spricht, nicht durchschaut, muss er, um seinen Ehrgeiz zu befriedigen, die Macht um ihrer selbst willen ausüben. Und je erfolgreicher er dabei ist, desto größer ist die Versuchung, sich selbst zum Maß aller Dinge zu erklären und das einzige Gesetz, das er kennt, sein persönliches Interesse, ideologisch verbrämt durchzusetzen. Darin liegt – nach wie vor – die größte Gefahr, die jeder Gesellschaft droht, sobald sie ihr politisches Personal von der Leine lässt, der Einzelne das Ganze aus dem Auge verliert.

Wozu das in der schlimmsten Konsequenz führen und welche Gewaltherrschaft es nach sich ziehen kann, hat die jüngere Geschichte zweimal gezeigt: zuerst mit dem Aufkommen des Nationalsozialismus und dann noch länger mit der Ausbreitung des Kommunismus. Beide Systeme waren, wie Theodor W. Adorno sagte, beherrscht von den »Banausen«, den Monomanen und den Autisten, den Hitlers und den Görings, den Stalins, den Maos, den Honeckers. Und es gehört einerseits zur Tragik des 20. Jahrhunderts, dass ihnen noch die Intellektuellen, jene also, die es vor allen anderen besser hätten wissen müssen, auf den Leim gingen, wie es andererseits für die Gerissenheit der Diktatoren spricht, dass sie es verstanden haben, die Intellektuellen zu korrumpieren, indem sie ihnen das Gefühl gaben, bedeutend zu sein.

Um das zu verstehen, muss man sich zunächst vor Augen führen, wie sich die Machtbasis des Bürgertums von der der Ideologen unterscheidet. Während diese nichts als das Wort haben, auf das sie sich berufen können, während sie ihre Herrschaft, die ganze Existenz mit dem ideologischen Versprechen begründen müssen, steht das Bürgertum auf dem Fundament seiner wirtschaftlichen Leistungskraft. Einmal in seinen Verhältnissen angekommen, bedarf es nicht länger der weltanschaulichen Verteidigung. Die Vordenker der bürgerlichen kapitalistischen Gesellschaft – Karl Marx spricht, in diesem Fall durchaus zutreffend, von den »konzeptiven Ideologen« – haben ihre Pflicht getan, sie verlieren ihre Bedeutung, das Mitspracherecht. Als »hilflose Beschwörer des Gedankens«, so der Literatur- und Theaterkritiker Emil Faktor

1911, fühlen sie sich an den Rand gestellt. Als Entertainer müssen sie sich verdingen, auskömmlich, gut oder sogar bestens versorgt, aber ohne Einfluss auf das große Ganze, ohne sonderlich ernst genommen zu werden. Wie immer Günter Grass politisch um sich zu schlagen versuchte, wirklich gefürchtet wurde er niemals. So viel Anerkennung suchte er vergebens. Da ging es ihm wie Walter Jens, Peter Rühmkorf oder Claus Peymann; sie blieben die Poltergeister der bürgerlichen Gesellschaft, mehr war unter den gegebenen Verhältnissen nicht zu erreichen. Die Gesellschaft, deren Wertekanon die Intellektuellen, Philosophen, Naturforscher, Schriftsteller, Künstler, als Aufklärer formuliert hatten, hatte sie abgeschoben auf den »Isolierschemel« der Moralisten, wie Alfred Döblin schon in den zwanziger Jahren des vorigen Jahrhunderts schrieb.

Diese Kränkung haben die Intellektuellen dem Bürgertum nie verziehen, bis heute nicht. Sie hat die »entlaufenen Bürger«, so Kurt Tucholsky, anfällig gemacht für die Versprechen der ideologisch begründeten Systeme. Deren Herrscher haben sie stets hofiert oder mit Ingrimm verfolgt, in jedem Fall aber ernst genommen. Weil sie, Kommunisten wie Nationalsozialisten, der Fiktion bedurften, um sich an der Macht zu halten, suchten sie Verbündete, die des Wortes mächtig waren, etwas von der fiktiven Darstellung verstanden, obwohl sie die kritischen Denker, da sie die Fiktion ebenso gut zerstören konnten, zugleich fürchteten wie der Teufel das Weihwasser. Die Intellektuellen genossen eine Schlüsselstellung, wenigstens wurde ihnen, vor allem unter den Kommunisten, der Eindruck vermittelt, gleich, ob man sie nun mit Privilegien hofierte oder als Dissidenten verfolgte. Das war für viele anziehend. Der Schriftsteller Stefan Heym, dem beides widerfahren ist, stand bis zum Ende seines Lebens unverbrüchlich zum Kommunismus. Manche können es bis heute nicht verwinden, dass ihnen mit dem wirtschaftlichen und moralischen Bankrott der kommunistischen Staaten eine Utopie genommen wurde, die sie in der Illusion ihrer politischen Bedeutung wiegte. Noch am 13. Januar 2011 legte sich Claus Peymann in einer Talksendung der ARD leidenschaftlich für die Verteidigung des Kommunismus ins Zeug, während er die Verbrechen, die im Namen der Ideologie begangen wurden, das Leid von Millionen drangsalierter und ermordeter Regimegegner, mit dem Hinweis auf die Verbrechen der Inquisition relativierend wegwischte, sie gleichsam als »Kollateralschaden« der Geschichte, mehr noch des historischen Fortschritts verbuchen wollte. Zu erleben war, und nur deshalb ist der Fall interessant, der peinliche Zusammenbruch eines Intellektuellen, den das Scheitern der Ideologie, in die er sich verliebt hatte, um es dem Kapitalismus heimzuzahlen, schier um den politischen Verstand gebracht hat, genauso wie Brecht, Picasso und Luigi Nono, auf die sich Peymann als Gewährsleute ausdrücklich berief. Alle waren sie geniale Künstler, so wie Peymann zuzeiten ein großer Theatermann war, alle waren sie aber zugleich auch politisch verblendete Dilettanten, nicht anders als Lion Feuchtwanger, dessen intellektueller Selbstverrat einst, in den dreißiger Jahren des 20. Jahrhunderts, im Lob des Stalinismus gipfelte.

Doch selbst das ist inzwischen Geschichte. Und die, die von ihr nicht lassen können, wollen uns heute komisch vorkommen, ein bisschen verbohrt vielleicht. Dass der Eifer, mit dem sie eher den Ideologen aufs Pferd halfen, als dass es ihnen gelungen wäre, der Ausbreitung des Dilettantismus in der Politik entgegenzuwirken, von den Jüngeren kaum noch verstanden wird, könnte sogar als ein demokratischer Fortschritt verbucht werden, wenn die Jüngeren ihrerseits mehr entgegenzusetzen hätten als ihr achselzuckendes Desinteresse an der Politik schlechthin. So aber bleiben die Intellektuellen, wozu sie sich haben degradieren lassen: die Hofnarren der bürgerlichen Gesellschaft. Die neoliberalen Söhne treten, wenn man so will, in die Fußstapfen der linken Väter. Während diese dem Zweifel als der vornehmsten Pflicht des Intellektuellen entsagten, indem sie ihn durch den Glauben an die Versprechen der Ideologie ersetzten, huldigen jene einem Toleranzdenken, mit dem sie sich von vornherein der Mühe des Zweifels entziehen. Weiterhin verwaist ist das Wächteramt der Vernunft. Freie Bahn haben die Meister der Blendung, die Dilettanten der Macht.

Ist das alles zu schwarz gemalt, zu pessimistisch gesehen, nicht fröhlich genug, »typisch deutsch«, wie Hape Kerkeling sagen würde? Gewiss, manches mag unglaublich anmuten, aber nichts von alledem ist erfunden, allenfalls haben wir an der einen oder anderen Stelle der Versuchung polemischer Pointierung nicht widerstehen können – in der Übertreibung liegt bekanntlich die Kraft der Darstellung. Doch gibt es auch Gründe, die den Zeitzeugen dazu veranlassen, ihn gelegentlich in Harnisch bringen. Wenn beinahe die Hälfte aller Wahlberechtigten in einer Demokratie keinen Gebrauch mehr von ihrem Wahlrecht machen will, fünfzig Prozent der Bevölkerung die Politiker für »gierig« halten und nur 27 Prozent noch glauben, dass sie »das Beste für das Land« wollen, dann wirft das Fragen auf, deren Beantwortung mehr als höfliche Zurückhaltung verlangt. Gefahr ist im Verzug, und langsam geht es dabei auch ans Eingemachte, an die Substanz unseres Wohlstands. Denn, sagt Benjamin Barber, einer der einflussreichsten Politikwissenschaftler Amerikas, »der Kapitalismus hat nicht die Demokratie ermöglicht, sondern genau umgekehrt«. Zeit also, von der Wirtschaft zu sprechen.

Alchimisten reiten Elefanten
Die Geschäfte des Dilettantismus

»Die Frage, die wir uns stellen müssen, ist nicht, ober der Kapitalismus den Charakter verdirbt, sondern vielmehr, ob ein auf Privateigentum und marktwirtschaftlicher Organisation basierendes Wirtschaftssystem den menschlichen Charakter vor höhere moralische Anforderungen stellt als alternative Wirtschaftssysteme. Das ist nicht der Fall! Der Kapitalismus beruht auf individueller Entscheidungsfreiheit, und natürlich wird diese Entscheidungsfreiheit bisweilen auf Kosten anderer ausgenutzt. Daraus folgt nicht, dass der Kapitalismus abzuschaffen ist. Vielmehr muss es darauf ankommen, ihn politisch so zu gestalten, dass diese gesellschaftlichen Kosten möglichst gering ausfallen.« Das heißt, »diese gesellschaftlichen Kosten« entstehen erstens dadurch, dass einige »ihre Entscheidungsfreiheit bisweilen auf Kosten anderer« ausnutzen, und zweitens ist der Staat dazu da, »diese gesellschaftlichen Kosten möglichst gering« zu halten: starker Toback. Die Demokratie und ihre staatlichen Institutionen wären dann nämlich nicht mehr, wie wir von Benjamin Barber erfahren haben, eine gesellschaftliche Organisationsform, in der der Kapitalismus entstehen und sich zum Vorteil aller entfalten kann, sondern Instrumentarien, die gebraucht werden, um den sozusagen naturgegebenen, den menschlich veranlagten Kapitalismus zu reglementieren.

Erklärt hat das 2008 am Beginn der jüngsten Finanzkrise, kurz nach dem Zusammenbruch der amerikanischen Großbank Lehman-Brothers, einer, der es wissen musste: Bert Rürup, Professor der Finanz- und Wirtschaftswissenschaften,

SPD-Mitglied, Berater mehrerer Bundeskanzler, Rentenent-
wickler und von 2005 bis 2009 Vorsitzender des Sachver-
ständigenrates zur Begutachtung der gesamtwirtschaftlichen
Entwicklung – ein »Wirtschaftsweiser«. Auf seiner Seite, als
Kommentator der Wirtschaftsentwicklung, hat er sich ebenso
erfolgreich für »die Idee des kontinentaleuropäischen Neo-
liberalismus« eingesetzt wie Wendelin Wiedeking auf der anderen Seite als handelnder Manager. Auch ihn, den Porsche-
Chef, fragte die *Frankfurter Allgemeine Sonntagszeitung* 2008:
»Verdirbt der Kapitalismus den Charakter?« Und auch von
ihm bekam die Zeitung eine eindeutige, sogar bibelfeste Antwort, in der es abschließend heißt: »Der Kapitalismus – solange er ein soziales Antlitz hat – bietet den Menschen die
Chance, ihre Talente zu mehren. Ganz im Sinne des Matthäus-
evangeliums (Kapitel 25, Vers 14–30). Er ist nicht schuld am
schlechten Charakter des Menschen. Es ist genau umgekehrt:
Die verdorbenen Charaktere sind es, die ihre Freiheit missbrauchen und den Kapitalismus in Verruf bringen.«

Worum geht es in den aufgerufenen Versen des Matthäus-
evangeliums, über die der Porsche-Chef so souverän verfügte?
Unter der Überschrift »Die anvertrauten Zentner« berichtet
das Gleichnis von einem Herrn, der für längere Zeit verreisen
musste und seine Habe deshalb an drei Knechte verteilte, damit sie sie aufbewahren und mit ihr weiter wirtschaften. Der
erste Knecht bekam fünf Zentner, zwei gingen an den zweiten, einen erhielt der dritte. Als der Herr zurückkam und Re-
chenschaft verlangte, konnten die ersten beiden melden, dass
sie das ihnen anvertraute Gut jeder für sich handelnd verdoppelt hatten. Der Herr war zufrieden, nahm den Gewinn und
machte die Erfolgreichen zu Managern mit erweitertem Auf-
gabenbereich. Den Dritten aber, der das Gut einfach nur auf-
bewahrt hatte, weil ihm die Erträge ohnehin nicht zufließen

würden, diesen »unnützen Knecht« schickte der Herr »in die Finsternis hinaus«. Die Lehre aus der Geschichte formuliert schließlich der sprichwörtlich gewordene 29. Vers, in dem es heißt: »Denn wer da hat, dem wird gegeben werden, und er wird die Fülle haben; wer aber nicht hat, dem wird auch, was er hat, genommen werden.«

Wendelin Wiedeking wusste, wo er die Bibel aufschlagen muss. Wenn er sich bei seiner Verteidigung des Kapitalismus auf den Evangelisten Matthäus berief, so konnte er das in dem sicheren Gefühl tun, das kleine Gleichnis selbst mit großem Leben erfüllt und den Beweis seiner Wahrheit erbracht zu haben. Immerhin war es ihm gelungen, aus einem exklusiven schwäbischen Sportwagenhersteller, der sich Anfang der neunziger Jahre des vorigen Jahrhunderts gerade noch über Wasser hielt, eines der profitabelsten Unternehmen Deutschlands, wenn nicht Europas zu machen. Mit der »individuellen Entscheidungsfreiheit«, von der Bert Rürup sprach, hat er das Gut, das ihm anvertraut wurde, so gemehrt, wie er das Matthäusevangelium verstand – zuerst, indem er immer bessere Autos immer besser verkaufte, und dann, indem er das verdiente Geld überdies an der Börse einsetzte, »die kleine Sportwagenfirma«, wie der *Spiegel* nachher schrieb, »in ein gigantisches Casino verwandelte«, um so noch schneller noch mehr zu verdienen. Ohne dass dafür ein einziges Auto zusammengeschraubt werden musste, konnten bei solchen Optionsgeschäften in einem Jahr, so der *Spiegel*, bis zu fünfzig Milliarden Euro Gewinn erzielt werden, mehr als durch den Verkauf der Sportwagen in einem ganzen Jahrzehnt. Die Zeiten erlaubten das.

Und was waren das nicht für Zeiten, meine Güte, diese goldenen Jahre schier unbegrenzter, wundersam alchimistischer Geldvermehrung. Noch nie zuvor ist in der internationalen Finanzwirtschaft mit nicht vorhandenen Vermögen so viel Kohle gemacht worden wie in den vergangenen zehn bis fünfzehn Jahren. Zuerst, um 2000, quollen die Milliarden aus den Erwartungen, die die New Economy und der Neue Markt euphorisch weckten. Immer neue Unternehmen, Firmen, von denen bis dato niemand gehörte hatte, versprachen den Aufstieg in paradiesische Gewinnzonen und kassierten dafür an der Börse Millionen, die sich zu Milliarden summierten. Sobald es ein Geschäftsmodell gab, das irgendwie mit Handy und Computern zu tun hatte, strömten die Anleger auf das Parkett. Mehr als dreihundert Unternehmen waren bald in dem neuen Frankfurter Börsensegment gelistet. In New York sprengte die Technologiebörse Nasdaq jegliche Dimensionen. Es herrschte eine Goldgräberstimmung, die alles Vorherige in den Schatten stellte. Verglichen damit musste der legendäre Run auf den Klondike ein Kinderspiel gewesen sein. Jedermann konnte jetzt am heimischen PC sein Claim abstecken. Wer nur ein bisschen einzusetzen vermochte, durfte sich in der Hoffnung wiegen, alles zu gewinnen. Ständig befeuerten »Start-ups« das Börsenfieber. Die Wunschvorstellungen wurden in reale Gewinne umgerechnet, in reines Gold verwandelten sich die bloßen Versprechen, die Visionen goldener Berge. Mit ein paar getürkten Rechnungen, die einen florierenden Geschäftsbetrieb in Hongkong vorspiegelten, kassierte der ComRoad-Gründer Bodo Schnabel am Neuen Markt Abermillionen. Auf 1,2 Milliarden stieg der Börsenwert seines de facto nicht vorhandenen Technologieunternehmens. Ein Einzelfall war das nicht, mit Scheinumsätzen wurde vielerorts Kasse gemacht. Auch die Brüder Haffa, die mit ihrer Firma EM.TV 1997 an die Börse gegangen waren, mussten sich später wegen Insiderhandels und Kursbetrugs verantworten. Berühmtheit erlangte ebenso Alexander Falk, der Sohn und Erbe des Stadtplan-Erfinders Gerhard Falk, als er die 1998 gegründete Ision Internet AG schon Ende 2000 für 812 Millionen Euro an die englische Firma Energis verkaufte. Der Deal wurde zuerst bewundert und später vor Gericht verhandelt, Falk wegen Betrugs und Bilanzfälschung zu vier Jahren Haft verurteilt.

Da aber war der erst 1997 eröffnete Neue Markt bereits wieder vom Markt genommen, im Juni 2003 schlossen seine Schalter. Wer es versäumt hatte, seinen zwischenzeitlichen Gewinn aus der Spekulation auf die Luftschlösser rechtzeitig in den Sparstrumpf zu stecken, saß auf dem Trockenen. Viele hatten am Ende viel verloren, manche ihre gesamten Rücklagen, während andere nun erst recht zu großer Form auflaufen sollten. Für die Finanzwelt war das Ganze, sieht man es rückschauend, ohnehin nur so etwas gewesen wie das Vorspiel auf dem Theater. Von nun an wurde Monopoly im großen Stil gespielt; das Zauberwort hieß Investmentbanking. Das versprach die noch besseren Margen, dafür gab es Boni, die den Bankern Beine machten. Schon um 2000, damals noch unter dem Vorstandssprecher Rolf-Ernst Breuer, hätte die Deutsche Bank am liebsten ihren ganzen Privatkundenverkehr eingestellt, um sich ausschließlich auf das Börsengeschäft zu konzentrieren, auf den Handel mit Aktien, Optionen, Zertifikaten, Kreditpaketen, auf Währungsgeschäft und Kurswetten etc. pp. Das Geld vermehrte sich auf diesen Geschäftsfeldern gleichsam von selbst, mit jeder Umbuchung schien es mehr zu werden, ohne dass man sich noch viel um die reale Wertschöpfung kümmern musste. Das Nachsehen hatten die klassischen Kreditkunden, insbesondere der produzierende und der handelnde Mittelstand. Für ihn wurde es schwerer und schwerer, die nötigen Kredite zu bekommen, nicht weil es, jedenfalls nicht überwiegend, an der nötigen Absicherung fehlte, sondern weil die Geschäfte ganz einfach zu wenig abwarfen, die Geldvermehrung zu lange dauerte.

Was war dagegen auf dem globalisierten Finanzmarkt zu gewinnen. Da wollten die Banker weder einem Wendelin Wiedeking nachstehen noch einem Thomas Middelhoff, der als Bertelsmann-Chef so furios mit dem Vermögen des Konzerns jonglierte, dass den Eignern Hören und Sehen verging und sie das gefeierte Genie verschreckt (mit einer Abfindung in zweistelliger Millionenhöhe) an die Luft setzten. Dabei hatte Middelhoff, den der Insolvenzverwalter seines nächsten Arbeitgebers, der Arcandor AG, alias KarstadtQuelle AG, unterdessen auf rund 200 Millionen Euro Schadenersatz verklagt, keine schlechten Geschäfte gemacht. Das Unternehmen war dabei lange gut gefahren. Gut zu fahren glaubten auch all jene, die ihre Millionen dem New Yorker Finanz- und Börsenmakler Bernard Madoff anvertrauten. Jahr für Jahr schrieb er seinen Anlegern Traumrenditen von zehn und mehr Prozent gut. Nie wären seine Kunden, weder Banken noch vermögende Privatanleger, auf die naheliegende Idee gekommen, dass etwas faul sein musste und am Ende über 65 Milliarden Euro in der Kasse fehlen könnten, der Star der Wall Street für 150 Jahre ins Gefängnis geschickt werden würde. Im Gegenteil, das Beispiel wirkte anspornend bis in den hintersten Winkel der Welt. Auch in der deutschen Provinz, in Sachsen, am Rhein und an der Ostsee sowie im Alpenländischen, wurden die Bankbeamten zu Bankern, die ihren Hut in den Ring warfen. Deutsche Landesbanken, öffentlich-rechtliche Finanzinstitute, residierten mit stolzen Dependancen an den internationalen Finanzplätzen, in New York, in London, in Dublin.

Alle wollten sie irgendwie mitmischen im großen Geschäft mit Leerverkäufen, mit Wetten auf steigende oder fallende

Kurse, beim Schachern mit Immobilienkrediten, beim Handeln mit Optionen, bei der Auflage von Zertifikaten oder bei was auch immer. Wer durchschaute das noch? Papiere, die nichts taugten, erhielten Namen, die so bedeutend unverständlich klangen, dass kaum noch jemand weiter nachzufragen wagte. Für Swaps gaben schwäbische Gemeinden, was sie jahrelang fürs neue Schwimmbad angespart hatten. Worum es sich bei den »modernen Finanzprodukten« tatsächlich handelte, habe man nie so richtig begriffen, gestand der Bürgermeister einer rheinischen Kleinstadt später. Allenfalls nebulöse Antworten bekam der Kleinanleger, wenn er in seiner Naivität um die verständliche Erklärung der komplizierten Finanzprodukte bat. Was spielte das auch für eine Rolle, solange die Bilanzen stimmten, Bilanzen, die den Steuerzahler nachher Milliarden kosteten. Allein 2010 musste vier deutschen Landesbanken, der Bayern LB, der West LB, der HSH Nordbank und der Landesbank Baden-Württemberg, mit insgesamt 21 Milliarden aus der Patsche geholfen werden. Nicht zu reden von den 18,2 Milliarden, die für die Teilverstaatlichung der Commerzbank aufgewendet wurden, oder von den Unsummen, die der Erhalt der Münchener Hypo Real Estate mittlerweile verschlungen hat. Allesamt, eines wie das andere, Finanzinstitute, deren führende Köpfe sich zur internationalen Finanzelite zählten.

Nein, wir haben unser Thema nicht aus dem Auge verloren. Wir sind nach wie vor bei der Sache, mitten unter den Dilettanten, bei den Experten, die Hasardeure waren. Gleich, ob die Banken Finanzprodukte anpriesen, die noch den eigenen Verkäufern ein Buch mit sieben Siegeln waren, oder ob sie sich selbst von den Madoffs dieser Welt an der Nase herumführen ließen, stets spiegelten ihre Manager eine Kompetenz vor, über die sie, wie man unterdessen weiß, bestenfalls in ihrer Einbildung verfügten. Sie blendeten mit der Bedeutung, die sie sich gaben. Das freilich taten sie äußerst überzeugend. Es wimmelte von Aufschneidern und Hochstaplern, die so begnadet agierten, dass sie einander gegenseitig auf den Leim gingen. Die Verantwortlichen der deutschen Kreditanstalt für Wiederaufbau, KfW, überwiesen der amerikanischen Lehman-Bank noch am Tag ihrer Pleite rund 320 Millionen Dollar. Der als »Mini-Madoff« bekannt gewordene Finanzmakler Helmut Kiener, ein ausgebildeter Psychologe, hat nicht nur Tausende von Privatanleger über den Tisch gezogen, auch etliche Banken setzten mit der Beteiligung an seinen Hedgefonds riesige Vermögen in den Sand. 171 Millionen Euro verlor die Barclays Capital Bank, 51,7 die BNP Paribas. Nachher musste sich der einstige Sozialpädagoge vor dem Landgericht Würzburg für einen Schaden von 345 Millionen Euro verantworten. Peanuts, verglichen mit den Milliarden, die die Bankiers der einstmals so renommierten Privatbank Sal. Oppenheim (auch Geschäftspartner des Thomas Middelhoff) an Schulden aufgehäuft haben, während sie das Leben in ihren Schlössern und auf der Rennbahn genossen.

Das alles mögen Einzelfälle sein, ebenso wie der des Gerhard Gribkowsky, der als Risikovorstand der Bayern LB wesentlichen Anteil am Erwerb der österreichischen Schrottbank Hypo Group Alpe Adria, der HGAA, hatte. Ein Investmentabenteuer, das den bayerischen Steuerzahler schließlich 3,7 Milliarden Euro kosten sollte, während es dem Risikovorstand, so der Verdacht der Münchener Staatsanwaltschaft, fünfzig Millionen Euro Schmiergeld eingetragen haben könnte. Aber wie dem auch sein mag, fest stehen in diesem wie in anderen Fällen die Verluste – Verluste, mit denen die unmittelbar betroffenen Institute aus eigener Kraft nicht mehr fertigwerden können, für die die Gemeinschaft einstehen muss in der Hoffnung, damit noch größere Zusammenbrüche, die Ausweitung des jeweiligen Fiaskos auf die gesamtwirtschaftliche Situation zu verhindern. Und damit geht es dann eben nicht mehr um Einzelfälle, sondern um die generelle Gefährdung der wirtschaftlichen Stabilität durch den Aufstieg der Blender, der Aufschneider und der Rosstäuscher, der Dilettanten kurzum.

In der Wirtschaft schlug ihre Stunde mit der Globalisierung. In dem Maße, in dem die virtuellen Geldströme ein weltumspannendes Eigenleben entwickelten, wuchs die Chance, man könnte auch sagen die Herausforderung, sich als Fachmann für etwas auszugeben, das niemand mehr ganz zu durchblicken vermochte. Unversehens verwandelten sich die Weltmärkte in das Experimentierfeld einer politisch entfesselten Finanzelite, die sich, wollte sie konkurrenzfähig bleiben, aller volkswirtschaftlichen Bedenken entschlagen musste. Weder im kleinen, auf der betrieblichen Ebene, noch im großen nationalökonomischen Rahmen ging es wie einst in der Epoche des klassischen Kapitalismus um den Aufbau längerfristig tragender Wirtschaftseinheiten, sondern um die kurzfristige Gewinnmaximierung. Dafür wurde das Instrument des Venturecapitals geschaffen, wurden Hedgefonds gegründet, Unternehmen zerlegt und dann wieder fusioniert, um bei nächster Gelegenheit erneut aufgeteilt zu werden. Mit realer Wertschöpfung hat das alles so viel nicht mehr zu tun. Was zählte, war die fiktive Wertsteigerung, die geweckte Erwartung künftiger Gewinne. Darauf wurden Renditen im Voraus errechnet und gutgeschrieben. Je höher sie ausfielen, desto mehr stiegen das Ansehen und das Selbstbewusstsein derer, die vor sich selbst und den anderen so taten, als ob sie den Durchblick besäßen. Die Anerkennung, die man ihnen dafür zollte, dass sie ausprobierten, was jeden ehrbaren Kaufmann um den Schlaf gebracht hätte, ließ die Hochstapler in den Banktürmen höher und höher steigen.

Das Vorbild, dem es dabei nachzueifern galt, entstammt einer Hollywood-Produktion, dem Film »Wall Street«; es war der »diabolische Räuberhauptmann Gordon Gekko«, wie der Investmentbanker Alexander Schimmelbusch bekannte, nachdem er selbst aus dem Geschäft ausgestiegen und Schriftsteller geworden war. Dass sich das nicht mit der Intention des Films vertrug, dass der Regisseur Oliver Stone ein kritisches Bild der Wall Street hatte zeichnen wollen, spielte keine Rolle. Der Sarkasmus verpuffte. Mehr noch: Der Glamour, der die Figur umgab, ließ, so noch einmal Alexander Schimmelbusch, »das zuvor dröge Bankgewerbe als sexy erscheinen«. Die postmoderne Spaßgesellschaft hatte ein neues Spiel entdeckt, eines, das ungeahnten Nervenkitzel versprach. Aus der dubiosen Figur des skrupellosen Gekko, für dessen Darstellung Michael Douglas einen Oscar erhielt, wurde das Idol eines Investmentbankers, den man bis in die Sprache und bis hin zur Kleiderordnung, einschließlich der Hosenträger, zu kopieren suchte. Bis heute, berichtet Michael Douglas, komme es vor, dass im Restaurant jemand auf ihn zukommt, um zu erklären: »Mann, ich will Ihnen nur sagen, dass Gekko der Hauptgrund war, warum ich Investmentbanker geworden bin.« Der Dilettant, sagte Goethe, folgt dem »Nachahmungstrieb«. Er will etwas darstellen, das er sich bei anderen abgeschaut hat. Die Oberfläche ist sein Terrain. In der Erweckung des schönen Scheins erfüllt sich sein narzisstischer Ehrgeiz.

Angestachelt wurde dieser Ehrgeiz im speziellen Fall noch von einem zweiten Kunstprodukt. Kurz nachdem Oliver Stones Film in die Kinos gekommen war, erschien 1989 der Roman »Liar's Poker«, in dem der bis dahin unbekannte Michael Lewis erstmals die Machenschaften der New Yorker

Investmentbanker literarisch aufzudecken versuchte. Auch er hatte, gestützt auf die persönliche Erfahrung als Investmentbanker, vor den Gefahren warnen wollen, die von einer überschätzten Finanzelite ausgehen können, und schließlich erfahren müssen, dass das die Hybris der Branche nur noch weiter beförderte. »Bis heute«, schreibt der Autor in seinem jüngsten, 2010 erschienenen Buch »The Big Short«, »bis heute bleibt die Bereitschaft einer Bank, mir Hunderttausende Dollar zu bezahlen, um Investitionsentscheidungen zu fällen, für mich ein Mysterium. Ich war 24, ohne jede Erfahrung … darin, welche Aktien oder Anleihen steigen und welche fallen würden. Bis heute erscheint mir das Ganze als groteske Anmaßung.«

Als das Buch erstmals erschien, war man zunächst geneigt gewesen, seinen Inhalt als die blühende Phantasie eines Bankers abzutun, der dem Stress der Börsengeschäfte auf Dauer nicht gewachsen und deshalb versucht war, sich als Nestbeschmutzer moralisch aus der Affäre zu ziehen. Die Vermutung lag nahe, dass er haltlos übertrieben hatte, um mit einer reißerischen Enthüllungsstory als Schriftsteller zu reüssieren. Um nicht das Vertrauen in die Zukunft, den Glauben an die Sicherheit des Geldes als Basis unserer materiellen Existenz zu verlieren, hat man sich instinktiv geweigert, das Unglaubliche für bare Münze zu nehmen. Man wollte es nicht fassen. Unterdessen aber wurden wir eines Schlechteren belehrt, zuerst durch den Zusammenbruch der New Economy, dann durch die Finanz- und schließlich durch die ihr nachfolgende Euro-Krise. Heute wissen wir, Fälle wie der von Nick Leeson, der bereits 1995 die traditionsreiche Barings Bank mit seinen Spekulationen in den Ruin trieb, oder der des Investmentbankers Jérôme Kerviel sind nur die auffällige Spitze eines Eisbergs, an dem noch vieles zerschellen könnte. Wie der Franzose, der als Mitarbeiter der Großbank Société Générale so viel verzockte, dass er 2008 zu einer Schadenersatzleistung von rund fünf Milliarden Euro verurteilt wurde, haben Zehntausende von Wertpapierhändlern tagtäglich Millionen und Milliarden rund um die Welt bewegt, Zahlen per Mouseclick getauscht und dabei das Vermögen von Millionen von Anlegern verbrannt, Sparer reihenweise über den Tisch gezogen, nicht aus Bosheit oder mit krimineller Absicht, sondern weil sie sich einfach keinen Begriff mehr machen konnten von dem, was sie da taten. Sie wussten es nicht; und die, die sie beauftragten, wussten es vermutlich auch nicht. Von den Geschäften, die sie machen wollten, verstanden sie wohl ebenso wenig wie die Lebensreformer vom Landbau, als sie hundert Jahre zuvor darangingen, den Monte Verità, ihren »Berg der Wahrheit«, mit Illusionen zu bestellen. Was die Banker, die Broker und ihre Helfershelfer angerichtet haben, diese längst noch nicht überstandene Finanzkrise, davon mögen sie sich selbst keine Vorstellung gemacht haben. Sich das Ergebnis auszumalen, überstieg ihre Fähigkeiten. Es resultierte aus der puren Banalität des Dilettantismus.

Das kann und soll nichts entschuldigen, Unwissenheit schützt vor Strafe nicht. Die Gesellschaft müsste nur endlich bereit sein, sich dieser Realität zu stellen, indem sie die fraglos kränkende Erkenntnis zulässt, dass sie gierig und einfältig genug war, sich von Hochstaplern übers Ohr hauen zu lassen. »Eine Zeitlang ging das sogar gut, jedes Kunststück wurde ihm abgenommen: Die Investoren verlangten Phantasie. Middelhoff lieferte«, schrieben die Wirtschaftsjournalisten Rainer Hank und Georg Meck in einem Rückblick auf die Karriere des tricksenden Arcandor-Managers. Selbst der Großmeister unter den Falschmünzern, Bernard Madoff, konnte nachher für sich in Anspruch nehmen, den Vorgaben gefolgt zu sein, wenn er erklärte: »Alle waren gierig. Ich habe nur mitgemacht.« Wer diese Verstrickung nicht wahrhaben will und glauben möchte, es genüge, die unmittelbaren Täter auszumachen, sie notfalls zu erfinden, provoziert nur die Fortsetzung des Spiels, über das er sich scheinheilig erregt. Alle Versuche, etwa die Euro-Krise als die Folge eines bösen, aber doch raffiniert eingefädelten Komplotts zu erklären, führen nur fortwährend in die Irre, weil sie die peinliche Wahrheit weiter ausblenden. Verschwörungstheorien haben noch nie zur Bewältigung einer Krise beigetragen. Sie sind nichts als dummes Zeug, ausgestreut von Leuten, die glauben, ihren Stolz behaupten zu müssen, wenn sie nicht gar Grund haben, eigenes Versagen zu verdrängen. Gegenwärtig jedenfalls offenbaren die läppischen Erklärungsversuche – erinnert sei nur an die Verweise auf angebliche Hinterzimmerabsprachen der Wall Street zum Sturm auf den Euro – einzig die Unfähigkeit der Handelnden, den Ernst der Lage, von dem sie unentwegt sprechen, wirklich zu erfassen.

Weder verstehen die Politiker genug von der Wirtschaft, um ein volkswirtschaftliches Krisenmanagement zu entwickeln, bei dem sie nicht gezwungen sind, andauernd und verlustreich Positionen zu räumen, die sie eben erst bezogen haben, noch zeigt sich das internationale Finanzwesen geneigt, seinerseits einen merklichen Beitrag zur längerfristigen Absicherung ertragreicher Wirtschaftsstrukturen zu leisten. Auf eine erwähnenswerte Beteiligung an der Rettung Griechenlands, das heißt auf einen teilweisen Verzicht auf ihre offenen Forderungen gegenüber dem bankrotten Land, wollen sich die Banken ebenso wenig einlassen wie auf eine Korrektur ihrer Geschäftspolitik überhaupt. Obwohl die deutschen Kreditinstitute dem Finanzminister noch 2010 versprochen hatten, zu halten, was sie an griechischen Staatsanleihen in den Depots hatten, haben sie ihre Bestände dann zielstrebig reduziert. Innerhalb eines guten Jahres, von Ende März 2010 bis Juni 2011, verringerte sich das Gesamtvolumen um ein Drittel, von fünfzehn auf zehn Milliarden. Auf Umwegen landeten die entwerteten Schuldtitel in den Büchern der EZB, der Europäischen Zentralbank, für deren Bilanzen bekanntlich die Euro-Staaten, gestützt auf ihre Steuerzahler, einstehen müssen.

Zwar war zwischenzeitlich, als die Finanzkrise, noch jung an Jahren, für gehörige Aufregung sorgte, die Rede davon gewesen, dass sich die Geldinstitute zukünftig wieder verstärkt ihrem hergebrachten Geschäft, der Unterstützung der Wirtschaft durch Kreditvergabe, zuwenden würden, doch gewinnt das im Glücksfall hochprofitable Investmentbanking mittlerweile abermals an Bedeutung. Vergessen sind die Versprechen der Politiker, einer Spekulation, die sich vollkommen von der realen Wirtschaft entkoppelt hat, gesetzlich Einhalt zu gebieten, zumal auf dem hochgefährlichen Derivatenmarkt herrscht nach wie vor der gesetzlose Ausnahmezustand. Alles geht weiter wie gehabt: Die erzielten Investmenterträge machen Lust auf mehr; Kursgewinne heben die Stimmung; »zehn Prozent Rendite sollten schon rausspringen«, sagte Pater Anselm Grün, der christliche Lebensberater und nebenberufliche Vermögensverwalter seines Klosters, Ende 2010, kurz vor Weihnachten. Auch die Boni, die es für das ablaufende Geschäftsjahr gab, konnten sich wieder sehen lassen. Wie der *New York Times* zu entnehmen war, hatten allein die fünf großen Häuser an der Wall Street dafür neunzig Milliarden Dollar zurückgelegt, 20,3 waren es im Jahr 2009 gewesen. Keine Frage, Währungs-, Zins- und andere Wetten beflügeln wieder die Phantasie der Broker. Vier Billionen Dollar werden täglich allein auf Währungen gewettet, rund um den Erdball. Kursgewinne von 70 Milliarden erbrachte das etwa für den Hedgefonds GLG 2010. Mehr als 600 Billionen Dollar hatte die Branche insgesamt bei diesen Geschäften Anfang 2011 im weltweiten Umlauf, kaum weniger als vor Ausbruch der Finanzkrise und etwa zehnmal so viel, wie die gesamte Menschheit im Laufe eines Jahres an Wertschöpfung erbringen kann.

Schwindelig möchte es einem angesichts dieser Zahlen werden, vor allem wenn man dazu noch ins Kalkül zieht, dass sich die global vorhandene Geldmenge in den letzten dreißig Jahren um das Vierzigfache erhöht hat, während bei der Gütermenge lediglich eine Vervierfachung erreicht werden konnte. Wer vermag sich noch vorzustellen, wozu das führen wird? Muss uns die Entwicklung Angst machen oder dürfen wir das Paradies auf Erden erwarten? Wird unser Reichtum, Krise hin oder her, am Ende doch schneller wachsen, als er sich erarbeiten lässt? Viele scheinen das nach wie vor glauben zu wollen, auch wenn es keiner erklären kann. Tatsächlich wird nicht einmal mehr der Versuch unternommen, eines auf das andere zu beziehen, nach der Absicherung der virtuellen Geldvermehrung zu fragen. Lieber wollen wir es nicht so genau wissen, als dass wir uns in Panik versetzen lassen. Und wer denn sollte uns das auch erklären? Die Dax-Vorstände, deren Aktionäre steigende Kurse und Dividenden erwarten, aufgrund welcher Transaktionen immer? Die Manager, die weiterhin das Kunststück kurzfristiger Gewinnmaximierung hinbekommen müssen, wenn sie Karriere machen wollen? Die Ökonomen, die die Wirtschaftswissenschaft in eine mathematische Geheimlehre zur Berechnung möglicher Anlagengewinne verwandelt haben? Oder die Politiker, die uns in der Illusion des gesicherten Wohlstands wiegen, indem sie ihre virtuellen Haushalte als Schuldenmacher absichern? Agieren sie nicht alle mehr oder weniger hilflos, konzentriert auf Segmente, die sie jeder auf seine Weise für das Ganze halten, weil sie sich von diesem Ganzen gar keine Vorstellung mehr machen können oder wollen?

Seit jeher, erinnern wir uns an Bouvard und Pécuchet oder an die Siedler vom Monte Verità, seit jeher gehörte der eingeschränkte Gesichtskreis zu den besonderen Eigenschaften des Dilettanten. Weil er mit allem, was er tut, zuerst der Vorstellung genügen will, die er sich von der angenommenen Rolle macht, weil sich sein Tun also nicht primär aus dem Interesse am Gegenstand seiner Beschäftigung ergibt, fühlt er sich auch nicht veranlasst, diese Gegenstände oder Prozesse in größeren Zusammenhängen zu erfassen. Die sachliche Relativierung des eigenen Aktionismus ist seine Sache nicht. Da geht es dem Dilettanten nicht anders als dem sprichwörtlichen Fachidioten. Beide leiden unter einer Fixierung, die ihnen den Blick auf die weiteren Auswirkungen eigenen Handelns verstellt. So konnte sich der deutsche Außenminister Guido Westerwelle ohne moralische Bedenken, im wörtlichen Sinne skrupellos, der Zustimmung zur Libyen-Resolution des UN-Sicherheitsrates enthalten. Im Ehrgeiz, es Gordon Gekko nachzutun, konnten Investmentbanker Kurswetten abschließen, die ganze Volkswirtschaften erzittern ließen. Unverdrossen belastet Finanzminister Wolfgang Schäuble, der einstige Vertraute des Euro-Erfinders Helmut Kohl, den Staatshaushalt, um die gemeinsame Währung mit ausufernder Griechenlandhilfe zu stützen, koste es, was es wolle. Bedenkenlos spielt der »Euromantiker« mit der Angst der Bürger, indem er ihnen für den Fall, dass der Euro scheitert, nichts weniger als die größtmögliche Katastrophe, den Untergang der deutschen Wirtschaft, in Aussicht stellt. Alles unbewiesen, alles ungedeckt.

Einer wie der andere, Schäuble wie der anonyme Investmentbanker, Westerwelle wie der Bahnchef, der den umstrittenen Neubau des Stuttgarter Bahnhofs durchzusetzen versucht, indem er dem Steuerzahler androht, dass bei einer Absage Vertragsstrafen in Höhe von 1,5 Milliarden fällig würden, und dabei geflissentlich unter den Tisch fallen lässt, dass die Ausführung des Bauvorhabens wenigstens das Dreifache, nämlich 4,5 Milliarden kosten wird, einer wie der andere verfolgen sie ihre isolierten Ziele. »Aktiengesteuertes Banausentum« und »ungenierte Sturheit« nannte das die *Frankfurter Allgemeine Zeitung* am 3. Juni 2011 im Fall der Deutschen Bahn. Der hier wie bei anderen Gelegenheiten aufkeimenden Vermutung, die Verantwortlichen könnten sich bei ihrem Tun schwerwiegender Bedenken zu erwehren haben, wirken sie selbst stets mit der Berufung auf ihre Überzeugung entgegen. Und spätestens dann, wenn dieselben Täter nach dem Scheitern dessen, was sie so unbeirrt verfochten haben, das Nächste und nicht selten das Gegenteil von dem Vorherigen mit der gleichen Selbstgewissheit vorantreiben, muss man erkennen, dass sie wirklich nur vertreten, was sie im Moment gerade erfassen können. Von des Gedankens Blässe sind die Dilettanten nicht angekränkelt. Da sie sich des Zweifels, wie er aus dem Wissen um die Sache quillt, nicht zu erwehren haben, haben sie das Zeug zum Tatmenschen, können sie heute dies und morgen jenes durchsetzen, vormittags auf steigende und nachmittags auf fallende Kurse wetten. Was zählt, ist das schnelle Geld, nicht das sauer verdiente. Wendige Taktiker sind gefragter als nachdenkende Strategen. Generalisten, die ihre Entscheidung erst nach der Analyse des Zusammenspiels aller betroffenen Einheiten fällen, verderben nur den Spaß. Selbst die nicht eben tiefschürfenden Ratingagenturen werden mittlerweile wie lästige Besserwisser angesehen, Oberlehrer, deren kleinliche Korrekturen die schönen Zeugnisse verunzieren, die Kurse gefährden. Weil sie sagen, was die Eurokraten nicht gerne hören, verlangen sie die Zerschlagung der Agenturen. »Europa darf sich nicht von drei US-Privatunternehmen kaputtmachen lassen«, schimpfte die EU-Justizkommissarin Viviane Reding am 11. Juli 2011.

Richtig, mag man hier einwenden, da beißt sich die Katze doch in den Schwanz. Schließlich zerstört der Zweifel, sei er noch so begründet, erst einmal Hoffnungen, mit denen, würden sie uns weiter motivieren, noch mancher Euro zu machen wäre. Die eine oder andere Gewinnmitnahme ließe sich womöglich realisieren, und danach könnte man immer noch sehen, wie es weitergeht. Das stimmt zweifelsfrei. Außerdem wissen wir, dass die Bedenkenträger seit jeher auf dem Feldherrnhügel so wenig verloren hatten wie im Casino. Mit Musterknaben wurde noch keine Schlacht gewonnen. Ohne ein gewisses Maß an Hybris ist der ganz große Erfolg nicht zu haben. »Prachtvoll tritt das Monomanische in Erscheinung«, sagt der Ökonom und Soziologe Werner Sombart, dessen Hauptwerk, »Der moderne Kapitalismus«, bereits 1902 erschienen ist. Grundsätzlich hat sich daran nichts geändert. Mark Zuckerberg, der Facebook-Gründer, dessen »soziales Netzwerk« schon die halbe Welt beeinflusst, ist ein Studienabbrecher, von dem einstige Wegbegleiter sagen, es habe ihm nie daran gelegen, sein Licht unter den Scheffel zu stellen. Oder denken wir noch einmal an Porsche. Wer weiß, ob es die Nobelmarke überhaupt noch gäbe, wäre sie nicht von Wendelin Wiedeking, dem legendären »Turbo-Großmaul«, gerettet worden; eine Titulierung übrigens, der er selbst gern Vorschub leistete, die ihm über viele Jahre gefallen haben soll. Vor allem aber, wie wäre es um unseren Wohlstand bestellt ohne die Vision der Milliarden, mit denen die internationale Finanzwelt arbeitet, die sie anlegt, mit denen sie etwa Staatsanleihen zeichnet, die uns allen irgendwie zufließen, ohne dass wir noch sagen könnten, woher sie denn eigentlich kommen die Gelder, wo sie erwirtschaftet wurden.

Aber wollen wir das überhaupt wissen? Wollen wir den Bankern noch über die Schulter schauen, um zu sehen, was sie bei ihren Computerspielen treiben? Ist es ein Zufall, dass den Ankündigungen der Politiker, die Finanzmärkte stärker ordnen und reglementieren zu wollen, keine Taten gefolgt sind, nichts, das etwas geändert hätte am Spielverlauf? Dabei ist es gar nicht lange her, dass sich Horst Köhler als Deutscher Bundespräsident veranlasst fühlte, dem Gewerbe ins Gewissen zu reden, weil er die Finanzmärkte damals, 2008, zu Beginn der Finanzkrise, für »Monster« hielt, die es anzuleinen gilt. Sie sollten sich, rief er den Bankern zu, wieder bewusst werden, dass sie »zuallererst Treuhänder derer sind, die ihnen ihr Erspartes anvertraut haben«. Das klang vernünftig, damals. Wie kommt es aber, dass uns dieser moralische Aplomb heute bereits wieder eigentümlich naiv anmuten will? Immerhin kam Horst Köhler selbst aus der Finanzwelt, als einstiger IWF-Chef kannte er seine Pappenheimer, nicht erst seit gestern. Der Bundespräsident wusste, wovon er sprach. Nur, wer wollte es sonst noch wissen?

Einige Bankvorstände streuten sich pflichtschuldig Asche aufs Haupt. Stellvertretend für seine Kollegen formulierte Martin Blessing als Vorstandsvorsitzender der Commerzbank das Mea culpa, als er erklärte: »Wir haben die Botschaft verstanden. Die Kritik des Bundespräsidenten war gerechtfertigt, und in der Branche herrscht bereits ein großes Maß an Einsicht, dass nicht alles richtig gelaufen ist.« So viel Abbitte hatten die Banker nie zuvor geleistet, und manchem Beteiligten ging das Spektakel schon zu weit, es sollte sich auch nicht wiederholen; wozu denn. Schließlich befanden sich die

Banken nach wie vor der Politik gegenüber in der komfortablen Position der Gläubiger. Noch das Geld, mit dem der Staat manches Institut rettete, war von anderen geliehen. Als die erste Schockstarre, ausgelöst durch den Zusammenbruch der amerikanischen Lehman-Bank, überwunden war, konnte das jedem schnell wieder bewusst werden. Was Wunder also, dass die angedrohte Regulierung der Finanzmärkte weitgehend in Vergessenheit geriet und sich Horst Köhler mit seinem Appell bald ausnahm wie der Moralist auf dem verlorenen Posten, ein bisschen realitätsfern. Schließlich musste die virtuelle Geldvermehrung weiter vorangetrieben werden, so oder so. Niemand konnte ein Interesse daran haben, an dem schon knackenden Ast zu sägen, auf dem man gemeinsam sitzt, erst recht nicht nach dem Ausbruch der Euro-Krise. Was die Dilettanten mit ihrer Fixierung auf das momentane Erfolgserlebnis in der Vergangenheit angerichtet hatten, in der Politik wie in der Wirtschaft, erzwang das dilettantische Weiterwursteln in der nachfolgenden Gegenwart, ein subventioniertes Wachstum, das die Nähe des Abgrunds vergessen machte. Das ist die ernüchternde Lehre, die sich aus dem finanzwirtschaftlichen Krisenmanagement der vergangenen drei, vier Jahre ziehen lässt.

Nun darf man den Finanzmarkt gewiss nicht für die ganze Wirtschaft nehmen. Dazu gehört wesentlich mehr, vom produzierenden Gewerbe über den Dienstleistungssektor bis hin zur Kultur- und Gesundheitswirtschaft. Überall geschieht Wertschöpfung. Trotz der Finanzkrise gab es, vor allem in Deutschland, einen spürbaren Aufschwung. Nach einem kurzen Rückgang des Wirtschaftswachstums im Jahr 2008 begannen sich die Auftragsbücher der Unternehmen wieder zu füllen, die Zahl der Arbeitslosen sank kontinuierlich, in Deutschland fiel sie zweitweise unter die Drei-Millionen-

Marke. Worauf aber war dieser Aufschwung zurückzuführen, wem oder was hat er sich verdankt? Zum einen und größtenteils dem Export, insbesondere der Nachfrage aus den Boom-Regionen Asiens, und dann dem Umstand, dass es der Regierung gelungen ist, das Inlandsgeschäft mit diversen Konjunkturprogrammen anzukurbeln. Das war, einmal abgesehen von der Bewertung der einzelnen Maßnahmen – über den Sinn einer Abwrackprämie, die kurzfristig zum Kauf billiger Importfahrzeuge ermuntert und längerfristig die Auftragslage des Kfz-Handwerks verschlechtert, könnte man trefflich streiten –, das war politisch geboten, führte aber auch schnell wieder zurück auf den Finanzmarkt, insofern zur Finanzierung dieser Programme erneut Geld aufgenommen werden musste. Es offenbarte sich die eklatante Abhängigkeit der Gesamtwirtschaft von den Finanzmärkten. Obwohl er unmittelbar mit denselben gar nichts zu tun hat, ist noch der kleinste Handwerker von deren Geschäftspolitik betroffen, zum Beispiel als Nutznießer dieser oder jener Konjunkturprogramme. Das mag eine Binsenweisheit sein, man muss es sich aber dennoch hin und wieder vergegenwärtigen, um ermessen zu können, in welcher Zwangslage sich die Volkswirtschaften gegenüber den Finanzmärkten befinden. Was kein Problem wäre oder doch nur eines, über das sich notorische Marxisten erregen könnten, wenn es denn auf diesen Finanzmärkten noch so etwas wie ein volkswirtschaftliches Bildungsniveau gäbe, ein Grundverständnis, das die Wirtschaft als gesellschaftliches Phänomen zu begreifen vermag. Wenn die Kurse jedoch von intellektuell halbwüchsigen Gordon Gekkos manipuliert werden, von Brokern, für die es egal ist, was oder ob überhaupt noch etwas hinter den Zahlen steht, weil sie allein auf deren virtuelle Potenzierung fixiert sind und am Ende die ganze Wirtschaft für ein pures Rechenexempel halten mögen, wenn derart hochspezialisierte Dilettanten am Werk sind, ticken schlimmstenfalls Zeitbomben, deren Zünder von einem Zufallsgenerator gesteuert werden, bestenfalls machen die Händler einen schnellen, Boni-prämierten Euro.

Bereits nach Ausbruch der Krise 2008 sagte ein weltweit agierender Amerikaner, der mythisch verehrte Großinvestor Warren Buffett: »Bei Ebbe erkennt man, wer nackt schwimmen gegangen ist.« Und es waren viele, die sich damals eilig in die Büsche schlagen mussten, um dort die nächste Flut abzuwarten. Überrascht von dem eigenen Versagen, verkrümelte sich mancher Vorstand durch den Hinterausgang, Georg Funke bei der Hypo Real Estate, Ingrid Matthäus-Maier bei der Kreditanstalt für Wiederaufbau, Herbert Walter bei der Dresdner Bank, Charles Prince bei der amerikanischen Citigroup, Peter Wuffli bei der Schweizer UBS, um nur fünf Namen zu nennen, die die gewiss wirtschaftsgeneigte *Frankfurter Allgemeine Zeitung* 2008 in einem Artikel über die »desaströsen Zustände«, über »Missmanagement und mangelnde Kontrolle« in vielen Finanzinstituten aufführte. Alle waren sie im Glanz ihrer angenommenen Erfolge aufgestiegen. Bis zuletzt, noch als schon bekannt wurde, dass er das Unternehmen mit abenteuerlichen Spekulationen in den Ruin geführt hatte, wollte Georg Funke den Aktionären glauben machen, die Hypo Real Estate sei auf dem besten Weg. Tatsächlich entsprach das ja auch dem, was die Anleger hören wollten. So viel immerhin hatte der Topmanager verstanden, auch wenn er sonst mit dem Geschäft, das er betrieb, nicht sonderlich vertraut gewesen zu sein scheint.

Überall war das Gleiche zu beobachten: Nur zu gern ließ man sich die Kompetenz vorgaukeln, die den großen Gewinn eintragen sollte, ganz gleich, wie das angestellt werden würde. Auch die Gier der anderen befeuerte den Aufstieg der Blender, der Hasardeure, der Dilettanten. Auf den kritischen Verstand ihrer Kunden oder Kontrolleure mussten sie weiter keine Rücksicht nehmen, nicht solange sie den Eindruck erweckten, das Verlangen zu bedienen, von dem sie sich selbst leiten ließen. Wer solchermaßen mit sich identisch war, war auf der Erfolgsspur, im ganz großen wie im kleineren Geschäft, en détail sozusagen.

Innerhalb weniger Jahre konnte Carsten Maschmeyer mit dem Verkauf von Versicherungen und Finanzprodukten ein geschätztes Vermögen von 500 Millionen Euro zusammenbringen. Rasch hat er den AWD, den Allgemeinen Wirtschaftsdienst, in den er 1988, kurz nach der Gründung durch den weniger bekannten Kai Lange, einstieg, über Deutschland hinaus zum Marktführer auf dem Gebiet der privaten Geldanlagen gemacht. Obwohl die Stiftung Warentest nicht müde wurde, vor den Angeboten und Praktiken des Unternehmens zu warnen, strömten ihm die Anleger zu. Gerade die hochriskanten waren die gefragtesten Produkte. In suggestiv gestalteten Verkaufsgesprächen wurden sie den Kunden schmackhaft gemacht. Wie das geschah, verrät ein internes Schulungspapier, das, so der *Spiegel* im März 2011, »als Leitfaden für den Verkauf« diente. Folgender Dialog wird darin für das Angebot eines Medienfonds empfohlen:

»AWD-Mitarbeiter: Welchen guten Film haben sie zuletzt im Kino gesehen?

Mandant: Film X.

AWD-Mitarbeiter: … Sie sehen, dass in diesem Bereich viel Geld verdient werden kann. Stellen Sie sich einmal vor, Sie selber können in Zukunft an diesem Wachstum ebenfalls profitieren, wäre das gut?

Mandant: Ja.

AWD-Mitarbeiter: Gut. Um von diesem Wachstum zu profitieren, müssen Sie folgende Voraussetzungen erfüllen: Sie investieren 50 000 DM in diesem Jahr. Das Finanzamt zahlt Ihnen 25 000 DM im nächsten Jahr zurück. Sie haben also 25 000 DM investiert. Sie erhalten dafür ca. 75 000 DM in den nächsten sieben Jahren zurück. Ist das für Sie nicht interessant?

Mandant: Natürlich.«

Noch einmal: Das entstammt keiner alten »Scheibenwischer«-Sendung mit Dieter Hildebrandt. Das hat sich tausendfach in Wohnungen und Büros abgespielt, tausendfach haben die »Mandanten« viel, bisweilen alles verloren. Tausende von Klagen sind unterdessen europaweit gegen den AWD anhängig, 2500 allein in Österreich. Dabei wäre der Schaden in den allermeisten Fällen vermeidbar gewesen, die Geschädigten hätten sich darauf nicht einlassen müssen. Niemand konnte sie zwingen, sich derart für dumm verkaufen zu lassen, von Maklern, die methodisch geschult, inhaltlich jedoch kaum auskunftsfähig waren. Ernsthafter Prüfung, sagt die Stiftung Warentest, haben Angebote wie das zitierte niemals standgehalten, mussten sie auch nicht, da die geweckten Erwartungen jeglichen Zweifel überwanden. Im sachlichen Unverständnis der Produkte trafen sich die Verkäufer mit ihren Kunden. Es genügte, ihnen die Wurst, nach der sie schnappen sollten, vor die Nase zu halten. Für zusätzliche Faszination und Attraktivität sorgte die kolportierte Erfolgsgeschichte des eigenen Unternehmens, erst recht die der schillernden Führungsfigur Carsten Maschmeyer. Was den Produkten an sachlicher Überzeugungskraft fehlte, wurde durch den vorgelebten Erfolg ihres Anbieters kompensiert. Auf diese Inszenierung hat sich der »Drückerkönig«, so der Titel eines NDR-Films über Maschmeyer, stets verstanden, gleich, ob er sich die Skorpions, Gerhard Schröder oder Veronika Ferres an seine Seite holte. In dieser Hinsicht konnte er es mit allen aufnehmen, die ihren Job mit der Darstellung der eigenen Rolle bewältigen. So hat er seine Geschäfte blendend vorangetrieben, mit Partys, bei denen die Gäste aus dem Staunen nicht herauskamen. Einmal, berichtete ein früherer Mitarbeiter im Gespräch mit dem NDR-Reporter Christoph Lütgert, sei er sogar auf einem Elefanten eingeritten. Das machte Eindruck, nicht zuletzt auf die Politiker. Wie Gerhard Schröder und Frank Hanebuth, den Hells-Angels-Präsidenten von Hannover, kann Carsten Maschmeyer, glaubt man der *FAZ* vom 11. August 2010, Bundespräsident Wulff zu seinen Freunden zählen, des Weiteren die Brüder Gottschalk, Sigmar Gabriel und Udo Lindenberg. Walter Riester, der Erfinder der »Riester-Rente«, an der der AWD Millionen verdiente, hielt Vorträge an Rednerpulten, die mit dem Logo des AWD geschmückt waren. Noch im Jahr seiner Emeritierung wurde Professor Bert Rürup, der Spiritus Rector der privaten Altersvorsorge, vom AWD als Chefökonom und Sonderberater für die private und betriebliche Altersvorsorge berufen. Das wollte nicht jedem gefallen, weshalb der einstige Wirtschaftsweise nach wenigen Monaten wieder aus dem Unternehmen ausschied. Seither betreibt er mit Carsten Maschmeyer, der den AWD 2007 an die Schweizer Swiss Life verkaufte, zu deren Anteilseigner wiederum Carsten Maschmeyer zählt, eine international ausgerichtete Beratungsgesellschaft. Bevorzugte Kunden dieser MaschmeyerRürup AG sind laut Wikipedia Versicherer und Regierungen. Einer stärkt das Ansehen des anderen.

Ob Netzwerke wie dieses unmittelbaren Gewinn durch gegenseitige Handreichung abwerfen, ist in aller Regel schwer auszumachen. Allzu oft bleibt es bei der Verdacht erregenden

Spekulation. Darum kann und soll es hier nicht gehen. Bemerkenswert ist in unserem Zusammenhang etwas ganz anderes, nämlich der Erfolg, der trotz des fachlichen Versagens, trotz fragwürdiger Verkaufsmethoden und Produkte, zu erzielen ist – zu erzielen allein dadurch, dass mit der Inszenierung eines Erfolges, der noch gar nicht eingetreten sein muss, der überzeugende Eindruck fachlicher Kompetenz erweckt wird. Mit anderen Worten, es geht um das alte Spiel der Dilettanten, um ihre Kunst, sich und anderen das gewünschte Ergebnis vorzugaukeln. Wer sich darauf versteht, muss dann von der Sache selbst, mit der er gerade hantiert, gar nicht mehr so viel verstehen. Noch wenn damit andere Schiffbruch erleiden, hat er für seinen Teil mit Gewinn, also erfolgreich versagt. Und Erfolg gebiert nun mal Erfolg, da er Anerkennung einträgt.

Auf den globalen Finanzmärkten wie auf denen der kleineren privaten Anleger war seit dem Hype um die New Economy wiederholt zu erleben, welch verführerische Kraft dem professionellen Dilettantismus innewohnt, wie er emotional mitreißen und den kritischen Verstand lahmlegen kann. Börsengurus zuhauf wollten den Stein der Weisen gefunden haben, die eine mathematische Formel, mit der sich die richtige Anlagestrategie für jeden todsicher berechnen lässt. Ob aus diesem Kreis der modernen Alchimisten allerdings auch noch einer hervorgehen wird, der nun tatsächlich eine Formel des Reichtums entdeckt wie ehedem Johann Gottfried Böttger, als er bei seiner Goldmacherei nebenher das Verfahren der Porzellanherstellung erfand, bleibt abzuwarten. Bisher haben wir vor allem die Madoffs kennengelernt, die Pokerbrüder, die ausgeschlafenen Jungs, die raffinierten Schlitzohren. Die Glücksspiele, die sich diese Alchimisten auf den Elefanten ausdenken, haben nichts mit dem zu tun, was Friedrich

Schiller in seiner »Spieltheorie« beschreibt. Der »Spieltrieb«, in dem er die Quelle aller Kreativität erkannte, sollte auf die Erkenntnis gerichtet sein, Ausdruck einer Neugier, der wir jeglichen Fortschritt verdanken, weil sie den Einzelnen über sich selbst erhebt, seinen Blick öffnet, indem sie ihn gleichsam von der Einengung egoistischer Zielsetzung erlöst. Diesem zweckfreien steht das mit Erwartungen beladene und bisweilen abgekartete Glücksspiel gegenüber – das Zocken. Als ein Spiel mit abgesteckten Zielen ist es nicht mehr, wie das noch dem Aufklärer vorschwebte, auf das Ganze gerichtet, sondern auf den persönlichen Vorteil. Freilich hegte der Klassiker Schiller, erfüllt vom Ideal einer humanistisch gebildeten bürgerlichen Gesellschaft, auch noch Hoffnungen, die uns die Geschichte inzwischen genommen hat, so gründlich genommen, dass man sich fragen könnte, ob die heute immer ungenierter zutage tretende Spielernatur, dieser gierige und angstgetriebene Versuch der Selbstbehauptung, nicht doch das wahre Wesen des Menschen ist.

Wer sich diesem immer wieder mal aufkommenden Sozialdarwinismus verschreiben wollte, müsste sich aber zugleich aller kulturellen Ansprüche begeben. Und wenigstens bei dieser provozierenden Vorstellung wird dann noch immer gesellschaftlicher Protest laut, obwohl wir der schleichenden Auflösung des kulturell überlieferten Wertekanons eines bürgerlichen Gemeinwesens doch schon seit längerem stillschweigend zusehen, nicht zuletzt in der Wirtschaft. Auch da muss vieles, über das wir uns erregen, sobald es zu Verlusten führt, die den eigenen Geldbeutel treffen, ursächlich darauf zurückgeführt werden, dass die Vermittlung zivilisatorischer Grundregeln zunehmend in den Hintergrund tritt. Schließlich verhalten sich die gern gescholtenen Banker durchaus gesellschaftskonform, wenn sie ihre vertraglich fixierten Boni trotz Finanzkrise und Bankenpleiten einstreichen wollen. Dass etwa die Manager der Hypo Real Estate gar nicht einsahen, weshalb sie auf ihre Millionen-Zuwendungen verzichten sollten, nur weil das Unternehmen, das sie bezahlte, dem Steuerzahler unterdessen mit Milliarden auf der Tasche liegt, entsprach dem, was ihnen zuvor vermittelt worden war. Als schlichtweg wohlfeil, wenn nicht gar heuchlerisch ist die Kritik anzusehen, die die vielen in diesen wie in weiteren Fällen aus der Masse heraus an den wenigen üben, die sie auffällig überragen. Gehört doch die Mehrheit der überwiegend jugendlichen Investmentbanker bereits zu einer Generation, die schon im antiautoritär geführten Kinderladen lernen konnte, dass man sich zuerst einmal durchsetzen muss, ehe man sich von irgendwelchen Regeln in seinem Tun einengen lässt, kürzer gesagt, dass das Ziel eigener Persönlichkeitsentfaltung, die Selbstverwirklichung, den Einsatz erfolgversprechender Mittel in jedem Fall rechtfertigt.

Vielleicht lag das so nicht unbedingt im Sinne der Erfinder, vielleicht hatten sie sich einen sozial verträglicheren Ausgang ihrer Erziehungsexperimente gewünscht, das mag sein, herausgekommen aber ist dabei eine Gesellschaft, die keinen Grund mehr hat, über das Verhalten ihrer Wirtschaftselite herzuziehen, als handle es sich um die Entgleisung moralvergessener Einzelgänger. Den Boden dafür hat der Zeitgeist bereitet. Gewiss kein Zufall ist es, dass diese Entwicklung einherging mit dem gesellschaftlichen Abstieg des Mittelstandes, nicht zu verwechseln mit der neuerdings erfundenen Mittelschicht. Während es sich bei dieser um eine statistische Einheit handelt, der zugerechnet wird, wer eine bestimmte, gar nicht so hohe Einkommensstufe erreicht hat, ergab sich die Zugehörigkeit zum Mittelstand – schon das Wort sagt es – traditionell aus einem gewissen Standesbewusstsein. Die Mittelständler unterhielten in summa nicht nur die meisten Arbeitsplätze und hatten mit ihren Firmen den größten Anteil an der Wertschöpfung – das ist noch immer so –, sie waren auch die Bürger ihres Kapitalismus; er war ihr Leben, eine Kultur, die sie pflegten, um sich zu unterscheiden. Dass das heute immer weniger der Fall zu sein scheint, kann nur klassenkämpferisch gesinnte Dummköpfe mit Genugtuung erfüllen; der Gesellschaft müsste es zu denken geben, da es zeigt, wie sich die Protagonisten des Kapitalismus der eigenen Ordnung entfremden, sie nur mehr nutzen, sie gleichsam aufbrauchen, auf Gedeih und Verderb.

Auch die Wirtschaftskultur blieb nicht unbeeinflusst vom Aufbruch der Achtundsechziger, von ihrem kopfnotenlosen Erziehungsideal. Wenn man so will, konnten die »Bosse« sogar davon profitieren. Mindestens haben sie es verstanden, ihre »individuelle Entscheidungsfreiheit«, Bert Rürup zufolge die Grundlage des Kapitalismus, ungehemmter zu nutzen, da mögen die ergrauten Kommunarden jetzt über die »Entsolidarisierung« der Gesellschaft klagen, wie sie wollen. Sie haben ihr Scherflein dazu beigetragen, einerseits. Andererseits könnten sie Trost aus dem Umstand ziehen, dass die entfesselten Manager inzwischen selbst dem Kapitalismus die Daumenschrauben anlegen, wenn sie als Wanderarbeiter Gewinn aus dem zu schlagen versuchen, was ihnen nicht gehört, das heißt, wenn sie im Fach der Unternehmer, als die sie sich gern sehen, auf fremde Rechnung dilettieren.

Obwohl der ehemalige Porsche-Chef Wendelin Wiedeking, um bei dem spektakulären Beispiel zu bleiben, bis zu achtzig Millionen Euro im Jahr verdient haben soll, blieb er immer der Angestellte zweier Familien, der Porsches und der Piëchs. Das Unternehmen hat davon profitiert und hat zum Schluss doch wieder draufgezahlt, während der Manager den

Hof mit einer hohen Abfindung verließ. Die stand ihm zu, obwohl sich die Schuldenlast des Unternehmens zwischenzeitlich auf neun Milliarden summierte. Auffällig war der Fall allerdings nur noch wegen der Dimensionen, der Höhe der Bezüge und der Milliarden, die dafür aufs Spiel gesetzt wurden, dem Prinzip nach entsprach er längst dem Üblichen. Bis tief in die mittelständischen Strukturen hinein ist das managergeführte Unternehmen zum Regelfall des modernen Kapitalismus geworden, zumal es immer häufiger an der nötigen Erbfolge fehlt. Abgesehen davon, dass nicht jeder Erbe ein fähiger Unternehmer sein muss, verstand es sich ohnehin in den größeren Wirtschaftseinheiten, auf der Ebene der Konzerne und der börsennotierten Aktiengesellschaften seit jeher. Wer daran etwas ändern, gar die Entwicklung umkehren wollte, scheiterte lächerlich. Mit romantischen Träumereien werden keine wirtschaftlichen Probleme gelöst. Mit ihrer Verdrängung allerdings ebenso wenig. Haben doch gerade die letzten Jahre gezeigt, welche Interessenkonflikte aufbrechen können, liegt die Unternehmensführung in den Händen »unternehmerisch handelnder« Geschäftsführer, die nicht mehr auf eigene Kosten wirtschaften, was nicht heißt, dass ihnen Verantwortungslosigkeit per se zu unterstellen wäre. Nur stehen sie zu dem Vermögen, mit dem sie arbeiten, in einem freieren, unpersönlichen, gleichsam entfremdeten Verhältnis.

Das ist – zugegeben – in erster Linie ein psychologisches Problem, freilich eines, das die Wirtschaft immer stärker beeinflusst, selbst wenn sich der Einzelne dessen kaum mehr bewusst sein mag, womit wir wieder bei denen wären, die etwas darstellen, was sie nicht sind: bei den Dilettanten, die sich für mehr halten, als sie sein können. Versucht man einmal von der negativen Konnotation des Begriffs abzusehen, wird schnell deutlich, dass sich damit auch in der Wirtschaft erklären lässt, wieso manches derart aus dem Ruder laufen konnte. Zwar handeln die entlohnten Manager, sofern sie sich korrekt verhalten, immer im Interesse ihrer Unternehmen, doch können sie das niemals ausschließlich tun, da sie zugleich ihre eigenen Interessen verfolgen müssen. Das Unternehmen ist ihnen Mittel zum Zweck, nicht der Zweck an sich. Was daraus folgen kann, hat die Erfahrung der letzten Jahre schmerzlich gezeigt, etwa im erwähnten Fall der Arcandor AG, deren Insolvenzverwalter dem einstigen Vorstandsvorsitzenden Thomas Middelhoff vorwirft, den Bankrott durch die Verfolgung persönlicher Interessen mit verursacht zu haben. Auch der französische Investmentbanker Jérôme Kerviel hat die fünf Milliarden, zu deren Rückerstattung er verurteilt wurde, nicht als Buchhalter veruntreut, sondern unternehmerisch handelnd in den Sand gesetzt. Nicht zu reden von jenen Topmanagern, die von einem Haus zum nächsten wechseln, um dabei Schritt für Schritt ihre Bezüge zu erhöhen. Wie jeder Angestellte müssen sie abgesteckte Ziele erreichen oder übertreffen, wenn sie vorankommen wollen. Die nachhaltige Pflege einer kapitalistischen Wirtschaftskultur indessen ist ihre vorrangige Aufgabe nicht, dazu sind sie nicht notgedrungen verpflichtet. Und die Jüngeren zumindest sind darauf auch nicht mehr vorbereitet.

Weder erfreut sich die unternehmerische Existenz in der Gesellschaft besonderer Wertschätzung – nur für 19 Prozent der Deutschen ist es laut Eurobarometer »erstrebenswert«, als »Selbständiger zu arbeiten«, in Frankreich wollen das 28, in Amerika gar 42 Prozent –, noch gibt es Studienangebote, die komplexer auf das unternehmerische Dasein vorbereiten würden. Im Gegenteil haben sich die wirtschaftswissenschaftlichen Ausbildungsgänge zu vorrangig mathematischen Disziplinen verwandelt, für die die Vermittlung volkswirtschaftlichen Grundwissens zur Nebensache geworden ist. Schon 2009 sahen sich deshalb 83 renommierte Professoren veranlasst, mit einem dringenden öffentlichen Appell den Erhalt der Wirtschaftspolitik-Lehrstühle an den deutschen Universitäten und Hochschulen einzufordern. Denn, so schrieb der Emeritus Hans Willgerodt, ein Herausragender unter den Theoretikern der sozialen Marktwirtschaft, im selben Jahr, »ohne genaueres Wissen über gesamtwirtschaftliche Zusammenhänge erhält man kein zutreffendes Bild über die Wirkungen spezieller, etwa branchenbezogener Wirtschaftspolitik«. Und sie wiederum realisiert sich nun einmal in der unternehmerischen Tätigkeit.

Wer glaubt, dies außer Acht lassen und seine Geschäfte separiert betreiben zu können, handelt endlich anarchistisch; er unterminiert das gesellschaftliche Fundament der kapitalistischen Wirtschaft und spielt somit seinen ideologischen Gegnern in die Hände, weshalb Willgerodt mit Blick auf die jüngst ausgebrochene Finanzkrise weiter erklärte: »Die Notwendigkeit der Einordnung von Einzelheiten in größere Zusammenhänge im Denken und Handeln ist heute kaum irgendwo dringender als in der wissenschaftlichen Wirtschaftspolitik.« Konstatieren musste er indessen das glatte Gegenteil, die Zunahme eines »allgemeinen Desinteresses an vertiefter Beschäftigung mit politischen Problemen«, verbunden mit der Hinwendung zu Bereichen, »in denen angeblich wertfreie Objektivität und mathematisch zu erfassende Determiniertheit herrschen, wie man sie in den Naturwissenschaften, vor allem in der Physik, vermutet«. So versuche man, »aus zusammengetragenem Material Regelmäßigkeiten zu erkennen, die sich als mehr oder weniger allgemeingültige, mindestens auf Spezialfälle anwendbare Theorie deuten lassen«.

Wozu das in der Konsequenz führt, hat der Ablauf der

Finanzkrise gezeigt. Nachdem die geschulten Rechenfüchse zunächst, solange sich die Börsen in einem euphorisch befeuerten Auftrieb befanden, partielle Spekulationserfolge erzielt hatten, glaubten sie, überhaupt Herr der Lage zu sein. Geblendet vom eigenen Erfolg, verwechselten sie den Finanzmarkt mit der Welt. Der Politik schien es nicht mehr zu bedürfen, solange man es nur verstand, die Kurse richtig vorauszuberechnen. Rolf E. Breuer wollte, als er noch Vorstandssprecher der Deutschen Bank war, die »Aktionärsdemokratie« zum politischen Prinzip erheben. Insgeheim sah man einer Zukunft entgegen, in der alle Macht von den börsenbeherrschten Märkten ausgehen sollte. Neoliberale Gedankenspiele antizipierten bereits einen Staat, dessen Führungspositionen ausgeschrieben werden sollten wie die Geschäftsführerposten eines Unternehmens. Auf die Frage »Sollen auch die Minister per Ausschreibung gesucht werden?« antwortete der österreichische Unternehmensberater Othmar Hill in einem Interview der *Salzburger Nachrichten*: »Selbstverständlich. Sie können jede Organisation zum Blühen bringen, wenn sie die ›high potentials‹ objektiv identifizieren.« Die Sprache verriet den Geist. Der Erfolg der Wirtschaft überstrahlte alles. Die Politiker sahen sich, nicht immer zu Unrecht, in den Schatten gestellt. Sie mussten kleine Brötchen backen oder bei den Vorständen antichambrieren, sich gelehrig zeigen wie Gerhard Schröder, der als amtierender Bundeskanzler erwogen haben soll, den Staatshaushalt durch Spekulationen am Neuen Markt zu sanieren.

Da aber die Wirtschaft keine mechanisch funktionierende Dampfmaschine ist, deren Leistungsvermögen sich aus dem Zusammenspiel von Kolben und Zylinder errechnet, sondern eine Form gesellschaftlichen Zusammenwirkens, beeinflusst von den Unwägbarkeiten menschlichen Verhaltens, mussten dem mathematischen Irrglauben der modernen Makroökonomen das furiose Scheitern der Finanz-, der Wirtschafts- und der Euro-Krise auf den Fuß folgen. Alle drei verdanken sie sich dem Wunschdenken von Ökonomen, Managern, Unternehmern, Anlegern und Politikern, die nicht mehr in der Lage sind, die Dinge in der Vielfalt ihrer Wirkungszusammenhänge erfassen oder auch nur respektieren zu können. Um sich davon nicht beirren zu lassen, haben sie getan, was jeder Dilettant tut: Sie haben das Phänomen, um das es ihnen ging, isoliert betrachtet, den Teil, den sie zu überschauen vermochten, für das Ganze genommen und eine Wirklichkeit imaginiert, die ihren Wünschen entsprechen sollte. Ungeachtet aller mathematischen Verbrämung sind diese Praktiker ausgemachte Idealisten. Mit alchimistischem Abrakadabra, mit der spekulativen Hochrechnung ausgesuchter Statistiken, wollen sie in den Griff bekommen, was sie bei Berücksichtigung aller sachlichen Zusammenhänge bestenfalls partiell beherrschen könnten. Dazu noch einmal Hans Willgerodt, der in dem zitierten Essay »Von der Wertfreiheit zur Wertlosigkeit« klarstellt: »Gewiss kennt auch die Volkswirtschaftslehre ziemlich stabile Regelmäßigkeiten und sogar rigorose Notwendigkeiten. Sie bleibt aber eine Wissenschaft vom menschlichen Verhalten, das sich nicht vollständig, sondern allenfalls in seinen Mustern und Richtungen ungefähr und mit Ausnahmen voraussehen lässt. Die Zahl der nummerischen volkswirtschaftlichen Fehlprognosen ist groß. Der Grund liegt in Verhaltensannahmen, die sich nicht bestätigen müssen. Es ist die menschliche Freiheit, an der viele Prognosen scheitern.«

So richtig diese Analyse ist, die Warnung vor den Folgen der Simplifikation ökonomischer Zusammenhänge würde selbst wieder auf eine Simplifikation hinauslaufen, erinnerten wir uns nicht daran, dass es sich bei dem beschriebenen

Dilettantismus um ein Phänomen der Anpassung handelt. Unsere Gewöhnung an den Fortschritt hat dazu geführt. Erst im Zuge dieser Entwicklung ist der Dilettantismus zum vorherrschenden Realitätsverhältnis der Menschen in der modernen Konsumgesellschaft geworden. Den Krisen, die er mit sich brachte, stehen revolutionäre Entwicklungsschübe gegenüber. Das Internet, Google, Facebook, Wikipedia: alles nicht die Ergebnisse universitärer Grundlagenforschung, sondern Werke, die entstanden, weil jemand etwas schaffen wollte, das er selbst gern hätte. Inwieweit das, was bei dieser Garagen-Forschung im Laufe der letzten zwanzig, dreißig Jahre entstanden ist, unser Leben tatsächlich erleichtert, womöglich verbessert hat, ist eine andere Frage. Das vermögen immer weniger Menschen zu sagen. Da jede Entdeckung, jede Neuerung noch mehr Neues immer schneller hervorbringt, geht uns der historische Rückhalt zusehends verloren. Wir verlieren die Fähigkeit, eine Entwicklung überhaupt noch als solche wahrzunehmen. Bevor sich etwas so verfestigen könnte, dass es als Erinnerung bewahrt würde, erzwingt schon das Nächste unsere Aufmerksamkeit. Wo man sich beeilen muss, mit der Handhabung des Neuen halbwegs zurechtzukommen, um nicht den Anschluss zu verlieren, bleibt keine Zeit, sich noch weitere Gedanken um das »Gewordensein« zu machen. Nolens volens leben wir zunehmend gegenwartsfixiert, in einem Tempo, das beschleunigt wird von Fortschritt und Wachstum. Das Rad muss sich schneller und schneller drehen; und keiner kann mehr sagen, weshalb es sich denn überhaupt noch dreht. Jeder weiß nur, dass er immer neue Techniken immer hastiger erlernen muss, um Schritt halten zu können.

Dies, so heißt es, garantiere den beanspruchten Wohlstand. Davon lebt die Wirtschaft; und weil das so ist, braucht sie den Dilettanten heute mehr denn je. Sie braucht ihn im fortschreitend modernisierten Prozess der Wertschöpfung, so wie sie ihn als Abnehmer der geschaffenen Werte, als deren »Verbraucher« braucht. Denn nur was sich tatsächlich verbrauchen lässt, wird auch als Wertschöpfung statistisch anerkannt. Das versteht sich von selbst, für den Einzelnen wie für die Gesellschaft. »Ohne Wachstum ist alles nichts«, erklärt die CDU in einem ihrer Grundsatzpapiere. Und für solche Erkenntnisse, wäre hinzuzufügen, brauchen wir wiederum die Dilettanten. Wenigstens müssen es Dilettanten sein, die uns diese Wachstumsrechnung unverdrossen aufmachen wollen. Würden wir nämlich weiterhin zwei Prozent Wachstum »brauchen«, um beispielsweise die Beschäftigung aufrechtzuerhalten, »dann müsste in nicht so ferner Zukunft das Siebenfache des Heutigen erwirtschaftet werden«, erklärte Meinhard Miegel 2009 in einem Interview. »Das«, sagte der Sozialwissenschaftler und jahrelange Berater führender CDU-Politiker, »sind doch Hirngespinste.« Man könnte auch von Illusionen sprechen, die sich unserer »selbstverschuldeten Unmündigkeit« verdanken, dem hochtechnisierten Rückfall in voraufklärerische Zustände. An die Stelle der Vernunft, von der Immanuel Kant hoffte, dass sie die Souveränität des Individuums in der bürgerlichen Gesellschaft verbürgen werde, ist der Glaube an das Wachstum getreten. Von ihm soll alles Heil ausgehen. Dieser Mythos bestimmt das Wirtschaftsleben. Ohne dass es noch irgendeiner vernünftigen Begründung bedürfte, erschafft die Entwicklung aus sich heraus die Notwendigkeit ihrer Fortsetzung.

»Was heute«, so Meinhard Miegel weiter, »Wohlstandsmehrung genannt wird, ist zunehmend nur der Versuch, Schäden zu beseitigen, die bei einem solideren Wachstum nicht aufgetreten wären.« In der Tat stolpern wir zunehmend kopfloser durch diesen Teufelskreis. Statt aus ihm auszubrechen, wiederholen wir immer das Gleiche in der Hoffnung, es werde dieses Mal besser als zuvor laufen. Nachdem sie sich auf dem Neuen Markt ruinös verspekuliert hatten, ließen sich die Anleger, private wie institutionelle, auf dem Immobilienmarkt in Spekulationen verstricken, die wiederum das Unmögliche, die wundersame Geldvermehrung aus dem Nichts, versprachen, um die Gläubiger dann genau damit, mit dem Nichts, erneut sitzenzulassen. Und heute? Heute können wir bereits die Entstehung der nächsten, womöglich noch größeren Blase erleben. Schon vorab, lange vor dem erwarteten Börsengang von Facebook wird der Wert des Unternehmens mit einhundert Milliarden Dollar und mehr veranschlagt. Die Bewertung entspricht dem Gewünschten; verlässliche Zahlen, die die Erwartungen rechtfertigten, gibt es nicht, auch nicht für andere Internet-Firmen wie Twitter oder den Gutscheinanbieter Groupon, deren Werte für den Fall eines Börsengangs ebenfalls auf viele Milliarden taxiert werden, obwohl die bekannten oder geschätzten Umsatzzahlen wesentlich darunter liegen, oft nicht einmal den zehnten Teil betragen. Facebook müsste weitere fünfzig Jahre kontinuierlich wachsen, um einen Umsatz zu erreichen, der dem entspricht, was das Unternehmen schon heute an der Börse wert sein soll; Twitter brauchte dafür gar 222 Jahre: Hirngespinste, um mit Meinhard Miegel zu sprechen. Dennoch steigen und steigen die Erwartungen, wachsen Blütenträume weiter in den Himmel. Als habe es nie so etwas wie den Zusammenbruch des Neuen Marktes gegeben, strömen die Lemminge unentwegt in die gleiche Richtung.

Der Glaube an das Wachstum überwindet jegliche Bedenken, die Gier den Verstand. Und diejenigen, die diese Gier zu erwecken vermögen, können dabei zu ungeahnter Macht gelangen. Wozu das einmal führen wird, vermag niemand zu sagen, zumal mit dem Wachstum der großen Wirtschaftseinheiten, mit der Ausdehnung ihrer Einflusssphären zunehmend in Vergessenheit zu geraten droht, dass eine freie Gesellschaft zuerst einmal demokratisch organisiert sein muss und dass sich das nicht zwangsläufig aus dem kapitalistischen Wirtschaften ergibt, wie wir von dem Politikwissenschaftler Benjamin Barber gehört haben. Nicht auszuschließen daher, dass hier aus der Wirtschaft heraus etwas entsteht, das sich zu einer Bedrohung der demokratischen Verhältnisse auswachsen könnte. Denn anders als die leicht zu durchschauenden Dummbeutel am rechten Rand der Gesellschaft können die fraglos genialen Technokraten des Fortschritts unbemerkt, sogar unwillentlich zu einer Machtfülle gelangen, der sie kulturell nicht gewachsen sind. Erstens verfügen sie über das moderne Herrschaftswissen, will sagen über ein Know-how, von dem wir alle mehr oder weniger abhängig sind, ohne es selbst noch zu durchschauen; über 600 Millionen Nutzer zählte allein Facebook Mitte Juni 2011 weltweit, 12,7 Prozent ihrer gesamten Internetzeit verbrachten die Deutschen schon damals in dem »sozialen Netzwerk«. Und zweitens sind diese modernen Erfinder, was die humanistische Bildung anlangt, Dilettanten, für die das technisch Machbare auch das Gebotene ist. Dass das viele richtig finden, dass sie bereit sind, ihr ganzes Leben im Netz auszubreiten, weil es ihnen Spaß macht, sich auszustellen, das eigene oder das Haus der Freunde auf Google Street View anzuschauen, ändert nichts an den Gefahren, die von den technisch motivierten Eliten heraufbeschworen werden. Man mag sich nicht vorstellen, was mit dieser Macht einmal anzufangen wäre. Orwellsche Visionen, Sciencefiction von gestern, die abgetanen Ängste des 20. Jahrhunderts?

»Auf dem Weltwirtschaftsgipfel in Davos Anfang 2008«,

berichtete der Physiker Gerd Leipold später einmal, habe er »mit Vertretern der französischen Atomindustrie über ihre Pläne diskutiert, Atomanlagen zur friedlichen Nutzung an Libyen zu verkaufen.« Leipold, damals noch Geschäftsführer von Greenpeace International, wollte wissen, wie die Manager »dazu kämen, dem verrückten Herrscher Gaddafi solche Technologie in die Hände zu geben«, ob sie nicht daran gedacht hätten, »dass ihr eigenes Land einmal gegen einen wie ihn mit Bomben vorgehen könnte«. Sie hatten sich die Frage nie gestellt, sie konnten sie nicht verstehen. So etwas, erklärten sie Gerd Leipold, »sei eine politische Entscheidung«. Dafür fühlten sie sich nicht zuständig, »sie wollten ihre Ware an den Mann bringen«, weiter nichts. Gäbe es noch einen Bert Brecht oder einen Max Frisch, denen das zu Ohren kommen könnte, würde womöglich ein Theaterstück entstehen, das uns bewusst machte: Hier geht es nicht mehr um den Einzelnen, um die »verdorbenen Charaktere«, die der eingangs zitierte Wendelin Wiedeking für den schlechten Ruf des Kapitalismus verantwortliche machen wollte. Noch geht es um die kapitalistische Wirtschaftsordnung, die sich unterdessen im totalitär beherrschten China und in Putins Russland ebenso entwickelt wie vormals in der freien Welt. Die Anzeichen deuten auf mehr. Sie sind erste Symptome eines Zivilisationsbruchs, der nur zu verstehen ist, wenn man sich genauer mit den Schulen des Dilettantismus befasst.

Über Tische und Bänke

Die Schulen des Dilettantismus

Manchmal, wenn sich eine Gesellschaft ihrer Sache gar zu sicher zu sein scheint, muss man Eulen nach Athen tragen, wieder an das Selbstverständliche erinnern, zum Bespiel an die Tatsache, dass die Moral ein Kulturgut ist, das wir uns aneignen müssen, um darüber verfügen zu können. Weder ist uns das moralische Empfinden angeboren, noch können wir es mit der Muttermilch einsaugen. Weder ist der Mensch von Natur aus gut, noch ist er böse. Wohl aber kann er lernen, zwischen beidem zu unterscheiden, aus dem Wissen heraus, ein Gefühl für das eine wie für das andere zu entwickeln, entsprechend den Vorstellungen seiner Zeit und Kultur. Moral ist nicht gleich Moral, sondern eine gesellschaftliche Übereinkunft. Dem menschlichen Wesen versucht sie so oder so gerecht zu werden, in Australien bei den Aborigines anders als in der industriell geprägten Zivilisation Westeuropas. Dass es eine Moral an sich geben müsste, einen Kodex, der uns gleichsam mitgegeben wäre, wurde immer wieder angenommen, gehofft und gewünscht, bestätigt hat es sich bisher noch nicht. Die Zöglinge der Idealisten gehörten nachher selten zu den Günstlingen des Schicksals. Die existenzielle Orientierungslosigkeit folgte der freiheitlich normlosen Erziehung nur allzu oft auf dem Fuß.

Zwar war Jean-Jacques Rousseau, von der Nachwelt gern als philosophischer Gewährsmann antiautoritärer Erziehung bemüht, in seiner ersten größeren Abhandlung über den Einfluss der Wissenschaft auf die Läuterung der Sitten 1750 noch davon ausgegangen, dass der Mensch ursprünglich gut sei und das Ziel der Erziehung in der Bewahrung dieser Unschuld bestehen müsse, doch stellte er schon zehn Jahre später, in seinem berühmten, 1762 erschienenen »Gesellschaftsvertrag«, fest, dass es des politisch mündigen, das heißt des gebildeten Bürgers bedürfe, um das Gemeinwesen moralisch zu festigen. Nachfolgende Reformpädagogen sind gern wieder hinter diese Erkenntnis zurückgefallen, um einem individualistischen Erziehungsprinzip zu huldigen, bei dem dann oftmals die narzisstische Selbstbestätigung des Erziehers im Vordergrund stand. Auch die zwischen 1890 und 1930 aufblühende Reformpädagogik war diesem Geist entsprungen; auch sie verdankte sich der Lebensreformbewegung, jener Ideologie, die dem Dilettantismus die Gasse schlug; ihre Wege hatten einst über den Monte Verità geführt. Wie die Siedler vom »Berg der Wahrheit« inszenierten die Reformpädagogen in ihren Landschul- und Landerziehungsheimen eine Zivilisationsflucht, die es dem Einzelnen erlauben sollte, sich als das Maß aller Dinge zu begreifen, in seiner eigenen Welt zu sein, was er sein wollte, befreit von den Normen und dem Wettbewerb einer bürgerlichen Leistungsgesellschaft. Dafür gab es, wie wir gesehen haben, gute Gründe, nachdem der Rationalismus der Aufklärung seine Kehrseite offenbart hatte. Die industrialisierte Welt war zu einem Perpetuum mobile geworden, das sich um seiner selbst willen zu drehen schien. Was da war, musste wachsen, um für weiteres Wachstum zu sorgen. Sinnvoll wollte das nicht jedem vorkommen. Da aber der bedrückend empfundene Fortschritt mit wachsendem Wohlstand zugleich die Möglichkeit eröffnet hatte, ihm den Rücken zu kehren, war es naheliegend gewesen, das Experiment alternativer Lebenskonzepte auf den Erziehungsbereich auszuweiten.

Nicht anders als das Freiluftsanatorium auf dem Monte Verità waren Landerziehungsheime wie die 1910 von Paul

Geheeb gegründete Odenwaldschule oder Gustav Wynekens Freie Schulgemeinde Wickersdorf (1906 bis 1932) Exklaven einer wohlhabender versorgten Gesellschaft, Projekt des Idealismus, getragen von der romantischen Sehnsucht nach voraussetzungsloser Selbstverwirklichung. Gegen die herrschende Moral, deren Herleitung aus der christlich-abendländischen Kulturgeschichte zunehmend scheinheilig wirkte, erst recht vor dem Hintergrund des Ersten Weltkriegs, wurde das Ideal einer Moral gesetzt, die dem natürlichen Verlangen des Menschen entsprechen wollte. In diesem Sinn sollten die Schüler zur Selbstverwirklichung ermuntert werden. Ein großes Ziel – nur war es erstens weltfremd, vergleichbar dem Pathos, mit dem die Expressionisten auf die Schrecken des Ersten Weltkriegs reagierten, wenn sie trotzig erklärten: »Der Mensch ist gut«; und zweitens war es in vielen Fällen auch wieder bloß Ausdruck einer perfiden Scheinheiligkeit, insofern die propagierte Freizügigkeit manchen Lehrern dazu diente, ganz andere Leidenschaften moralisch zu bemänteln.

Spätestens seit dem Bekanntwerden Dutzender Missbrauchsfälle an der Odenwaldschule, dem reformpädagogischen Vorzeigeinstitut überhaupt, muss die Öffentlichkeit zur Kenntnis nehmen, was lange schamhaft verschwiegen wurde, dass die reformpädagogischen Internate zwar nicht nur, aber doch in erschreckendem Ausmaß und seit jeher Brutstätten der Pädophilie gewesen sind. Schon Paul Geheeb, die Gründerfigur der Landerziehungsheime, ließ sich, wie der Odenwaldschüler Klaus Mann erinnerte, am Abend die Mädchen aufs Zimmer kommen; später dann als älterer Herr ging er zum Nacktduschen mit den Knaben in den Keller. In dieser Hinsicht können es die Reformpädagogen durchaus mit den Päderasten des katholischen Klerus aufnehmen. Selbstverständlich gilt das nicht für jeden einzelnen, nicht für die

Mehrheit der engagierten Lehrer, ganz sicher aber für den Stand, da er das kollektive Verschweigen organisierte, was umso leichter fiel, als den Reformpädagogen anders als den Kirchenmännern von vornherein der Bonus des Fortschrittlichen eingeräumt wurde. Einer der Täter an der Odenwaldschule, der Kunstlehrer Dietrich Willier, gehörte nach seiner Lehrerzeit zu den Gründern der Berliner *taz*, deren Autor Elmar Kraushaar noch 1995 angesichts einer stärkeren öffentlichen Verurteilung der Pädophilie von einem Sieg der »stramm Konservativen« über den Fortschritt, von »der Erpressung der Rechten« sprach. Tatsächlich hatten die Päderasten nach 1968 als durchaus salonfähig gegolten. 1977 konnte man im Frankfurter Sponti-Magazin *Pflasterstrand*, herausgegeben von Daniel Cohn-Bendit, lesen: »Wenn wir uns als Menschen begreifen, die gegen jede Unterdrückung kämpfen, dann gilt es auch für Päderasten ... Wir tun den Kindern ja Gewalt an, wenn wir auf ihre sexuellen Bedürfnisse nicht reagieren.« Ähnlich argumentierten später der unterdessen verstorbene Gerold Becker, langjähriger Direktor der Odenwaldschule, und sein Lebensgefährte Hartmut von Hentig, der mit Schiller-, Lessing-, Freud- und anderen Preisen geehrte Doyen bundesdeutscher Erziehungswissenschaftler. Bis heute will er glauben machen, dass die Verführung von den Knaben ausgegangen sei, die Pädophilie gleichsam ein Akt pädagogischer Zuwendung, nichts als »freundliche Annäherung« gewesen sei.

Wie jeder gewöhnliche Dilettant kaprizierten sich Reformpädagogen vom Schlage eines Gerold Becker auf die Rolle, in der sie sich gefielen, die ihnen die Möglichkeit gab, Selbstbestätigung in der Herrschaft über andere zu finden, eine Macht auszuüben, unter der die verführten Kinder in die Abhängigkeit von Lehrern gerieten, die zu Idolen wurden. Das alles unter dem Deckmantel einer »freien« und ganzheitlichen Erziehung, einer »Persönlichkeitsbildung«, von der es hieß, dass sie zur Selbstverwirklichung befähigen würde. An prominenten Beispielen, die den »Erfolg« dieser Erziehungsmethode bestätigen sollen, fehlt es nicht; und richtig ist sicher, dass die Starken unter diesen Bedingungen – wie unter jeglicher Belastung – noch stärker werden konnten. Doch selbst der in dem Zusammenhang oftmals genannte Klaus Mann, Odenwaldschüler Anfang der zwanziger Jahren des vorigen Jahrhunderts, hat nachher mehrere Selbstmordversuche unternommen, den tödlichen letzten 1949 im Alter von 43 Jahren. Selbst wenn man dieses tragische Ende nicht kurzschlüssig mit dem Aufenthalt an der Reformschule in Verbindung bringen darf, zeigt sich doch, dass die Erziehungsexperimente nicht den Halt zu geben vermochten, den sich viele Eltern erhofften, den sie sich mitunter noch heute davon versprechen möchten. Wie hätte das auch möglich sein sollen, da das Ganze – und allein deshalb ist es hier von Interesse – sozusagen auf einer Privatmythologie gründete, auf den Wunschvorstellungen einer zivilisationsmüden Klientel, die sich ihre eigene Welt erfinden wollte und dafür mit der Erziehung ihrer Nachkommenschaft experimentierte wie die Siedler auf dem Monte Verità mit dem Gemüseanbau. Ein unerhörter Vergleich? Ja. Nur liegt die erkennbare Blasphemie in der Sache begründet, nicht in ihrer sprachlichen Verdeutlichung.

Der ganze philosophische Aufwand, die Rückgriffe auf Platon, die Knabenerziehung in der Antike oder auf Rousseau, nicht zu reden von der Anlehnung an den George-Kreis mit seiner ästhetisierenden Jünglingsverehrung, diese geradezu religiöse Verheißung eines neuen, weil ursprünglichen, nicht mehr entfremdeten Lebens durch die Entdeckung des eigenen Verlangens, diese pathetische Aufwallung ändert nichts daran, dass es sich dabei um die Experimente pädagogischer Dilettanten handelt. Ihre Ideologie, teleologisch kompiliert aus Versatzstücken der Kulturgeschichte, diente seit jeher der theoretischen Untermauerung subjektiver Ansprüche, der Bewältigung persönlicher Probleme. Dem hatte das Patchwork der neuen Moral zu entsprechen. Unter dem der Philosophiegeschichte entlehnten Leitgedanken »Werde, der du bist« sollte eine Jugend erzogen werden, die vor allem dem Wunschbild ihrer Erzieher entsprach. Gewiss, dieser Versuchung waren die Lehrer zu allen Zeiten ausgesetzt, doch erst im Lauf des letzten Jahrhunderts, in dem Maße, in dem das egozentrisch orientierte Individuum an Bedeutung gewann, konnte sich ein pädagogischer Reformismus entwickeln, der nachhaltigen Einfluss auf das Kulturgut der Moral gewann, indem er es als gesellschaftliche Übereinkunft in Frage stellte. Das soll nicht heißen, dass besser immer alles beim Alten geblieben wäre. Die Rohrstock-Schule des wilhelminischen Kaiserreiches wäre der Zukunft nicht gewachsen gewesen; untragbar war die charakterverletzende Brutalität. In den erschütternden Schulgeschichten des frühen 20. Jahrhunderts, in Erzählungen und Novellen von Rainer Maria Rilke, Hermann Hesse, Robert Musil oder Franz Werfel, sind diese Erfahrungen literarisch aufgehoben. Allerdings ist diese Literatur auch noch erfüllt vom Glauben an eine Moral, deren Wertvorstellungen sich aus der humanistischen Tradition der bürgerlichen Zivilgesellschaft ergaben.

Bezugspunkt dieser Moral war das große Ganze, in dem der Einzelne persönliche Freiheit erlangte, wenn er die Spielräume der anderen respektierte. Es galt der »kategorische Imperativ« Immanuel Kants, demzufolge jeder für sich »nach derjenigen Maxime« handeln sollte, von der er zugleich wünschen konnte, »dass sie ein allgemeines Gesetz werde«, also auch von den anderen und gegebenenfalls gegen ihn selbst angewendet werden könnte. Gerät das in Vergessenheit, wird es gar als Bildungsgut zum alten Eisen geworfen, verliert der Einzelne seine Orientierung und den Schutz der Gesellschaft, an die Stelle der Toleranz – einer Errungenschaft der europäischen Aufklärung, also der Bildung – tritt der Dogmatismus der Mächtigen. Dagegen haben die Moralphilosophen den Schutzwall der ethischen Bildung errichtet. Und die alltägliche Verletzung dieser Gebote, das menschliche Ungenügen, besagte nie etwas gegen ihre moralische Verbindlichkeit, ihre ideelle Bedeutung für die Konstituierung des bürgerlichen Gemeinwesens. Aufgekündigt wurde der Konsens erst, als man glaubte, die Moral privatisieren zu können und einem moralischen Pragmatismus Vorschub leisten zu müssen, der es erlaubt, die ethischen Normen so zu bestimmen, wie es die individuellen Ansprüche verlangen. Dass das zunächst, unter den Bedingungen ausgesprochen autoritär strukturierter Gesellschaften, wie sie die Donaumonarchie und das deutsche Kaiserreich darstellten, ein Akt der Befreiung war, ist unbestritten, ändert allerdings nichts daran, dass damit zugleich die Entwicklung eines moralischen Selbsthelfertums befördert wurde, wie wir es heute erleben müssen. Gleichgültig, ob es in den Schulen, in der Politik oder in der Wirtschaft über Tische und Bänke geht, das jeweilige Tun ist unterdessen stets durch den begrenzten, den unmittelbaren, den individuellen Zweck gerechtfertigt.

Die französischen Atommanager, von denen wir berichtet haben, waren sich, als sie mit dem irrsinnigen Gaddafi über die Lieferung von Anlagen zur Kernspaltung verhandelten, keiner Schuld bewusst. Ihr Geschäft war der Verkauf von Atomanlagen, daraus ergaben sich die Standards des Handelns. Verantwortungslos wären sich die Manager vorgekommen, hätten sie nicht versucht, den Deal abzuschließen. Darüber, dass sie im Begriff waren, die Kerntechnologie einem unberechenbaren Diktator in die Hand zu geben, haben sie nie nachgedacht. Die größeren, die über den unmittelbaren Zweck hinausgehenden Zusammenhänge kamen ihnen so wenig in den Sinn wie der deutschen Bundeskanzlerin, als sie die chinesischen Kommunisten im Juni 2011, anlässlich eines Staatsbesuches in Berlin, dazu einlud, deutsche Staatsanleihen in größerem Umfang aufzukaufen, um dem Euro kurzfristig aus der Krise zu helfen. Der Gedanke an die über den Tag hinausgehenden Folgen eines solchen Engagements, an den politischen Einfluss, den eine totalitäre Macht über die Wirtschaft zu gewinnen versuchen könnte, schien Angela Merkel nicht mehr zu bewegen als die französischen Manager bei ihren Verhandlungen mit Gaddafi.

Das pragmatisch reduzierte Moralverständnis ist längst zur Geschäftsgrundlage geworden. Im Großen wie im Kleinen entspricht es dem Geist einer Zeit, die mehr und mehr geprägt wird vom Persönlichkeitsanspruch vereinzelter Individuen. Deshalb auch konnte die Reformpädagogik zunehmend in die Gesellschaft ausstrahlen. Ihr Einfluss blieb, ungeachtet offizieller Ablehnung, keineswegs auf den engen Bereich der ausgewiesenen Einrichtungen alternativer Erziehung beschränkt. Der Wegfall der Kopfnoten verdankt sich ihr ebenso wie die »Entrümpelung« der Lehrpläne zugunsten einer Kompetenz-Erziehung, die den Lernenden lieber ermuntert, die Welt so zu begreifen, wie sie ihm vorkommt, als dass sie ihn mit der Vermittlung verbürgten Wissens und ererbter Wertmaßstäbe einschüchtert. Bewerten kann man das unterschiedlich, als eine Form zeitgemäßer und mithin effektiver Persönlichkeitsbildung oder als eine ambitionierte Methode der Verdummung, in jedem Fall aber sollte man erkennen, dass das letztendlich auf den Bruch mit den gewachsenen

Formen unserer Zivilisation hinauslaufen muss, will sagen, auf die Erziehung professioneller Dilettanten.

Davon, dass das ökonomisch notwendig sein könnte, weil wir aufpassen müssen, von der Entwicklung, die wir vorantreiben, nicht abgehängt zu werden, war bereits im Zusammenhang mit der Wirtschaft die Rede. Das erfahren wir täglich im Wettlauf mit der Software des eigenen Computers. Damit haben wir uns abgefunden, das will uns kaum noch auffallen. Wie aber verhält es sich mit dem, was dahintersteckt, mit dem ethischen Überbau, unter dem die Gesellschaft zusammenfindet, sodass ein jeder geborgen ist. Können wir uns auch da als Dilettanten durchmogeln? John Stuart Mill, Ökonom, Philosoph und leidenschaftlicher Verfechter des Liberalismus im 19. Jahrhundert, hätte sich das noch nicht vorstellen können. Sosehr der Anhänger des Utilitarismus auf der individuellen Freiheit bestand, so überzeugt war er, dass diese Freiheit eigenverantwortlichen Handelns, die moralische Unabhängigkeit, allein durch Bildung zu erlangen sei. Zu ihrer Aneignung sah er jeden Bürger verpflichtet, während es der Gesellschaft obliegen sollte, dafür die nötigen Voraussetzungen zu schaffen – erstens indem sie die erforderlichen Einrichtungen, Schulen und Universitäten, unterhält, und zweitens, indem sie die Bildung als ein gewachsenes Kulturgut respektiert und weiterreicht. Das verstand sich von selbst, seinerzeit. Wie aber verhält es sich heute damit? Können Schulen und Universitäten dieses Ethos überhaupt noch bewahren, wenn sie mit immer neuen Reformen auf die Linie der Tagespolitik gebracht werden, einmal in diese und ein anderes Mal in die entgegengesetzte Richtung marschieren müssen? Was ist von einem Bildungswesen zu erwarten, das sich zunehmend auf den Drill methodischer Fertigkeiten konzentriert, um sich aus allem anderen nach Möglichkeit herauszuhalten? Wie soll ein ethisches Bewusstsein entstehen, wenn das persönliche Verhalten der Schüler nicht mehr bewertet, die Benotung nur mehr als Einschränkung freier Persönlichkeitsentwicklung angesehen wird? Brauchen wir stattdessen einen »Bücher- und Spielekoffer«, wie ihn das Land jetzt verteilen will, um die Kinder schon im Vorschulalter, ab dem vierten Lebensjahr, über Homosexuelle, »Lesben, Schwule, Bisexuelle, trans- und intergeschlechtliche Menschen« aufzuklären? Kann die Gesellschaft nachher mit diesem enthemmten Nachwuchs zurechtkommen? Allein mit Gesetzen und Verordnungen lässt sich kein Gemeinwesen dauerhaft regieren, oder doch nur unter diktatorischen Verhältnissen. In der Demokratie braucht es ein moralisches Bewusstsein, und zwar eines, an dem alle noch teilhaben, nicht die Privatmoral, mit der sich die Stärkeren auf den Schulhöfen prügelnd durchsetzen, während sie als Banker mit dem Habitus eines Gordon Gekko Millionen verzocken und sich als Politiker in der feudalen Machtentfaltung ihrer Ämter gefallen.

Um zu erkennen, welche Gefahren hier lauern, muss man nur die Zeitung aufschlagen. Vom politischen Leitartikel über die Wirtschaftsmeldung bis zur Gerichtsreportage bietet sie das alltägliche Abbild einer Gesellschaft von Einzelgängern, die immer mehr das Maß zu verlieren drohen. Politischer Betrug ist an der Tagesordnung, Lügen gelten als diplomatische Finesse; Gewaltverbrechen werden begangen, weil jemand spüren will, »wie es sich anfühlt, wenn man einen Menschen umbringt«; Kapitaldelikte erwachsen nicht mehr aus der puren Not, sondern aus »sportlichem Ehrgeiz«; wer einen Fremden in der Öffentlichkeit halbtot schlägt oder dem eigenen Sohn mit einem Hammer hinterrücks den Schädel zertrümmert, wie 2011 in Berlin geschehen, hat »einfach mal seinen Frust herauslassen« müssen. Selbst wenn man hier einräumen muss, dass derartige Vorkommnisse noch immer Einzelfälle sind und die bürgerliche Gesellschaft in toto keine Bande von Gaunern und Galgenvögeln ist, zeigt die Häufung der Fälle, dass etwas im Argen liegt, dem mit pädagogischer Gutgläubigkeit, der Hoffnung auf die charakterliche Selbstheilung, nicht beizukommen sein wird. Das Wort von der Wohlstandsverwahrlosung, das sich in dem Zusammenhang eingebürgert hat, erfasst den Sachverhalt jedoch nur unzureichend. Denn es ist nicht der Wohlstand, der die Verwahrlosung nach sich zieht. Wer alles hat, hat noch lange nicht den Mut, einem anderen zum Spaß den Schädel einzuschlagen. Dazu bedarf es mehr, einer Enthemmung, wie sie sich aus dem Fehlen moralischen Bewusstseins ergibt, weshalb man treffender von einer Bildungsverwahrlosung sprechen sollte.

Was aber ist da eigentlich bedroht, was umfasst der Begriff der Bildung, dass wir ihm eine solche Bedeutung beimessen? Es lohnt sich hier, zunächst eines der großen deutschen Wörterbücher aufzuschlagen, etwa den *Wahrig*, in dem es heißt, zur »Bildung« gehöre »geistige u. innere Formung, Vervollkommnung, geistiges u. inneres Geformtsein des Menschen, vielseitige Kenntnis, verbunden mit Geschmack, Urteil, Sinn für Werte, Anstand, Takt und Herzensgüte«. Herausgebildet hatte sich dieser neuhumanistische Bildungsbegriff, demzufolge Wissen und Ethik eine Einheit bilden, mit der Ausbreitung des aufklärerischen Denkens. Wilhelm von Humboldt, Gelehrter und Politiker, preußischer Staatsminister und Zeitgenosse der Weimarer Klassik, Freund Goethes und Schillers, hatte diesem umfassenden Bildungsverständnis als Erster zu politischer Geltung verholfen. Mit der von ihm betriebenen Einrichtung der Berliner Universität und des humanistischen Gymnasiums verankerte er es institutionell. Zu den ersten Professoren der 1810 gegründeten Friedrich-Wilhelm-Universität, der heutigen Humboldt-Universität, gehörten sein Bruder, der weltreisende Naturforscher Alexander von Humboldt, die Sprachforscher Jacob und Wilhelm Grimm, die Philosophen Johann Gottlieb Fichte und Georg Wilhelm Friedrich Hegel. Natur- und die Geisteswissenschaften sollten sich in einem »Unterricht« vereinigen, der »auf den Menschen überhaupt geht« und alles verbindet, »was unmittelbar für die moralische Cultur der Nation geschieht«, also »der geistigen und sittlichen Bildung« gleichermaßen dient. Dass die Moral als innerer Halt des Menschen der Bildung bedürfe, stand für Wilhelm von Humboldt außer Frage. »Denn«, so schrieb er in seiner »Theorie der Bildung des Menschen«, »nur so ist eine Fortdauer der einmal erworbenen Vorzüge möglich, und ohne diese, ohne den beruhigenden Gedanken einer gewissen Folge in der Veredelung und Bildung, wäre das Daseyn des Menschen vergänglicher, als das Daseyn der Pflanze, die, wenn sie hinwelkt, wenigstens gewiss ist, den Keim eines ihr gleichen Geschöpfs zu hinterlassen.«

Solange sich die Menschen in der Gegenwart noch mit dem Gedanken an die Zukunft, die Zeit nach ihnen, eingerichtet hatten, sich somit in eine historische Entwicklung eingebunden fühlten, suchten sie zwangsläufig Sicherheit im Anschluss an die Geschichte zu gewinnen, im familiären wie öffentlichen Bereich. Das Heute war ohne das Gestern nicht vorstellbar. Wenn man beides zusammennahm, hoffte man sich ausmalen zu können, was morgen sein würde. Daran bestand ein vitales Interesse. Die Kulturen hatten nach der Vorstellung von Sigmund Freud einen Lebenszyklus, zu dem die Geburt ebenso gehörte wie der Tod. Und an irgendeinem historischen Punkt dieser kulturhistorischen Vita ereignete sich dann das eigene kleine Leben; es war eingebunden, aufbauend auf der Vergangenheit. Für Hegel, sagt Golo Mann, sei die Gegenwart

»geronnene Vergangenheit« gewesen. Diese wurde nach dem Verständnis des Philosophen dialektisch »aufgehoben«: überwunden und zugleich auf einer höheren Ebene bewahrt. Der Prozess, die Geschichte der Menschheit, konnte evolutionär oder auch revolutionär verlaufen, in jedem Fall aber setzte er die intellektuelle Aneignung des Vorhandenen durch Bildung voraus. So hat sich über Jahrtausende das geistige Gerüst unserer Gesellschaft herausgebildet: die christlich-abendländische Kultur mit ihrem humanistischen Ethos. Ob wir das nun auf den Begriff der »Leitkultur« bringen wollen oder nicht, es ist dies das moralische Fundament, auf dem wir stehen, auch noch unter den Bedingungen der Globalisierung. Daran lässt sich ebenso wenig deuteln wie an der Tatsache, dass uns das Wissen um diese kulturhistorische Einbindung allmählich entfällt, und zwar in dem Maße, in dem wir den Zweck des Lebens in der Erfüllung gegenwärtiger Bedürfnisse erkennen. Dieses Dasein im Augenblick, zu dem die glücksversprechenden Wohlstandstherapeuten landauf, landab raten, bedarf keiner historischen Versicherung mehr. Moralisch erlaubt es uns eine individualistische Ausrichtung des Lebens, die voraussetzungslose Selbstverwirklichung. Da wir uns nur noch selbst entsprechen müssen – werde, der du bist –, eröffnen sich völlig neue Entfaltungsmöglichkeiten, Spielräume im wahrsten Sinne des Wortes. Erlöst von dem inneren Zwang, uns in größere Zusammenhänge einordnen zu müssen, können wir sein, was wir sein wollen. Erstmals haben wir die Chance, als Dilettanten gesellschaftlich anerkannt unser Glück zu machen, an der Börse, auf dem Kunstmarkt oder in der Politik. Und das alles verbunden mit dem Versprechen freier Persönlichkeitsentfaltung.

Was letztlich das Ergebnis dieses Fortschritts sein wird, bleibt abzuwarten. Erleben wir doch gerade Konflikte, die sich als erste Anzeichen eines kommenden Zivilisationsbruchs deuten lassen, als Wetterleuchten einer Zukunft, die sich aus der Vergangenheit nicht mehr weissagen lässt. Weil die Gesellschaft das Gefühl für die Bedeutung ihres Herkommens zu verlieren droht, treibt sie zunehmend ins Ungewisse. Der Halt geht verloren. Schein und Sein driften mit wachsender Geschwindigkeit auseinander. Einerseits beruft sich das moderne bürgerliche Gemeinwesen, was seine ethischen Grundsätze anlangt, nach wie vor auf die Moral als überliefertes Kulturgut, andererseits verlieren diese Grundsätze ihre Bedeutung, da es mehr und mehr an einer Bildung mangelt, die zu ihrer aktiven Anwendung befähigte. Das klingt vertrackter, als es ist. Ungeschminkt könnte man auch sagen, dass es immer mehr Menschen gibt, die nicht mehr wissen, was sich gehört, weil es ihnen niemand mehr beibringt. Nachkommen, die trudeln, weil ihnen der erzieherische Beistand versagt geblieben ist – versagt von einer Generation, die kaputtmachen wollte, wovon sie, ihrerseits jugendlich erregt, allzu pauschal annahm, dass es sie kaputtmacht. Der sozialen Träumerei folgte die individuelle Enthemmung stante pede. Und dabei geht es dann eben nicht nur um die Ausbreitung schlechter Tischsitten, um das Messerablecken bei Tisch, sondern um die Brutalisierung der Gesellschaft, um verwüstete Stadtviertel in London oder abgefackelte Autos in Berlin, um eine Gewalt in der Öffentlichkeit, die zur Alltäglichkeit zu werden droht. In vielen Schulen führt dieser ungezügelte Durchsetzungswille der Starken heute bereits zu einer Lahmlegung des Unterrichts. Zu bedenkenloser Spekulation befähigt er in der Wirtschaft, während er auf der politischen Ebene Machtkämpfe entfesselt, bei denen mit der Demokratie Schindluder getrieben und der Wähler zum Narren gehalten wird. Über die Folgen dieser Entfesselung der Instinkte wurde hier schon ausführlich gesprochen, gezeigt, in welcher Selbstherrlichkeit die Politiker dabei erstrahlen und wozu es führt, wenn durchgeknallte Sparkassendirektoren mit den Rücklagen ihrer Sparer losziehen, um auf den internationalen Finanzmärkten den großen Max zu markieren. Durchweg Ergebnisse einer dilettantischen Selbstverwirklichung, bei der es nur noch darauf ankommt, sich selbst zu gefallen.

Geradezu antiquiert muten vor diesem Hintergrund die Ideale eines Wilhelm von Humboldt an, erst recht wenn man bedenkt, dass die »Veredelung« des Menschen durch Bildung nichts gegen den Terror der Diktatoren vermochte, weder unter den Nationalsozialisten noch unter den Kommunisten. Diese Rechnung kann man aufmachen. Man muss dann aber zugleich sehen, dass sich die demokratisch verfassten Zivilgesellschaften bisher noch immer und trotz allem durch ihren Bildungsstolz auszeichnen wollten. Nicht zuletzt durch den Glauben an die humanistische Erziehbarkeit suchten sie sich von den totalitären Systemen abzuheben, von der Gesellschaft der Banausen zu unterscheiden. In seinem Lebensrückblick »Ein Zeitalter wird besichtigt« erinnerte sich Heinrich Mann 1946 an die Weimarer Republik als einen Staat, in dem nachgerade französische Verhältnisse geherrscht hätten, weil der Geist etwas gegolten habe. »Die Schriftsteller«, heißt es dort, »standen bei der Menge, einer erheblichen Menge aus arm und reich, nicht nur im Ansehen, sie waren ihr bekannt. Ein Mittelstand, der umfänglicher wurde mit dem Anwachsen einer gehobenen Arbeiterschaft, ließ sich nicht mehr genügen an den literarischen Äußerungen des Augenblicks: Die Leute fingen an, die Zusammenhänge des Geschehens zu beachten. Das ist aber das Erste. Eine nationale Gemeinschaft muss urteilen lernen bis in ihre Vergangenheit, damit sie endlich über sich selbst bestimmt.«

Abgesehen von aller Verklärung, die sich in die Erinnerung des vertriebenen Schriftstellers – er lebte seit 1933 im Exil, hatte über die Tschechoslowakei, Frankreich und Spanien nach Kalifornien fliehen müssen – eingeschlichen haben mag, bestätigt der Rückblick das Wesentliche: Demokratie und Bildung gehören zusammen, was nicht heißt, dass der studierte Bürger der bessere Demokrat sein muss. Bildung ist, sie war schon seit jeher etwas anderes als Ausbildung, nicht zu verwechseln mit dieser oder jener fachlichen Qualifikation. »Nicht das Maß des Wissens, sondern seine Verschmelzung mit der Persönlichkeit, das selbständige Verfügenkönnen ist dabei entscheidend«, heißt es im »Philosophischen Wörterbuch« unter dem Stichwort »Bildung«. Die reine fachliche Ausbildung mag den Anspruch des Einzelnen auf einen höheren Posten begründen, ein besonderes Verständnis der ethischen Grundwerte als geistige Basis der Demokratie muss sich daraus keineswegs ergeben, Verantwortungsbewusstsein ebenso wenig. Schlips und Kragen haben die Banker nicht daran gehindert, mit den Doctores der Politik gemeinsame Sache zu machen, um den Steuerzahlern im Zuge der Finanzkrise dreist in die Tasche zu greifen. Auch kommt es, so wünschenswert das wäre, nicht darauf an, dass jeder Einzelne über ein ausgesprochen breit gefächertes Bildungsspektrum verfügt, fachlich und zugleich musisch, historisch, politisch gebildet ist. Dieser Anschein wird oft genug erweckt. Dafür paradieren die Spitzen der Gesellschaft bei den Premieren der Bayreuther wie der Salzburger Festspiele. Nur sagt das nichts über die Bedeutung, die der Bildung gesellschaftlich zugemessen wird. Die entscheidende Frage ist, ob überhaupt noch die gemeinschaftliche Vorstellung existiert, dass es etwas geben könnte, bei dem es auf mehr als den eigenen Vorteil ankommt, das es um seiner selbst willen zu bewahren gilt.

Solange sich nämlich die Bildung der besonderen Wertschätzung einer Gesellschaft erfreut, genießt sie, wie von Heinrich Mann erinnert, auch den Respekt derer, die über dieses Kulturgut noch weniger verfügen. Die Prachtbauten, die das aufstrebende Bürgertum der Bildung errichtete, die stolzen Bibliothekspaläste, die herrschaftlichen Universitätsgebäude, die Museen und Galerien weckten auch das Bildungsinteresse der Arbeiterschaft. Bereits in der zweiten Hälfte des 19. Jahrhunderts expandierten die im Vormärz entstandenen Arbeiterbildungsvereine; in den zwanziger Jahren des vorigen Jahrhunderts erlebte das Volkshochschulwesen einen rasanten Aufschwung. Einem totalitären, dem nationalsozialistischen System sollte es vorbehalten bleiben, diese Bildungsbewegung zu zerschlagen. Im Dritten Reich Adolf Hitlers galt der Sport, die körperliche Ertüchtigung mehr als die geistige, ganz ähnlich wie nachher in der DDR, wobei es die Ideologen verstanden, sogar noch Brücken zu den Reformpädagogen und deren erklärter Intellektuellenfeindlichkeit zu schlagen. Dass sich das Wissen um die freiheitsstiftende Bedeutung der Bildung allerdings auch verlieren kann, ohne dass es ideologisch verdrängt wird, müssen wir gegenwärtig erfahren. Unter dem selbst auferlegten Druck beschleunigter Wohlstandsvermehrung durch forciertes Wachstum sind wir unversehens in den Zustand einer Bildungsverwahrlosung geraten, die vielen schon wieder wie eine historische Notwendigkeit vorkommen will. Oder wie sonst soll man sich etwa das Feuerwerk der Schul-, Bologna-, Rechtschreib- und sonstiger Reformen erklären, bei denen es stets um das Gleiche geht, um eine »Verschlankung« der vorhandenen Bildungsangebote, um deren Reduzierung auf das, was gerade noch für das berufliche Funktionieren notwendig scheint.

Warum musste in Deutschland die gymnasiale Schulzeit

von dreizehn auf zwölf Jahre verkürzt werden? Gab es dafür bildungsinterne Gründe, lernen die Schüler heute schneller? Oder sollen sie nur die Schule schneller hinter sich bringen, um dann nach einem ebenfalls verkürzten Studium möglichst frühzeitig auf den Arbeitsmarkt geschleust zu werden? Kann diese Rechnung aufgehen, wo doch viele das gewonnene Jahr erst einmal für eine Auszeit nach dem Schulstress nutzen? Gegen eine zügige Ausbildung gibt es nichts einzuwenden, der »verbummelte Student« war immer nur als literarische Figur eine amüsante Erscheinung. In der Realität konnte ihn die Gesellschaft ertragen, brauchen konnte sie ihn nie. Braucht sie aber den durchgeschleusten Studenten, der ein Blockseminar, ein »Modul« nach dem anderen abhakt wie der japanische Tourist die Stationen einer Europatour? Ist uns mit Absolventen geholfen, die schon im dritten Semester nichts mehr von dem wissen, was sie im ersten ein für alle Mal abgeschlossen haben? Kann da noch jemand lernen, die Dinge im Zusammenhang zu erfassen, und damit jenen entscheidenden Schritt zu machen, der den Fachmann vom Dilettanten unterscheidet? Brauchen wir ein Turbo-Abitur, das die Universitäten zwingt, den Studenten nach der Immatrikulation erst einmal Nachhilfeunterricht zu geben, damit sie sich die Grundlagen geistigen Arbeitens aneignen können, nicht selten das Lesen, Schreiben und Rechnen? »Ein deutsches Abitur«, sagt der Kulturhistoriker Günther Lottes von der Potsdamer Universität, »ist längst keine Garantie mehr für ausreichende Kenntnisse der älteren deutschen, geschweige denn europäischen Geschichte.« Und damit hat es noch keineswegs sein Bewenden. Weitere Fragen drängen sich auf. Was ist etwa von Studienplänen zu halten, deren Umfang nach den Bologna-Vorgaben so gestaltet sein muss, dass die Student nicht mehr als 1800 Stunden im Jahr, das entspricht einer 38-Stunden-

Woche mit sechswöchigem Jahresurlaub, lernen müssen? Ist das alles noch halbwegs vernünftig, diese sozusagen gewerkschaftlich strukturierte Fließbandbildung? Grenzt es nicht an Verhöhnung, dass dieser Unsinn als Bologna-Reform europaweit durchgedrückt wird, verziert mit dem Namen der ältesten Universitätsstadt des Kontinents?

Das Bessere wird gegen das weniger Gute eingetauscht. Statt der renommierten Diplome müssen die Universitäten fortan BA- und Masterzeugnisse ausstellen, nur weil das alle anderen ebenso tun, alle, die die altehrwürdigen europäischen Universitäten, die deutschen und die österreichischen zumal, um den Rang ihrer Abschlüsse beneideten, als er ihnen selbst noch etwas galt. Sogar der Dipl.-Ing., das akademische Markenzeichen des weltweit geschätzten deutschen und des österreichischen Ingenieurstudiums, wurde von der Politik über Bord geworfen; nur wenige Universitäten – Aachen, München, Berlin, Darmstadt – wagten wie die Montanisten in Leoben in der Steiermark den Aufstand dagegen. Merkt wirklich niemand, wie man sich da vergreift? Ist das florierende Reformgeschäft nicht selbst schon Ausdruck jenes Bildungsnotstandes, den es zielstrebig ausbaut – unter der Führung von Politikern, Pädagogen und Ökonomen, die oft selbst nicht mehr über das verfügen, was sie abschaffen wollen, die keinen Begriff mehr haben von der Bildung, von ihrer gesellschafts- und moraltragenden Bedeutung? Wie sollten sie auch dazu kommen, wenn die Bildung nur mehr als ökonomischer Faktor relevant ist, das Controlling auf Prozessbeschleunigung besteht und die umfassender Gebildeten angesehen werden, als hätten sie sich auf Kosten der anderen etwas unter den Nagel gerissen, von den Privilegien einer sozial fragwürdigen Elite profitiert.

Man kann es drehen und wenden, wie man will, am Ende

läuft es stets auf das eine hinaus: Die »Wissensgesellschaft« ist zur Spielwiese der Dilettanten geworden. Sie selbst haben sie proklamiert. Vor dem Zweifel, dass der formulierte Anspruch womöglich mehr verlangen könnte, als sie aufzubringen vermögen, bewahrte sie die eigene Einfalt. Eben daraus, aus der Unfähigkeit, die Konsequenzen ihres Tuns ermessen zu können, resultierte die Tatkraft der Pfuscher zu allen Zeiten. Noch ein Kapitel für sich ist es aber, wie sie jetzt tatkräftig darangehen, das Bildungswesen zu reformieren, werden doch dabei Weichen gestellt, die den Zug der Gesellschaft in die Zukunft lenken. Wer selbst nur nach den Methoden des Dilettantismus ausgebildet wird, wer lernt, dass es – so die Pisa-Grundsätze – weniger auf das »erlernte Wissen« als vielmehr auf »die Vermittlung von Problemverständnis und Lösungsfähigkeit« ankommt, der wird später auch wenig Verständnis für die Bewahrung überlieferter geistiger Werte aufbringen. Er wird irgendwann nicht mehr einsehen, warum er seine Zeit überhaupt mit deren Aneignung vertun soll. Schon heute setzt doch, wer seine Kinder für das Leben ausrüsten will, alles daran, dass sie so schnell wie möglich über den BA- zum Masterabschluss kommen und keinesfalls der Versuchung erliegen, ihre besten Jahre für eine klassische Bildung, wie sie noch Wilhelm von Humboldt vorschwebte, hinzugeben. »Immerhin ist es beruhigend zu wissen, dass man auch ohne Wissen in einer Wissensgesellschaft Erfolg haben wird«, spottet der Wiener Philosoph Konrad Paul Liessmann. Und zu fürchten ist unterdessen, dass das von vielen bereits für bare Münze genommen wird. Denn auch das Verständnis der Ironie setzt eine kulturelle Bildung voraus, die ohne die durchdringende Aneignung überlieferten Wissens nicht zu haben ist. Wo das zur Nebensache wird, wächst zwar die Freiheit voraussetzungsloser Selbstverwirklichung, niemand muss sich durch überkommene Maßstäbe länger noch irritieren lassen, zugleich aber verkürzt sich die menschliche Perspektive mit dieser Gegenwartsfixierung auf den Horizont der Eintagsfliegen. Wir schnippen uns selbst aus der Geschichte und verlieren dabei das Verständnis für die ethischen Grundwerte, auf denen der Erfolg unserer Zivilisation aufbaut.

Konservative, in der Bildungstradition verwurzelte Kritiker fürchten daher, dass wir der Zukunft, in deren Namen die Bildungsreformer zu handeln vorgeben, bald nicht mehr gewachsen sein könnten. Einer aus diesem kleinen Häuflein der Unbelehrbaren ist der Didaktiker Fritz Reheis. »Bildung contra Turboschule« lautet der sprechende Titel eines Buches, mit dem er 2007, gestützt auf eine zwanzigjährige Erfahrung als Gymnasiallehrer, Alarm schlug. »Bildung ist«, schreibt Reheis, »im Kern Erschließung der äußeren und inneren Welt des Menschen. Diese Welt ist heute tendenziell global, in ihr hängt fast alles mit allem zusammen. Auf einem enger werdenden Globus kann der Mensch als Gattungswesen nur überleben, wenn er zum vernetzten Denken befähigt und zur Anerkennung des anderen, die auch die Übernahme von Verantwortung für ihn einschließt, bereit ist. Wenn nun aber die Turboschule die Welt in Fächer und Wissenshäppchen als Tauschmittel für den Kampf um gesellschaftliche Berechtigungsscheine zerreißt, wenn sie den Menschen zum Einzelkämpfer erzieht und wenn dies alles unter einem zunehmenden Zeitdruck stattfindet, könnte sich das auf längere Sicht als verhängnisvoll erweisen.«

In der Verlustanzeige haben wir es wieder, Humboldts Erziehungsideal, die zukunfsträchtige Verbindung von Bildung und Moral, jetzt kontrastierend mit einer Realität, in der die »Bildungsphilister« als Reformer fröhliche Urständ feiern. Wie schon einst, als sie von Friedrich Nietzsche dingfest gemacht wurden, kokettieren sie mit allerlei aufgesammeltem Wissen, um bei nächster Gelegenheit, wenn es ernst wird, gleich wieder erkennen zu lassen, wie wenig ihnen die Bildung als Ausdruck des kultivierten Menschseins wirklich wert ist. Gerade noch hat die deutsche Bundeskanzlerin beim großen Palaver der Kultusminister die »Bildungsrepublik« ausgerufen, und schon erklärt sie dem Volk – der Fall lässt uns nicht los –, dass es nicht weiter ehrenrührig sei, wenn ein »begnadeter Politiker« bei der Abfassung seiner Dissertation gelogen und betrogen hat, was das Zeug hält. Kein Wort darüber, wie sich der geistige Diebstahl mit dem »Anstand« vertragen sollte, von dem die Regierungschefin meinte, dass ihr niemand zu »sagen« habe, was darunter zu verstehen sei. Und erst recht kein Gedanke daran, dass ihr das Bubenstück des Hochstaplers im Ministerrang eigentlich den akademischen Atem hätte verschlagen müssen. Im Gegenteil, ein bisschen verschroben durften sich jene vorkommen, die den Dieb nicht so ohne weiteres laufen lassen wollten. Worum ging es denn schon, um einen Doktortitel, du lieber Himmel, weshalb sollte darum ein solches Theater gemacht werden? Wozu dieser überkommene Bildungsstolz, das Beharren auf den Zitatnachweisen, der sauberen Unterscheidung zwischen den eigenen und den übernommenen Gedanken, wo sich doch ohnehin das nötige Wissen je nach Bedarf irgendwie zusammengoogeln lässt?

Darauf hatten sich die deutschen Kultusminister doch schon 2004 verständigt, als sie bei der Festlegung der Bildungsstandards erstmals darauf verzichteten, konkrete Bildungsinhalte festzulegen, um sich stattdessen auf die Ausbildung von technischen Kompetenzen zu verständigen. Über die hatten allerdings auch die Banker verfügt, als sie die letzte Finanzkrise vom Zaune brachen. Was ihnen fehlte, war das

Wissen um die Verantwortung ihrer Tätigkeit. Es fehlt ihnen ebenso wie dem politischen Nachwuchs, als er seine Plagiate zusammenschusterte, Dissertationen, die nichts als Beschleuniger der Karriere sein sollten. Es ging um die Formalie, das war alles. Mehr wird kaum noch erwartet. Im Gegenteil, wo alle alles zu wissen glauben, wird derjenige, der mehr weiß, schnell zum Störenfried. Die Blender bleiben am Ende doch lieber unter sich. Sie schließen die Reihen, wenn einer von ihnen die Hosen herunterlassen muss. Über mangelnde Solidarität konnte sich Karl-Theodor zu Guttenberg nicht beklagen. Die Parteisoldaten von Seehofer bis Merkel standen ebenso zu ihm wie die Promis, an deren Lippen die Öffentlichkeit hängt. Zu den Experten, die die *Bunte* in der Sache befragte, gehörten unter anderen Wolfgang Joop, Sonja Kirchberger und Sophia Thomalla. Gemeinsam schüttelten sie den Kopf über die »Hetzjagd«. Wolfgang Joop erinnerte sich, selbst schon einmal abgeschrieben zu haben, während Lothar Matthäus, der Fußballer, meinte: »Wenn man in Deutschland keine Probleme hat, macht man sich welche. Und wer was Gutes für Deutschland tut, kriegt als Dank meistens was aufs Maul.« Das war vielen aus der Seele gesprochen. Das ist die Realität der »Bildungsrepublik«. Kein Reformgeschwafel kann die Misere aus der Welt schaffen. Was verloren ist, muss als Verlust verbucht werden, wenn überhaupt noch etwas gerettet werden soll. Ist doch die geheime Furcht vor der Entdeckung des fachlichen und intellektuellen Ungenügens ohnedies oft das Letzte, was noch an die Tradition und den Standard vergessener Bildungsansprüche erinnert.

Konrad Paul Liessmann trifft den Nagel auf den Kopf, wenn er nüchtern feststellt: »Lesen, Bildung, Wissenschaft werden oft gerade nicht als jene Faktoren wahrgenommen, die zu sozialem und ökonomischem Aufstieg, zu Anerkennung und Erfolg führen.« Ja, es gibt Menschen, die an der Bildung kein sonderliches Interesse haben, denen sie völlig egal ist, die sich davon keinen Begriff zu machen vermögen. Das sind gar nicht so wenige, und es werden vor allem mehr. Dabei summieren sich die Bildungsausgaben von Bund, Ländern und Gemeinden in Deutschland mittlerweile auf rund einhundert Milliarden Euro jährlich; das ist etwa das Dreifache des Verteidigungshaushaltes. Von 2010 auf 2011 sind die Ausgaben des Bundes für Bildung, Wissenschaft und Forschung um 4,6 Prozent gestiegen, auf eine Gesamtsumme, die alles in allem bald zehn Prozent des Bruttoinlandsproduktes ausmacht. Am Geld kann es also nicht liegen, wenigstens nicht in erster Linie; hier trügt die allgemeine Annahme. Insofern sind der Politik keine Vorwürfe zu machen, auch wenn etwa die jährlichen Ausgaben pro Grundschüler in Deutschland nur gut halb so hoch liegen wie in den USA und gerade mal zwei Drittel dessen umfassen, was in Österreich aufgewendet wird. Aber wie viel da auch immer in die Hand genommen werden mag, es wird nie ausreichen, weil das Problem mit Geld allein nicht zu lösen ist.

Bedürfte es noch eines Beweises dafür, dass sich das Interesse der Bürger an der Bildung nicht käuflich erwerben lässt, dann hat ihn Ursula von der Leyen mit ihrem »Bildungspaket« erbracht. Das Taschengeld, das die deutsche Bundesministerin für Arbeit und Soziales den auf Sozialleistungen angewiesenen Familien für die Bildung ihrer Kinder zur Verfügung stellen wollte, wurde von den Hartz-IV-Empfängern kaum abgerufen. 1,6 Milliarden Euro hatte die Regierung für das »Bildungs- und Teilhabepaket« zur Verfügung gestellt, auszuzahlen als Zuschuss für ein »warmes Mittagessen«, für die Beteiligung an sportlicher und musischer Ausbildung sowie an Schul- und Kindertagesstättenausflügen. Anspruch darauf könnten Hunderttausende erheben. In Hamburg etwa gibt es 15 000 Kinder, denen die Hilfe zustünde. Beantragt worden war sie nach etlichen Wochen erst für ein paar hundert. Nicht anders das Bild auf dem flachen Land. Noch Monate nach der Einführung des Bildungspaketes hatten im Landkreis Darmstadt-Dieburg kaum 25 Prozent der Berechtigten einen Antrag gestellt. Organisatorische Mängel sollten der Grund für den missglückten Start sein. Die *Frankfurter Allgemeine Sonntagszeitung* sprach von »Murks« auf der ganzen Linie. Es wurde nachgebessert, das Antragsverfahren vereinfacht und für das Projekt geworben, wo es nur ging. Da und dort mussten Sozialarbeiter ausschwärmen, um die Hartz-IV-Empfänger zu agitieren. Die Nachfrage ließ weiter zu wünschen übrig: Abgerufen wurden und werden die Bezahlung des »warmen Mittagessens« und die Beihilfen zu sportlicher Betätigung, während nur in Ausnahmefällen eine Unterstützung für die Wahrnehmung von Bildungsangeboten im engeren Sinne beantragt wird, für musische Kurse oder für Nachhilfe.

Diejenigen, über die sie sich gouvernantenhaft erheben wollte, haben Frau von der Leyen die kalte Schulter gezeigt. An dem, was sie anzubieten hatte, bestand kein Interesse. Welche Überraschung. Wo die Bildung an sich keinen Wert mehr darstellt, wo sie, so wieder Konrad Paul Liessmann, »gerade nicht mehr als Motor der sozialen Mobilität begriffen und erfahren wird«, wo die Politik nichts dabei findet, die akademische Qualifikation wie einen Jux zu behandeln, da kann sie auch nicht anziehend wirken, schon gar nicht auf bildungsfernere Schichten, zu denen längst nicht mehr nur das sogenannte Prekariat zu zählen ist. Wer das nicht sehen will oder kann, wer immerfort so tut, als ließe sich die Bildung per Bezugsschein verteilen, darf sich nicht wundern, wenn sein Bemühen in den Geruch wahltaktischer Anbiederung gerät. Mindestens offenbart er sich als ein Bildungsphilister, der selbst keine Vorstellung davon hat, wie Bildung entsteht und wie sie sich ausbreitet. Andernfalls könnte er sich nicht damit begnügen, jene zu unterstützen, die sich das Lernen aus materiellen Gründen nicht leisten können, was in Europa glücklicherweise selten genug der Fall ist; er müsste zugleich alles daransetzen, diejenigen zu fördern, die noch über das nötige Interesse und die entscheidende Voraussetzung verfügen: über die Bereitschaft, sich Wissen aktiv anzueignen. Davon jedoch kann, mit Verlaub, keine Rede sein, wenigstens nicht in Deutschland, eher vielleicht noch in Österreich, und dort auch eher auf dem Land als in den Städten.

»Die Deutschen glauben«, sagt Werner Esser, Direktor des renommierten Internats Louisenlund in Schleswig-Holstein, »dass ›elitär‹ das Attribut zu Elite sei, was Schwachsinn ist. Anstatt Elite von der Verantwortung her zu definieren, wo es in der Demokratie hingehört, weil die Demokratie Legitimationsprozesse hat, um zur Elite zu kommen, wird Elite bei uns mit einer postfeudalen Struktur im Hinterkopf von Privilegien abgeleitet.« Wozu dieser politisch gewollte »Schwachsinn« führt, ist inzwischen statistisch erfassbar. Noch schneller als die Schülerzahl insgesamt hat sich in den vergangenen Jahren der Anteil der Leistungsstarken verringert. Vorherrschend wurde das Mittelmaß. An ihm haben sich alle zu orientieren. Herausragendes wird als störend empfunden. Nun ist es gewiss schon immer so gewesen, dass die Mitschüler dem Primus inter Pares nicht gerade den Himmel auf Erden bereitet haben, da sie ihm eine Anerkennung neideten, die er aufgrund besonderer Leistungen, also verdientermaßen genoss. Allein, was war so schlimm daran? Den anderen hat es nicht geschadet. Sie mussten sehen, nicht auf der Strecke zu bleiben, sich etwas mehr anstrengen, als sie es sonst getan hätten. Aber vielleicht reagieren wir ja heute gerade deshalb so allergisch auf die Elite, weil wir es leid sind, uns herausfordern zu lassen, nicht mehr erkennen können, wozu das gut sein sollte. Das wäre menschlich verständlich und wie jede Ermüdung irgendwann überwindbar. Sehr viel wahrscheinlicher ist jedoch etwas anderes. Weil der Dilettant wohl über den Anspruch, nicht aber über das Vermögen verfügt, Erfolg dank seiner Leistung zu erzielen, kann er beides, Leistung und Erfolg, auch nicht in einen kausalen Zusammenhang bringen. Im Grunde seines Herzens wird ihn daher stets der Verdacht beschleichen, dass es bei der Elitenbildung nicht mit rechten Dingen zugeht, sie sich irgendwelchen Privilegien verdanken müsse. Noch die naive Annahme, Bildung ließe sich verteilen, speist sich aus dieser trüben Neidquelle. Das Ganze ist dem Dilettanten schlicht unheimlich. Schon der Begriff der Elite bringt ihn in Rage. Man denke nur an die Eliteuniversität. Das Wort war schneller wieder aus dem Wortschatz der Redenschreiber verschwunden, als es unbedachte Geister hatten aufbringen können.

Wo er die politische Macht hat, wird sie der Dilettant stets einsetzen, um die potenzielle Elite rechtzeitig Mores zu lehren, in totalitären Staaten durch eindeutige Reglementierung ohne viel Federlesens, in der Demokratie verbrämt unter dem Deckmantel der Sozialpolitik. Er tut das umso zielstrebiger, als ihn die privilegierte Ausstattung seiner politischen Existenz dazu verführt, ein potentatenhaftes Verhalten an den Tag zu legen, bei dem einem nun tatsächlich »postfeudale Strukturen« in den Sinn kommen könnten. Wen mag es da noch verwundern, dass aus diesem Denken eine Bildungspolitik entspringt, die weniger leistungsorientiert anmuten will, als dass sie den Eindruck von Untertanenversorgung erweckt, verquickt mit der schlecht verhohlenen Absicht des Stimmenfangs.

Kommt hinzu, dass sich die sozialpolitische Verfremdung der Bildungspolitik für den Dilettanten ohnehin versteht, da die Bildung für ihn stets ein Phantom seiner Wünsche ist, etwas, das er vor allem zu haben beansprucht, so wie alles andere, auf das er ein Auge wirft. Andrea Ypsilanti, die Stewardess mit Ambitionen auf das Amt der hessischen Ministerpräsidentin, verband den Begriff der Bildung deshalb auch gern mit dem der »Gerechtigkeit«. Erreicht werden sollte sie durch das übliche Verfahren der Sozialpolitik, sprich durch einen Verteilungsschlüssel, der den Bedürftigen mehr zuweist als denen, die von Haus aus mehr mitbringen, was in dem Fall hieß, dass die intelligenteren weniger gefördert werden sollten als die nicht ganz so gescheiten Schüler und Studenten. Dass sich das die Politikerin wie andere ihrer Kollegen eingedenk eigener Erfahrungen gewünscht haben mag, mag menschlich verständlich sein, kann aber nicht über den fundamentalen Irrtum in der Sache hinwegtäuschen. Vielmehr grenzt das Beharren der Politik auf diesem Irrtum an eine mutwillige Verkennung der Tatsache, dass sich Bildung nicht wie Brot an die Armen verteilen lässt. Bedarf es zu ihrer Aneignung doch zuerst der persönlichen Anstrengung sowie bestimmter intellektueller Voraussetzungen. Und die sind nun einmal nicht gleichmäßig verteilt, wohl aber in Maßen vererbbar und milieugeprägt. Das kann man als eine Ungerechtigkeit der Schöpfung verurteilen, ein Faktum bleibt es gleichwohl. Da nützt es wenig, auf diejenigen einzuschlagen, die es wie Thilo Sarrazin noch wagen, gelegentlich daran zu erinnern. Völlig zu Recht sieht er die »Bildungsoptimisten« in seinem fraglos problematischen Buch »Deutschland schafft sich ab« auf dem »Holzweg«, wenn sie glauben, »ein egalitäres Schulsystem« könne »zu möglichst egalitären Ergebnissen« führen. Man sollte endlich, sagt der Wissenschaftsjournalist Jürgen Kaube, damit aufhören, »von der Bildung, den Schulen und Hochschulen zu verlangen, was sie nicht leisten können: die Abschaffung der Unterschicht etwa oder die vollständige Kompensation von Gleichgültigkeit gegen Bildung in vielen Milieus«.

Weder lassen sich soziale Probleme mit einer derart kurzschlüssig praktizierten Bildungspolitik lösen (dazu könnte nur die Steigerung der gesellschaftlichen Prosperität durch eine eliteorientierte Leistungsförderung aller beitragen), noch lassen sich die angeborenen Voraussetzungen der menschlichen Existenz politisch abändern. Wann immer das versucht wurde, meist von den weniger Begabten unter lautstarker Berufung auf ideologische Konstruktionen wie den Marxismus-Leninismus, ist damit nicht mehr erreicht worden als die Zerstörung des intellektuellen Potenzials einer Gesellschaft. Der Exodus aus der DDR in den fünfziger Jahren des vorigen Jahrhunderts, die erst durch den Mauerbau gestoppte Abwanderung von qualifizierten Facharbeitern, Ingenieuren, Ärzten, Künstlern und Wissenschaftlern, war nicht zuletzt die Folge einer Bildungspolitik, die sich nicht an der Leistung, sondern an der »sozialen Herkunft« orientierte. Nicht wer etwas konnte, wurde gefördert, zum Abitur und zum Studium zugelassen, sondern wer für sich in Anspruch nehmen durfte, ein »Arbeiter- und Bauernkind« zu sein. Großen Teilen des gebildeten Mittelstands wurde damit die Zukunft verbaut. Wo ihren Nachkommen keine oder bestenfalls eingeschränkte Bildungschancen zugestanden werden sollten, wollten sie nicht bleiben. Auch damit, mit der systematischen Zerstörung der intellektuellen Potenz, hat die DDR ihren Untergang heraufbeschworen. Das ist vorbei, ein für alle Mal, hoffentlich. Das grundlegende Problem jedoch scheint damit keineswegs begraben zu sein. Es brennt uns weiter unter den Nägeln. Denn auch die fortschreitende Niveauabsenkung im bürgerlichen Bildungswesen erweist sich als eine Folge der sozialen Akzentuierung unserer Bildungspolitik. Reform um Reform hat sie sich weiter und weiter von ihrem eigentlichen Gegenstand entfernt. Wer vermag da überhaupt noch zu erkennen, ob etwas mit löblicher Absicht angestoßen, aus Dummheit verzapft oder mit wahltaktischem Kalkül inszeniert wird?

Was vor einem runden Jahrhundert als Aufstand enttäuschter Bildungsbürger gegen die kommerziellen Folgen der Aufklärung begonnen hat, bei den Dadaisten in der Züricher Spiegelgasse sowie auf dem Monte Verità, dem Ausgangspunkt dieser Zeitreise durch das Universum der Dilettanten, was als ästhetische Revolte wirken und den individuellen Ausstieg begründen sollte, hat sich über die Generationen in einen Prozess der politisch forcierten Dekonstruktion verwandelt, besonders in den letzten drei, vier Jahrzehnten. Wie ein Brandbeschleuniger wirkte dabei die revolutionäre Tatkraft der Achtundsechziger. Gegen den jugendlichen Furor, mit dem sie an das Auslüften der Talare gingen, war kein Kraut gewachsen. Ihrem demonstrierten Zorn, ihrem Witz und ihrem Charme bisweilen erlag die Gesellschaft unversehens. Selbst die liberal-konservativen Parteien wollten nicht ewig abseits stehen und den Profit des Zeitgeistes allein den anderen überlassen. Bei der Rechtschreibreform, bei der Diskreditierung akademischer Titel, bei der schrittweisen Abschaffung des Gymnasiums, bei der Verschulung der universitären Ausbildung, wo immer es darum geht, etwas zu veranstalten, was dazu diente, die Bildung vom Sockel zu heben, um ihr den Anschein leichter Verfügbarkeit zu geben, bemühen sie sich nach Kräften, mit Hand anzulegen. Zug um Zug haben sich die Reformer in einer Koalition der Dilettanten zusammengeschlossen, jenseits allen parlamentarischen Gezänks. Erst in letzter Minute konnten die Hamburger Bürger 2010 per Volksentscheid verhindern, was die regierenden Parteien CDU und Grüne mit Unterstützung der SPD-Opposition durchsetzen wollten: die Einrichtung einer »Gemeinschaftsschule«, in der man das Niveau des Unterrichts zwangsläufig dem Leistungsvermögen der Schwächeren hätte anpassen müssen. Die Volksfront der Laien, in der einer die Hand über den anderen hält, weil er nicht als solcher erkannt werden will, hatte eine empfindliche Niederlage einstecken müssen, was sie umso mehr verstörte, als die Methode der Leistungsbeschönigung durch Absenkung der Anforderungen längst gang und gäbe ist, an Schulen wie im Studienbetrieb.

Das humanistisch bemäntelte Verfahren entspricht einem Zeitgeist, dessen Wortführer nicht müde werden, den Popanz der Überforderung an die Schultafel zu malen. Zu den ältesten Hüten der Reformpädagogik gehört die Behauptung, dass man Kinder, zu denen die infantilisierte Gesellschaft auch noch die Studenten zählt, nicht zu sehr mit der Vermittlung überkommenen, toten Wissens belasten dürfe, damit noch genügend Raum für die Entfaltung der Kreativität bleibe. Diese methodische Verteidigung pädagogischer Bequemlichkeit hat kritischer Überprüfung niemals standgehalten. Denn einerseits bilden Wissen und Kreativität keinen Gegensatz. Nur wer nicht über das Wissen verfügt, wer es als »Zahlen- und Formelfetischismus« verteufelt, weil er die Mühe seiner Aneignung scheut, lässt sich gern verführen, das Gegenteil zu glauben, zu verteidigen und zu propagieren. Sein intellektueller, bisweilen ins Schöpferische ausgreifender Anspruch basiert auf der Vorstellung, dass sich das Neue aus sich entwickeln könne. Wie aber sollte das andererseits möglich sein, zumal in einer hochtechnisierten Welt wie der unseren; wie könnten wir ohne den Anschluss an das Vorhandene weiterkommen und wie endlich sollten wir uns dieses Vorhandene ohne erlernte Bildung aneignen? Das ist ein Ding der Unmöglichkeit. Wenn das Wissen fehlt, bleiben die Ideen schnell aus; das Banale kann sich aufblasen. Zu den kulturellen Höchstleistungen des Monte Verità zählte die erwähnte Käthe-Kruse-Puppe, ein hübsches Spielzeug, nicht mehr. Die Dadaisten verließen den »Berg der Wahrheit« schnell wieder. Künstlerisch konnte sie die Gesellschaft der Kohlrabi-Apostel nicht inspirieren. Dass Schöpferisches ohne Wissen entstehen könnte, ist und bleibt eine Illusion. Selbst die Malerei der Naiven oder geistig Behinderten bedarf gebildeter Betrachter, um als Kunst wirken zu können. Auch wenn Wissen allein noch keine Bildung verbürgt, gibt es ohne Wissen keine Bildung. Wer sich diese aneignen will, muss über jenes verfügen. Wer nichts weiß, kann zwar mit seiner Meinung auftrumpfen, redet aber an der Sache vorbei. Vieles bleibt ihm zwangsläufig verschlossen. Klassische Musik, sagt der Musikwissenschaftler Holger Noltze, ist nicht per se zu verstehen. Ihr Genuss setzt die Beschäftigung mit der Sache voraus. Das unterscheidet sie vom Schlager, was freilich da keine Rolle mehr spielen mag, wo noch die Auftritte von Peter Maffay, Tokio Hotel oder Andrea Berg als »Konzerte« ausgelobt werden. Mit dem Wissen um die Bedeutung der Begriffe verliert sich der Respekt vor der Bildung.

In dem Maße, in dem die Wissensvermittlung zugunsten einer Ausbildung von technischen Kompetenzen zurückgedrängt wird, verwandelt sich die gesamte »Erziehung des Menschengeschlechts«, um die es den Humanisten seit dem klassischen Altertum zu tun war, in den Prozess einer pädagogischen Produktion von menschlichen Automaten, denen das

Material der Verarbeitung stets von außen zugeführt werden muss. Ohne die fundierte Basis eigenen Wissens laufen sie entweder leer, das heißt, sie kreisen als Verbraucher ergebnislos um sich selbst, oder sie verarbeiten unterschiedslos alles, was ihnen eingespeist wird. Im ersten Fall beschränkt sich die Selbstverwirklichung auf den Konsum, sie bleibt ergebnislos, während im zweiten Fall die Gefahr besteht, mit gutem Gewissen gewissenlos zu handeln, denken wir wieder an das Geschäft, das die französischen Atommanager mit Gaddafi machen wollten, oder an den deutschen Panzer-Deal mit Saudi-Arabien: 200 Kampfpanzer Leopard 2, durch ihre Ausstattung mit Schiebeschild und senkrecht schwenkbarem Maschinengewehr besonders geeignet für den Einsatz gegen Demonstranten in Städten, werden an eine absolute Monarchie geliefert, die sich erst kurz zuvor an der militärischen Niederschlagung der Demokratiebewegung in Bahrein beteiligt hat – ein Milliardengeschäft, abgesegnet vom Bundessicherheitsrat unter Vorsitz der deutschen Bundeskanzlerin Angela Merkel.

Nein, Wirtschaft, Bildung und Moral lassen sich nicht losgelöst voneinander betrachten, nicht in der Theorie und noch weniger in der Praxis. Sie ergeben eine Trias. Wer davor die Augen verschließt, der tut das nicht nur auf eigene Gefahr. Andere werden mit in die Haftung genommen, die Nachgeborenen eingeschlossen. An ihnen vergeht sich nicht nur, wer Schuldenberge so hoch auftürmt, dass dahinter kein Land mehr zu sehen ist. Ebenso schuldig macht sich die Gesellschaft, wenn sie ihnen die Möglichkeit vorenthält, sich für oder gegen eine Bildung zu entscheiden, die ihnen zwar manches untersagen würde, ihnen aber auch erlaubte, mehr zu werden als unmündige Verbraucher einer florierenden Konsumgesellschaft. Wer gibt uns eigentlich das Recht, folgenden

Generationen den Stempel unserer Epoche aufzudrücken, indem wir aus dem Bildungskanon großzügig aussondern, was uns selbst nicht mehr so wichtig scheint? Wer sagt, dass sie nach unserer Fasson selig werden wollen und nicht wieder mehr verlangen könnten, mehr Wissen für mehr ethische Orientierung? Schließlich haben sich auch aus den Pioniergesellschaften dieser Welt, zusammengewürfelt aus Entflohenen und Verfolgten, Glücksrittern und allerlei derben Gesellen, die es bei ihren Geschäften so genau nicht nahmen, schließlich haben sich auch aus diesen bunten Haufen immer wieder große Kulturen entwickelt, in Nordamerika wie auf dem australischen Kontinent, der einmal eine englische Strafkolonie gewesen ist. Freilich waren die Siedler auch noch beflügelt von der Sehnsucht nach einem gesellschaftlichen Aufstieg, dessen Erfolg sich in der Bildung der Nachkommen niederschlagen sollte, in etwas, das einen unterscheidet, weil man es nicht einfach mit dem gescheffelten Vermögen erwerben kann. Gerade da, wo Goldgräberstimmung herrscht, in aufstrebenden Gesellschaften, steht der Wert des Wissens über allem. In dem wahrlich nicht eben demokratisch zivilisierten Russland unserer Tage ist das ebenso zu beobachten wie im Fernen Osten, in Indien oder in China, während wir hierzulande, in der Mitte Europas, von einem eigentümlichen Überdruss an der Bildung befallen zu sein scheinen.

Lieber als dass wir sie hochhalten, gefallen wir uns darin, ihre Bedeutung herunterzuspielen. Keinesfalls sollen sich aus ihr irgendwelche gesellschaftlichen Unterschiede ergeben. Schon das Führen akademischer Titel will heute vielen wie eine Verletzung des egalitären Prinzips erscheinen, geradeso als würden dadurch jene gekränkt, die diese Titel nicht erworben haben. Dabei hatte sich die bürgerliche Gesellschaft einmal dadurch ausgezeichnet, dass sie den erworbenen Titeln mehr Bedeutung beimaß als den ererbten Adelsprädikaten. Das entsprach der Demokratie und dem Leistungsprinzip; mit dem mittlerweile gewachsenen Anspruchsdenken verträgt sich dieser Ausweis akademischer Graduierung offenbar sehr viel weniger. Wo immer mehr Menschen in dem Bewusstsein leben, aufgrund ihres bloßen Daseins Anspruch auf die Zuteilung jeglicher Anerkennung zu haben, scheint es leichter zu fallen, den geborenen und dadurch unerreichbaren Adel zu bewundern, als eine geistig erarbeitete Auszeichnung anzuerkennen, von der man glauben möchte, dass sie einem im Grunde ebenso zustünde. Einzig der Sport, bei dem jeder seine Grenzen körperlich zu spüren bekommt, macht hier noch eine Ausnahme. Sonst aber spricht einiges dafür, man denke an die royale Berichterstattung der Medien vom Boulevard bis in die Abendprogramme des öffentlich-rechtlichen Fernsehens, dass der bürgerlichen Gesellschaft ihr eigener Geistesadel inzwischen weniger gilt als der familiär bewahrte Erbadel. Darüber allein wäre noch kein Wort zu verlieren, das ausgreifende Interesse am feudalen Glamour ließe sich als der Voyeurismus einer unterhaltungssüchtigen Mediengesellschaft abtun, wüchse nicht gleichzeitig eine Mehrheit, die sich immer schwerer damit tut, Unterschiede zu ertragen, Unterscheidungen zuzulassen. Jede Leistung, die zu solcher Differenzierung führen könnte, scheint eher verdächtig als anerkennungswert. Dass Kultur überhaupt erst aus der Unterscheidung entsteht, wird dabei leichthin übersehen. Bedenkenlos schleift das basisdemokratisch verfügte Autodidaktentum die Festen der Bildung, indem es der intellektuellen Autorität den Garaus macht. Im Bewusstsein eigener Größe und Unfehlbarkeit verstellt es sich selbst den Blick auf die Exzellenz der anderen. Sie wird ignoriert, ausgeblendet oder kurzerhand in Frage gestellt. Bezeichnend dafür war der Verlauf des sogenannten Exzellenzwettbewerbs. 2005, noch unter der Kanzlerschaft von Gerhard Schröder gestartet, sollte er Wissenschaft und Forschung an den besten Universitäten und Hochschulen Deutschlands durch den Wettstreit um Sonderzuwendungen fördern. Doch kaum dass man die ersten Exzellenz-Unis ausgewählt hatte, erhoben die anderen Einspruch, fühlten sich ungerecht behandelt und verlangten eine zweite Runde, bei der es, kurz gesagt, auf eine Anpassung der Auswahlkriterien an den jeweiligen Leistungsstand hinauslief. Das bürokratische Verfahren sorgte für ausgleichende Gerechtigkeit; die Initiative verlief im Sand der Verwaltung. Als endlich klar war, dass die Graduierung eigentlich jedem zustünde, konnte jeder seinen Frieden mit der Exzellenz machen. Man musste nicht mehr viel darüber reden. Die Geschichte ging aus wie das Hornberger Schießen.

Die intellektuelle Neidgesellschaft führt ein strenges Reglement. Wo sich Bildungsstolz regen könnte, erstickt sie ihn mit egalitärem Eifer. Die Intellektuellen selbst haben längst gelernt, bei Fuß zu gehen. Mehrheitlich trotten sie am Gängelband einer machtorientierten Parteipolitik, die mit ihren Bildungsreformen um die Stimmen der Masse wirbt. Schon Anfang der siebziger Jahre des vorigen Jahrhunderts wollte Hartmut von Hentig die »Bildungseinrichtungen« zu Orten »sozialer Gerechtigkeit« umbauen. Und keine Partei, die sich das inzwischen nicht angelegen sein ließe. Alle rotieren sie mit auf dem Karussell der Reformen. Immer rundherum mit Einheitsschule, Gesamtschule, Gemeinschaftsschule, Stadtteilschule und was alles noch kommen mag. Eben erst hat die christdemokratische Bildungsministerin Annette Schavan verkündet, ihre Partei wolle das dreigliedrige Schulsystem durch eine Zusammenlegung von Haupt- und Realschule zur Oberschule abschaffen.

Nichts bleibt unversucht, um den Eindruck zu erwecken, bei den Bildungsunterschieden handle es sich um ein soziales Problem, das man durch einheitliche »Beschulung« bewältigen müsse. Wenn das dann trotz allem nicht gelingt, nicht alle gleich gut abschneiden, immer mehr Schüler sitzenzubleiben drohen, dann werden eben die Spitzen gekappt, die Anforderungen so heruntergeschraubt, dass noch jeder mit einem »Einser«, wie ihn sich Bertolt Brecht gerne nachrühmte, durchkommen kann. Dass dieser Einser nachher keinen Dreier mehr wert ist, dass gerade die Schwächsten mit den vorgetäuschten Erfolgen hoffnungslos abgehängt werden und die Zahl der frühzeitigen Schulabgänger in Deutschland unverändert über dem europäischen Mittel liegt, wird dabei stillschweigend in Kauf genommen. Dem System genügt der schöne Schein, der formale Nachweis einer sozial gerechten Bildungsverteilung. Diesen Eindruck wissen sich die Dilettanten allemal zu verschaffen, manchmal mit bestechendem Raffinement und dann wieder mit verblüffender Einfältigkeit. So wollte der Sozialdemokrat Ludwig von Friedeburg in seiner Zeit als hessischer Bildungsminister die deutsche Hochsprache als Lernziel abschaffen, um so zu verhindern, dass jene, die sie nicht hinreichend beherrschen, diskriminiert werden. Um 1970 erregte das noch einen Sturm des Protestes. Wenige Jahre später gingen die sozialdemokratisch regierten Bundesländer dazu über, für die ersten Schulklassen die phonetische Schreibweise einzuführen, das heißt, die Kinder können nach dem Gehör schreiben; Orthografie wird weder gelernt noch bewertet. Der Grundwortschatz, über den die Kinder in der vierten Klasse verfügen sollten, schrumpfte auf 700 Wörter. Wem selbst das noch zu viel war, der konnte seinen Kindern die ganze Plage vom Hals schaffen, indem er ihnen einen Legasthenikerschein beschaffte, sie für sprachlich unzurechnungsfähig erklären ließ. In manchen der deutschen Bundesländer funktioniert das bis heute. Von allen zusammen wurde schließlich die Rechtschreibreform als Gemeinschaftswerk der Kultusminister durchgesetzt. Linke, Liberale und Konservative stimmten ihr zu, nicht nur in Deutschland.

Der Schriftsteller Reiner Kunze erinnerte sich 2009 an ein Gespräch, das er kurz vor der entscheidenden Sitzung mit einem der verantwortlichen Minister hatte. Auf die Frage, »wie er zur Rechtschreibreform stehe«, habe ihm dieser geantwortet: »Herr Kunze, ich habe keine Ahnung, worum es geht«, um dann wenige Tage später im Radio »mit staatstragender Bestimmtheit« zu erklären, »die Rechtschreibreform werde ohne jede Änderung eingeführt, denn sie halte ›allen Einwänden stand‹.« Noch Jahre darauf hatte der Schriftsteller Mühe, sein Entsetzen in höfliche Worte zu fassen. »Diese Skrupellosigkeit«, schrieb er, »war mit der Amtsmacht ausgestattet, der Sprache von einhundert Millionen Menschen eine jahrzehntelange, vielleicht eine ein Jahrhundert währende Leidenszeit zuzufügen. Ein führender Parteipolitiker nannte jene, die bis zuletzt darauf gedrängt hatten, wenigstens von den grammatisch falschen und das Sprachgefühl außer Kraft setzenden Regelungen abzusehen, ›nur einige Hochwohlgeborene‹, die meinten, ›aus ästhetischen oder sonstigen Gründen‹ noch immer Einspruch erheben zu müssen. Da schlug Machtarroganz in Herabwürdigung um.«

Der vielfach ausgezeichnete Dichter fühlte sich von der schnodderigen Ignoranz der Politiker persönlich getroffen. Die Achtlosigkeit, mit der sie das Kulturgut verschaukelten, war Reiner Kunze schier unbegreiflich. Welten liegen zwischen seinem ethischen Verständnis der Bildung und ihrem Pragmatismus. Während er noch an der Vorstellung festhalten möchte, die Politik habe sich an der Bildung zu orientieren, sie um der Freiheit willen zu pflegen, sind die Politiker längst dazu übergegangen, sich ihrer, der Bildung, besser gesagt des Themas, taktisch zu bemächtigen. Je nach Gefechtslage bringen sie die Bildung da oder dort in Stellung, in der Sozialpolitik ebenso wie in der Frauen-, der Jugend- oder der Ausländerpolitik. Dass das die Standards und die Normen verändern muss, liegt auf der Hand. Wo beispielsweise das Primat der Quoten gilt, wo das Gesetz wie in Baden-Württemberg bei der Studienbewerbung »auch die Anrechnung von Familienarbeit als Berufserfahrung« vorsieht, wird die Bedeutung der Bildung zwangsläufig relativiert. Daran kann keine soziale oder sonstige Begründung etwas ändern. Selbstverständlich gibt es immer wieder Fälle, in denen das nachweisbare Wissen nicht alles sein kann. Nur sind wir damit wieder bei der Notwendigkeit einer umfassenderen, nicht bloß berufspraktisch ausgerichteten Wissensvermittlung. Nötig wäre eine Renaissance der klassischen Bildung, für die aber schlechte Aussichten bestehen, solange die Bildungseinrichtungen im Gegenteil dazu angehalten sind, ihre Angebote quantitativ und qualitativ zu »verschlanken«, um individuelle Leistungsunterschiede nach Möglichkeit wegzuretuschieren. Selbst die Rechtschreibreform bezweckte ja am Ende nichts anders, indem sie sich an einer Simplifikation versuchte, die die Beherrschung der Sprache erleichtern sollte, auf Kosten ihrer Ausdrucksmöglichkeiten. Dass die Erfinder der Reform das gesteckte Ziel auf eine fatale Weise sogar erreicht haben, da es ihnen gelungen ist, ein reformiertes Chaos zu stiften, in dem nun jeder schreiben kann, wie er es eben für richtig hält, mag man schließlich als einen Treppenwitz der Sprachgeschichte verbuchen, vielleicht auch als eine späte Bestätigung dessen, was schon Bouvard und Pécuchet, die Ahnherren aller modernen Dilettanten, zu ihrer Erleichterung annehmen wollten, wenn sie sich sagten, »dass die Syntax willkürlich und die Grammatik illusorisch ist«.

In der Kunst, erfolgreich zu versagen, haben es die Dilettanten zu aberwitziger Meisterschaft gebracht. Sie sind die Virtuosen des Ausprobierens. Anders als die Experten, die ihre Konzepte aus dem vorhandenen Wissen heraus entwickeln, dieses mit neuen Ideen erweitern, vervollständigen und korrigieren, tun sie, was ihnen der Augenblick eingibt. Da aber der Augenblick nicht verweilen will, müssen sie heute über den Haufen werfen, was sie gestern noch für die beste aller möglichen Lösungen hielten. Als die Computer so weit entwickelt waren, dass sie Bilder darstellen konnten, sollte die letzte Stunde sprachlicher Quälerei geschlagen haben. Überall wurden Theorien zusammengestammelt, die uns erklärten, dass das Bild eine sehr viel komplexere Aussagekraft besitze als der formulierte Satz. Die überkommene Vorstellung, der zufolge nur verstanden wird, was sich auch sprachlich fassen lässt, schien von heute auf morgen obsolet, eine vertiefte sprachliche Ausbildung nicht mehr sonderlich vordringlich. Selbst die Deutschlehrer verlernten den korrekten Gebrauch der deutschen Sprache, wie neuere Untersuchungen gezeigt haben. Beispielhaft ist der Fall eines Gymnasiallehrers, der in der Vorlage für einen Orthografie-Test seiner Schüler, so die Mitteilung der Mannheimer Sprachwissenschaftler Peter Eisenberg und Jakob Ossner, 36 Rechtschreibfehler auf zwei Seiten machte. Beileibe keine kuriose Ausnahme, sondern das exemplarische Resultat eines Reformeifers, der die Sprachbeherrschung zu einer Nebensächlichkeit moderner Bildung degradierte, zu einer Fertigkeit, von der kein großes Aufhebens zu machen sei. Was diese blödsinnige Haltung nach sich zog, sollte den Dilettanten des Fortschritts erst in einer nächsten Phase der technischen Entwicklung auffallen. Als die Gesellschaft die Vorzüge der elektronischen Kommunikation per E-Mail und Sms entdeckte, zeigte sich plötzlich, wie dringlich die Sprache weiterhin gebraucht werden wird, wie nötig es wäre, sie nicht nur mündlich, sondern auch im schriftlichen Ausdruck halbwegs richtig gebrauchen zu können. Da aber war das Kind schon in den Brunnen gefallen, keine Rechtschreibreform konnte es retten, sodass wir nun Zeugen einer bislang beispiellosen und gar nicht mehr so schleichenden Selbstzerstörung unseres wichtigsten Kulturgutes werden: Weil sich eine wachsende Mehrheit des schriftlichen Ausdrucks bedient, ohne ihn noch zu beherrschen, führt die radebrechende Kommunikation per E-Mail, Sms, Twitter oder Facebook zu einer Potenzierung des sprachlichen Unvermögens. Und mit der Sprache verrohen die Sitten. Der Slang der Gosse breitet sich aus. Von einer »Unratoffensive« spricht der Medienredakteur Ulrich Clauß. Andrew Keen, selbst ein Pionier des Internets aus dem Silicon Valley, hat ein ganzes Buch darüber geschrieben, wie wir unsere Kultur mit sprachlicher Stümperei zerstören. Es geht zu wie beim Turmbau zu Babel, je höher wir hinauswollen, desto weniger können wir uns verständigen.

Dass dieser bildungspolitisch verursachte Kulturverfall viele unterdessen kaum noch zu berühren vermag, spricht für den Erfolg einer Bildungspolitik, die es verstanden hat, den Dilettantismus in Lehr- und Studienplänen zu verankern. Ob das vielleicht sogar eine historische Notwendigkeit war, resultierend aus einem Wachstumstempo, das dazu zwingt, Prioritäten zu setzen, Raum für das Neue durch Entrümpelung zu schaffen, wird die Zukunft zeigen. Vorerst überwiegt noch der Zweifel, wenn auch der Anteil derer steigt, die die tölpelhaft verursachten Verluste kaltlassen, weil sie gar nicht mehr willens sind, sich eine Vorstellung von dem zu machen, was hier über Bord geworfen wird. Schließlich wird altes Wissen, bewahrtes Bildungsgut nicht nur ausgesondert, um neues an seine Stelle zu setzen. Mindestens ebenso »entlastend« wirkt mittlerweile der Zugewinn an intellektuellem Selbstbewusstsein. Da diese an sich positive Errungenschaft einer reformpädagogisch intendierten Erziehung zunehmend dazu dient, mangelnde Bildung durch Einbildung zu kompensieren, befördert sie schon seit längerem einen kontinuierlichen Rückgang der Lernbereitschaft. Wer schon ohnehin eine Persönlichkeit ist, muss sich nicht mehr zu einer solchen entwickeln. Die Aufklärung, nach Kant das Mündigwerden durch Wissensaneignung, ist Schnee von gestern. An die Stelle der Neugier rückt das Bewusstsein eigener Vortrefflichkeit. Bildung muss nicht länger errungen werden, sie wird ganz einfach beansprucht. Die Sprache bringt dieses Umdenken im Detail an den Tag. Aus dem Lehrling, der selbst aktiv werden musste, um etwas zu erlernen, ist in Deutschland der Azubi, der Auszubildende geworden, einer, mit dem etwas gemacht werden muss, ein Leistungsempfänger, für dessen Glück die anderen verantwortlich zeichnen, sowie die Lehrer dafür zu sorgen haben, dass die Zensuren stimmen. Falls sie zu schlecht ausfallen, ist inzwischen mit allem zu rechnen, von der polternden Empörung des Schülers über den Einspruch der Eltern bis hin zu juristischem Widerspruch. Das mögen noch Ausnahmen sein, sicher, immer aber sind es Ausnahmen, die undenkbar wären, würde die Bildung nicht als ein verfügbares Gut angesehen, als etwas, das einem zusteht, als eine Ware, als ein Konsumartikel, dessen Design mit den Moden wechselt, den man vermarkten muss und mit dem sich, blendend verpackt, gute Geschäfte machen lassen, am besten im Fernsehen vor großem Publikum. Wir werden es sehen.

Entertainer zu Diensten
Die Medien des Dilettantismus

Könnten sich die Deutschen einen Bundespräsidenten aussuchen, fiele die Wahl auf Günther Jauch. Laut einer Umfrage, die das Meinungsforschungsinstitut Emnid im Auftrag des Springer-Verlages unternahm, wünschte sich jeder Zweite der Befragten, dass der Quizmaster das höchste Amt im Staat bekleide. Auf den Plätzen landeten Franz Beckenbauer mit 16 und Thomas Gottschalk mit 15 Prozent der abgegebenen Stimmen. Eine Minderheit votierte für Dieter Bohlen. Dass er in das Schloss Bellevue, den Berliner Amtssitz des Bundespräsidenten, einzieht, konnten sich immerhin noch vier Prozent der Befragten vorstellen. Gar keine Rolle spielten dagegen die Politiker. Nach den Chancen, die ihnen das Volk einräumen würde, war gar nicht erst gefragt worden. Die Entertainer haben den Politikern den Rang abgelaufen. Während es vielen Bürgern einerseits immer schwerer fällt, sich überhaupt noch eine Vorstellung von der nutzbringenden Tätigkeit der politischen Klasse zu machen, wächst zugleich die Bereitschaft, Hoffnung in jene zu setzen, die einem aus dem Fernsehen als Showmaster vertraut sind. Als Stefan Raab mit seiner Entdeckung Lena Meyer-Landrut 2010 den Song Contest gewonnen hatte, wurde er als »Retter der Nation« gefeiert; er hatte »Deutschlands Grand-Prix-Ehre wiederhergestellt«. Das stellte vieles in den Schatten. Mit den Showgrößen, sagt Lady Gaga, greifen wir »nach den Sternen«. Mit ihnen pflegen wir alltäglichen, nahezu familiären Umgang. Ihre inszenierte Intimität lässt uns emotional teilhaben. Was sie zeigen, aufführen und veranstalten, erfüllt die Erwartungen der Menschen, weil es dabei um nichts anderes geht als um die Bestätigung des Publikums. Dessen Ansprüche bestimmen das Programmangebot der Medien, aus dessen Verlangen nach Selbstbestätigung ergibt sich die Dramaturgie der Fernsehformate ebenso wie die Gestaltung bunter und anderer Blätter. Erfolg stellt sich ein, wo es gelingt, das Publikum oder den Leser mit Spielen zu unterhalten, die ihm den Eindruck vermitteln, dass er mit von der Partie sein könnte. Am meisten bewundert wird, wer auf einem Niveau verblüfft, das sich jeder insgeheim zutrauen möchte.

Seit 1999 erzielt Günther Jauch mit seiner Sendung »Wer wird Millionär?« Einschaltquoten, von denen andere kaum zu träumen wagen, bis zu acht Millionen erreicht er pro Sendung. Das Kreuzworträtsel im Fernsehformat trifft den Nerv der Zuschauer, weil es ihnen die Möglichkeit gibt, sich selbst zu bewundern. Keiner, der bei diesem Streifzug durch alle denkbaren Wissensgebiete vom Fußball über die Kochkunst und die Adelsgeschichte bis hin zur theoretischen Physik nicht die eine oder andere Antwort parat hätte, keiner, der sich da nicht schmeicheln dürfte, bisweilen mehr zu wissen als der Kandidat im Studio. Stets wird ein Faktum, ein Datum, ein Name abgefragt, mit dessen Kenntnis man vor sich selbst glänzen kann, dann zumal, wenn man sieht, wie der Moderator das Ringen seiner Kandidaten pantomimisch kommentiert. Sei es, dass er überrascht die Augen aufreißt, wenn einer mit seiner Antwort ins Schwarze trifft, oder, dass er die Spieler gestisch nachäfft, wenn sie völlig danebengeraten haben. Die Grimasse des Quizmasters, der verdutzte Gesichtsausdruck, von dem man nie so genau sagen kann, ob er schauspielerisch aufgesetzt ist oder ob er sich zwanglos ergibt, ist über die Jahre zum Markenzeichen einer Sendung geworden, bei der es oft zugeht wie daheim beim Ostereiersuchen, wenn die

Eltern ihren Kindern mit Heiß- und Kalt-Hinweisen auf die Sprünge helfen. Wird das Ei endlich gefunden, ist die Freude groß und der Hauptteil des Spaßes vorbei, jedenfalls für die Zuschauer. Zu einer weiteren Erklärung der gewussten oder erratenen Antwort fühlt sich der Moderator selten veranlasst. Intellektuelle Vertiefung ist nicht das Ziel seiner Sendung. Es geht um mehr und um weniger zugleich, um die Freude über den richtigen Treffer oder um die Schadenfreude darüber, dass auch die anderen nicht alles wissen. Beides verstärkt das Selbstwertgefühl, »die Wirkung«, von der Goethe sagte, dass sie dem Dilettanten das Wichtigste ist. Um die Sache selbst muss er sich danach, im Genuss der Selbstbestätigung, nicht weiter kümmern. Die Beschäftigung mit ihr war von Anfang an nur Mittel zum Zweck. Die Begriffe, Fakten und Daten werden nicht erraten, weil man schlauer, sondern weil man Millionär werden will. Nicht mit ihren Antworten bleiben die Sieger in Erinnerung, sondern mit dem Gewinn, mit der Million, die sie abräumen konnten. Das angetippte Wissen indes verflüchtigt sich im Raum des Studios, kaum dass die richtige unter den angebotenen Antworten herausgefischt wurde. Wollte sich der Moderator auf weiterführende Erörterungen einlassen, liefe er Gefahr, sich und sein Publikum zu überfordern. So weit darf es nicht kommen, das würde die Quote senken. Hält er sich dagegen an die Not seines Kandidaten, kommentiert er dessen Nachdenken mit flapsigen Bemerkungen, indem er etwa mit Blick ins Publikum sagt, »ja, es ist alles sooo schwer. Und es wird immer schwieriger, mindestens doppelt so schwer«, hat er die Lacher auf seiner Seite: »Echt, voll krass, ey.«

Das Spiel, auf das sich alle gemeinsam eingelassen haben, Quizmaster, Zuschauer und Delinquent, duldet keine sachliche Vertiefung, es verlangt die persönliche Vorführung. Die gegenseitige Bestärkung, der mediale Dialog der Dilettanten, verbürgt den Erfolg wechselseitig. Der Show garantiert dieser ideelle Konsens ein Millionenpublikum, Günther Jauch hat er den Ruf einer intellektuellen Autorität eingetragen. Vom *Focus* wurde er zur »Bildungsinstanz des deutschen Fernsehens« promoviert. Eine zweifelsfrei verdiente Auszeichnung, über die sich vor allem der ausstrahlende Sender RTL freuen darf. Freilich nennt sein Chef, Gerhard Zeiler, die Jauch-Show dann auch gleich im Zusammenhang mit einem anderen Quotenbringer, dem »Dschungelcamp«. Auch dieses Format läuft seit Jahren mit Erfolg. Durchschnittlich sechs Millionen Zuschauer verfolgen, wie eine kleine Gruppe den Sozialdarwinismus probt. Zwar räumt Gerhard Zeiler ein, dass das, was da geboten würde, vom Schlürfen eines pürierten Känguru-Penis über das Vollbad im Madenbrei bis zum provozierten Psychoterror, »nicht immer das Wahre, Gute und Schöne« sei, doch gesteht er ebenso offen: »Ich sehe es gern.« Millionen tun das mit ihm. Selbst das Feuilleton, kann Gerhard Zeiler geltend machen, habe dem »Dschungelcamp« einen »Kultaspekt« zuerkannt, ebenso wie der Sendung »Wer wird Millionär?« Beide Formate, Extreme ohne Zweifel, zeigen dasselbe: Die Medien bieten an, was von ihnen erwartet wird. Sie können und wollen dem Publikum nichts aufzwingen, das seinen Intentionen, seinem Geschmack, seinen Bildungsansprüchen entgegenläuft. Die Zuschauer allein haben es in der Hand, im wahrsten Sinne des Wortes. Mit der Fernbedienung entscheiden sie, was uns geboten wird. Denn was keine Quote erzielt, fliegt schneller aus dem Programm, als es sich produzieren lässt.

Schon nach wenigen Wochen kam bei Pro 7 das Aus für die Bikini-Show »Sommermädchen 2011«. Das Wetter spielte in diesem verregneten Sommer nicht mit, außerdem waren die

Auftritte nicht sexy genug. Den Machern erging es nicht anders als Ranga Yogeshwar mit einem ganz anderen Format bei der ARD. Auch seine Sendung »Wissen vor 8«, Bildungsfernsehen im besten Sinne des Wortes, unterhaltsam aufklärend, ohne aufgesetzte Showeffekte, wurde ersatzlos gestrichen. Der prominente Sendeplatz, 19.45 Uhr, kurz vor der »Tagesschau«, verlangte nach einem stärkeren Quotenbringer. Mit Thomas Gottschalk hoffen die Programmmacher ihrem Publikum nun wieder mehr zu gefallen.

Man kann die Medien nicht dafür an den Pranger stellen, dass sie die Programme zeigen, die wir sehen wollen. Wer sie deshalb prügelt, schlägt auf den Sack, weil er sich scheut, den Esel zu treffen, weil er nicht sehen möchte, dass das Angebot der Medien nichts anderes ist als der Spiegel, den wir uns selbst vorhalten – das Abbild eines dilettantischen Zeitalters, dem Kultur und Bildung weniger als bisher vorstellbar bedeuten. Dass wir noch einen Sündenbock suchen, dem sich die Schuld an dem intellektuellen Verfall und einer sittlichen Verwahrlosung, wie sie TV-Formate von der Qualität des »Dschungelcamps« offenbaren, aufladen lässt, mag insofern positiv auffallen, als es einen Rest von Scham erkennen lässt. Zugleich aber zeigen gerade die Medien, die elektronischen in erster Linie, Fernsehen und Internet insbesondere, wie sich die Gesellschaft bemüht, der Erinnerung an die verpflichtenden Ansprüche unserer kulturellen Herkunft zu entkommen. Was sich da in der Breite vorbereitet, wird hier, in den Medien, nur allzu oft und allzu begierig aufgegriffen, um sich damit trendsetzend, das heißt gewinnbringend zu profilieren. Diese Willfährigkeit gegenüber dem Zeitgeist könnte man den Journalisten unter den Medienleuten durchaus vorhalten. Dem sollten sie so widerstehen, wie es die Publizisten vom Schlage eines Kurt Tucholsky, eines Leopold Schwarz-

schild oder eines Carl von Ossietzky unter unendlich schwie-
rigeren Bedingungen, in den Jugendtagen deutscher Demokratie, gewagt haben. Dass sie das nicht mehr oder doch nur
in Ausnahmefällen tun, weil ihnen entweder der Mut dazu
fehlt oder weil sie selbst nicht mehr wissen, was kritischer
Journalismus erfordert, welcher Bildungsvoraussetzungen er
bedarf, ist durch nichts zu entschuldigen. Dafür tragen sie allein die Verantwortung. Keineswegs aber gibt das den anderen
das Recht, sie vors Loch zu schieben. Erst recht die Politiker
sollten sich bei solchen Diskussionen zurückhalten, da sie immer ungenierter versuchen, die Journalisten vor ihren Karren
zu spannen, nicht um sich gegen den Verfall konstituierender
Werte zu stemmen, sondern um tagespolitische Interessen,
genauer Machtansprüche durchzusetzen, wenn es sein muss,
auf Kosten der Bildung, der Kultur oder schlichtweg des An-
stands. Ohne seine Techtelmechtel mit der Politik wäre Ru-
pert Murdoch niemals dem Wahn verfallen, sich mit seinen
Zeitungen alles leisten zu können, bis hin zum Ausspionieren
Tausender unbescholtener Bürger. Der Mann ist kein Außer-
irdischer, der die Welt heimsucht, dem sie ausgeliefert gewesen wäre. Selbst einem Hallodri wie Silvio Berlusconi, der nun
beides in einem ist, Politiker und Medienunternehmer, mussten andere, die Wähler nicht zuletzt, das Gefühl geben, sich
erlauben zu können, was er sich herausnimmt.

Überhaupt ist der Journalismus keine verschworene Ge-
heimgesellschaft, deren Mitglieder sich berufen fühlten, der
Gesellschaft etwas aufzuzwingen, den Gang der Geschichte zu
lenken, auch wenn sich manche bisweilen einbilden mögen,
sie könnten aus fränkischen Freiherren Kanzler machen. Wer
solche Hybris ernst nimmt, geht am Ende jenen auf den Leim,
die nachher, wenn wieder mal ein Schwindel aufgeflogen ist,
auf den Gipfel der Verlogenheit steigen, um mit dem Finger

auf die Journalisten zu zeigen, derer sie sich vorher bedient haben. Und es spricht gewiss nicht für das Gewerbe, dass das stets aufs Neue funktioniert. Tatsächlich jedoch reicht die dämonisierte Macht der Medien nur so weit, wie das die freie Gesellschaft und jeder Einzelne zulässt. Niemand muss die bramarbasierenden Massenblätter kaufen, muss glauben, was da behauptet, unterstellt und gegiftet wird. Weder in Österreich noch in Deutschland oder sonst einem demokratisch verfassten Land sind die Bürger dazu verpflichtet. Es gibt immer Alternativen, heute mehr als je zuvor. Denn bei allem, was man gegen die elektronischen Medien und das Internet im Besonderen vorbringen mag, die Möglichkeiten vielfältiger Information haben sie geradezu unübersehbar erweitert. Einzig unter den Bedingungen des Totalitarismus kann sich ein Meinungsmonopol ausbilden. Nur unter diktatorischen Verhältnissen, wie sie etwa in der DDR herrschten und wie sie derzeit noch, wirtschaftsliberal verbrämt, in China bestehen, kann eine Zeitung vorgeben, was alle anderen zu schreiben haben. Das Zentralorgan der SED, *Neues Deutschland*, hat dies, ausgerichtet am Vorbild der russischen *Prawda* (»Wahrheit« zu Deutsch) jahrzehntelang getan. Doch selbst da sind es die politischen Machhaber gewesen, die diese Gleichschaltung durchsetzten, nicht die Journalisten, die sich missbrauchen ließen. Und man darf sich schon fragen, wem mehr zu misstrauen ist: denen, die unter der Diktatur nicht die Kraft aufbringen, der politischen Macht zu widerstehen, oder jenen, die sich als Wasserträger eines uniformierten Zeitgeistes profilieren, dem sie in der freien Welt ebenso gut kritisch begegnen könnten. In jeden Fall aber, da wie dort, sind die Journalisten nicht mehr als Glieder der Gesellschaft, über die sie berichten. In dem, was sie zeigen und schreiben, spiegeln sich die Verhältnisse, wie sie sind, nicht wie sie sein sollten. Mit wegweisenden Ideen können sie den Politikern schon lange nicht mehr aushelfen, selbst mit der kritischen Analyse tun sie sich zunehmend schwerer. Der um sich greifende Dilettantismus entzieht ihr den Boden. Als Rohrkrepierer verpuffen die rationalen Argumente, wo die allgemeine, die historische, die politische, die kulturelle Bildung fehlt. Das haben die Medien nicht verschuldet, wohl aber haben sie der Entwicklung mit großer Wendigkeit Rechnung getragen. Bei ihrer mitunter angemaßten und öfter unterstellten Meinungsführerschaft handelt es sich bestenfalls um das Erspüren gesellschaftlicher Erwartungen. Darauf sind die Programme abgestellt, zielgruppenorientiert.

Auch wenn die überaus beliebten Doku-Soaps keineswegs die dokumentarische Qualität besitzen, an die der Zuschauer glauben soll, gaukeln sie ihm eine Wirklichkeit vor, von der sich niemand überfordert fühlen muss. Stets geht es zu wie unter dem eigenen Sofa, ein bisschen banal und märchenhaft überdreht zugleich, doch immer menschlich verständlich. Der Bauer, der in der Sendung »Bauer sucht Frau« keine findet, weil der Misthaufen auf dem Hof nun einmal keinen Rosenduft verbreitet, darf sich ebenso ernst genommen fühlen wie die Geringverdiener, denen RTL 2 die heruntergekommene Wohnung renoviert, um ihr fassungsloses Erstaunen über das Glück, das einen jeden doch irgendwann treffen kann, detailgetreu abzufilmen. Dass das denen, die wirklich keine Frau finden oder nicht wissen, wo sie das Geld für den neuen Anstrich hernehmen sollen, wie die pure Verhöhnung des eigenen Schicksals vorkommen muss, spielt keine Rolle, oft nicht einmal für die Betroffenen. Lieber als dass sie sich noch den letzten Spaß durch den ernüchternden Blick auf die eigene Misere verderben lassen, nähren sie die Hoffnung auf das Erscheinen des Deus ex Machina. Der Gott aus dem

Fernsehen wird es schon richten; er tut es ja oft genug. Man muss sich nur einmal die Zeit nehmen und einen Abend lang durch die Vielzahl der Programme »zappen«, immer wird einem jemand begegnen, der sich in der Hoffnung vorführen lässt, damit sein Glück zu machen.

Alles nicht so schlimm, alles schon dagewesen, keiner weiteren Erörterung wert? So sicher sollten wir uns da nicht sein. Zwar stimmt es, dass die Leute schon in früheren Zeiten auf die Jahrmärkte strömten, um das Kalb mit den drei Köpfen, einen Zwerg oder den Mann mit dem Wasserkopf anzustaunen. Diese geheime Freude am Grauen scheint im Menschen angelegt zu sein; Hollywood macht mit der Erfindung künstlicher Monster von Jahr zu Jahr bessere Geschäfte. Doch das hat nichts zu tun mit dem Hochamt des Dilettantismus, um das es uns hier geht. Bei ihm werden keine Abnormitäten präsentiert, so weit ist das Geschäft mit der Geschmacklosigkeit noch nicht gediehen. Es sind vielmehr die Jedermänner, die die Hohepriester des Dilettantismus, die Talk-, die Quiz- und die Showmaster, um sich versammeln. Wer immer zu ihnen kommt, tut es freiwillig, glücklich darüber, im Fernsehen auftreten zu dürfen. Alles darf er dort sein, solange er nur das Publikum amüsiert, nicht den Eindruck vermittelt, über ihm zu stehen. »Der Zuschauer will keinen Hero sehen. Er ist ja selbst keiner. Wenn Leute sich blamieren, fühlt er sich automatisch besser«, sagt Daniel Küblböck. Der Mann kennt sich aus. Er ist durch alle Höhen und Tiefen einer Dilettanten-Karriere gegangen. Dieter Bohlen hat ihn in seiner Casting-Show DSDS, Deutschland sucht den Superstar, kielholen lassen und damit berühmt gemacht. Kaum eine Demütigung blieb dem armen Tropf erspart, alles hat er weggesteckt, die ganze Ochsentour mitgemacht, hat sich verlachen, beschimpfen und bedauern lassen, bis man ihm am

Ende Respekt für sein Stehvermögen zollte, so viel Respekt, dass er trotz seines bescheidenen Talents den einen oder anderen Hit in den Charts landen konnte. Die *Bild*-Zeitung hob den Simplicius über Wochen und Monate auf die Titelseiten. Küblböck wurde Kult, ein Idol, dem ganze Heerscharen kreischender Teenies, nicht selten schon älteren Semesters, nacheifern wollten. Die Halbwertzeit dieses Ruhmes blieb freilich bemessen. So unverhofft, wie der damals Siebzehnjährige 2002 hervorgetreten war, verschwand er wieder in der Versenkung. Als Skandalnudel versuchte er sich noch eine Weile lang durchzuschlagen, immer weiter abdriftend in die Provinz, bis sich seine Spur langsam in den Tiefen des Bayerischen Waldes und im Dschungel des Internets zu verlieren begann. Kein Talent, von dem er hätte zehren können, sondern der Mut zur Entblößung hatte ihm den Erfolg beschert. Das Publikum liebte ihn, weil er dennoch auftrat, obwohl er nicht besser singen, tanzen und unterhalten konnte, als es sich jeder zutrauen dürfte, wenn er nur den Mut aufbrächte, vor die Kamera zu treten, um sich von Dieter Bohlen beleidigen und herunterputzen zu lassen.

Daniel Küblböck, der Kindergartenangestellte mit Hauptschulabschluss, hatte es der Welt gezeigt, indem er als einer der Ersten den Beweis dafür antrat, dass man eigentlich gar nichts können muss, um erfolgreich zu sein. Dieser Hochstapler war kein Felix Krull mehr, der sein ironisches Spiel mit dem Dilettantismus trieb. Er nahm die Sache so ernst wie Karl-Theodor zu Guttenberg seine Dissertation. Typologisch gesehen könnte man ihn als die burleske Ausgabe des gefeierten Politikers betrachten. Sicher kann sich der eine besser benehmen als der andere. Die Unterschiede aber sind graduelle, keine prinzipiellen. Entscheidend ist die Unbekümmertheit, die forsche Naivität, mit der sich jemand zu etwas aufschwingt, von dem wir bisher annahmen, dass es dazu gewisser Voraussetzungen bedürfe, einer Begabung, einer Ausbildung, eines nachgewiesenen Könnens. Die Nebensächlichkeit dieser professionellen Befugnis nachgewiesen und gezeigt zu haben, dass es allein auf die mediale Präsenz ankommt, ist ein vornehmliches Verdienst des Fernsehens. Namentlich Dieter Bohlen hat mit seiner Show »Deutschland sucht den Superstar« den Dilettantismus rehabilitiert, ihn gar zum Gütesiegel erhoben und sehr vielen Leuten damit gezeigt, dass man gar nicht unvermögend genug sein kann, um auf die Bühne zu kommen, in das Studio, das die Welt bedeutet. So wie früher die Könner verehrt wurden, werden nun jene bewundert, die etwas nicht können und es trotzdem tun. Erfolg verspricht das heiße Bemühen, nicht die kalte Perfektion. Mehr als diese packt den Zuschauer der gute Wille, mit dem sich die Kandidaten auf alles Mögliche einlassen, wie unsinnig die jeweilige Herausforderung bei Lichte besehen auch sein mag.

Das Prinzip ist überall das gleiche, bei dem flegelhaft ausfälligen Dieter Bohlen und dem ordinär auftrumpfenden Stefan Raab ebenso wie bei dem schlaumeiernden Günther Jauch oder dem charmant blendenden Thomas Gottschalk und wie sie noch alle heißen mögen. Wer in ihre Sendungen kommt, darf das, womit er sich präsentiert, nicht wirklich erlernt oder studiert haben. Der Kandidat muss als Laie auftreten, am besten mit einer spleenigen Darbietung. »Die Helden«, sagt der Medienkritiker Michael Hanfeld über die Kandidaten in Thomas Gottschalks Sendung »Wetten, dass …?«, »sind eins mit dem Publikum. Es sind Jedermänner – meist große Jungs, die sich abstruse Übungen einfallen lassen, für die man in der Schule keine gute Betragensnote bekommt, allenfalls Anerkennung von seinesgleichen.« Darauf kommt es an, auf die Nivellierung. Zwar verliert sich auf diesem Pfad der kulturelle Anspruch, da Kultur eben nur dort entsteht, wo Unterscheidung, das Hervortreten des Einzelnen mit einer originären Leistung, zugelassen wird, aber es steigt die Quote, die Akzeptanz bei einer Masse, die sich im Fernsehen vor allem selbst begegnen will. Um dieser Illusion Vorschub zu leisten, werden weder Blamagen noch Peinlichkeiten gescheut. In der Sendung »Verstehen Sie Spaß?« wird nicht nur generell an den eher niedrigen Instinkt der Schadenfreude appelliert, es geschieht dies neuerdings auch auf eine ausgesucht vulgäre Weise. Es werden humorlose Mitspieler vorgeführt, deren Hilflosigkeit Bedauern erregt, sofern sie nicht ordinär auffallen. Ohne Hemmung nennen sie diejenigen, die sie hereinlegen wollen, »Arschlöcher«, während diese, wenn sie in die krampfhaft konstruierte Falle getappt sind, laut und vernehmlich »Scheiße« ins Mikrofon stöhnen, so geschehen in der Sendung am 11. Dezember 2010. Wer angesichts derartiger Programme noch von Kultur spricht, hat bereits kapituliert.

Zu misstrauen ist einer Kritik, die sich bemüht, einzelne Phänomene dieser kulturellen Verwahrlosung als eine satirische Reflexion derselben aufzuwerten, indem sie etwa die Blödeleien verschiedener Comedians bedeutungsvoll zu interpretieren versucht, Helge Schneider zum Beispiel an die Seite der Dadaisten stellt, nur weil er Unsinniges sagt. Das jedoch haben die Dadaisten, erinnern wir uns an ihre Abkehr vom Monte Verità, niemals getan. Über die Sprache, die sie syntaktisch zerlegten, konnten sie noch verfügen. Mit ihren Collagen zerschnitten sie Bilder, die sie noch hätten entwerfen können. Wenn Helge Schneider dagegen, befragt, was ihm zu dem Wort Humor einfällt, erklärt: »Ja, Humor. Hummer!«, dann beschleicht einen die Vermutung der Einfallslosigkeit auf dem »Katzenklo«. Da wird sich in Andeutungen ergangen, die den Eindruck erwecken sollen, dahinter stünde noch sehr viel mehr, obwohl das doch schon alles ist, was aufgeboten werden kann. Vergebens versucht die wahlverwandte Kritik, das Dürftige ins Hintergründige zu verwandeln. Am Ende läuft es immer bloß auf die Rechtfertigung des Vergnügens an der puren Banalität hinaus, einer Banalität, der wir uns als Fernsehzuschauer ungenierter hingeben können als in der Öffentlichkeit. Das »Unterschichtenfernsehen«, von dem Harald Schmidt, der misanthropisch Gesinnte unter den Entertainern, einmal selbstironisch sprach, ist längst zum Merkmal einer kulturell ermüdeten Gesellschaft geworden. Damit, dass wir alles kurzerhand mit dem Etikett der Kultur überkleben, werden wir das Stigma nicht loswerden. Im Gegenteil, die Banalität kann sich auf Sendeplätzen ausbreiten, die ihr zuvor verwehrt blieben. Seit das ZDF seinen Theater- in einen Kulturkanal verwandelt hat, sind auch da die Rocker im Vormarsch.

Dass es gleichwohl noch andere Programme gibt, ändert nichts an der Tendenz, am Gesamteindruck einer Medienlandschaft, die zeigt, womit sich die Gesellschaft bereits abgefunden hat und was vielen Menschen inzwischen erstrebenswert scheint. Schließlich stacheln die Zuschauerzahlen der nach dem vermeintlichen Massengeschmack konzipierten Sendungen nicht nur die Programmmacher an, dieses Feld mit immer neuen Angeboten zu bestellen. Sie würden unternehmerisch unvernünftig handeln, täten sie das nicht. Niemand kann ihnen die Expansion verübeln, womöglich verwehren, zumal – und das ist der zweite Aspekt der Geschmacksangleichung nach unten – dadurch immer mehr Menschen in der Annahme bestärkt werden, der wahre Erfolg sei nur durch den Auftritt im Fernsehen zu erreichen, ja, dieser Auftritt selbst sei der zu erzielende Erfolg, die Bestätigung der Persönlichkeit. Was man dafür anstellen muss, spielt keine

Rolle, wenn Millionen zuschauen; gleich, ob man sich nun im »Dschungelcamp« von Spinnen besteigen lässt oder ob einen Heidi Klum auf der Suche nach »Germany's next Topmodel« durch den Kakao zieht. Manche stecken sich auch splitterfasernackt eine brennende Rakete in den After, dass es aussieht, als ob sie Feuer aus dem Hintern speien. Andere wieder hoffen, mit dem »schlechtesten Lied aller Zeiten« Aufsehen zu erregen, oder lassen sich wie »Sexy Cora« so lange schönheitschirurgisch umgestalten, bis sie aus der Narkose nicht mehr aufwachen. Selbst als Sterbender kann man noch auf den Bildschirm gelangen. Der englische Lehrer Craig Ewert ließ seine Selbsttötung 2008 von einem Fernsehteam aufzeichnen, es sollte ein »Lehrfilm« werden. Dem Einfallsreichtum sind keine Grenzen gesetzt, wenn es gilt, medial wahrgenommen zu werden, ohne etwas können zu müssen.

Dieser um sich greifende Exhibitionismus entspringt fraglos einer inneren Not. Erklären lässt er sich nur mit der ideologisch forcierten Abkehr von dem hergebrachten Leistungsprinzip. In dem Maße, in dem die Leistung an gesellschaftlichem Ansehen verlor, wenn ihre Bedeutung nicht gleich heruntergespielt wurde, um einer Elitenbildung vorzubauen, durch die sich die anderen in ihrem Gleichheitsanspruch irritiert fühlen könnten, in dem Maße, in dem die geistige, nicht die materielle Nivellierung unter dem Deckmäntelchen der Chancengleichheit vorangetrieben wurde, wurde dem Einzelnen die Möglichkeit genommen, sich mit seiner Leistung zur Geltung zu bringen. Davon glauben viele, sich nichts mehr erwarten zu können, einerseits. Da sie aber andererseits ebenso überzeugt sind, in unserer renommierenden Gesellschaft mehr sein zu müssen, als sie aufgrund ihrer erbrachten oder eben nicht erbrachten Leistungen sein können, sind sie wie nie zuvor verführt, buchstäblich ihre eigene

Haut zu Markte zu tragen. Die Schwächeren insbesondere erliegen dieser Versuchung, sind leicht zu ködern mit der Aussicht auf Anerkennung. 34 000 Bewerber meldeten sich im Frühjahr 2010, als wieder einmal Kandidaten für eine nächste DSDS-Staffel gesucht wurden. Zu Tausenden drängen sich die Mädchen, sobald Heidi Klum zum Casting bläst, Stunden stehen sie dafür in Kälte oder Hitze, treten sich auf die Füße und ziehen überwiegend mit verweinten Gesichtern wieder ab. Aber welcher Ruhm winkt dafür denen, die es geschafft haben, irgendwo unterzukommen! Bei einer Autogrammstunde mit den gekürten Kandidaten der aktuellen Staffel von »Deutschland sucht den Superstar« kam es im März 2011 im Einkaufszentrum von Oberhausen zu tumultartigen Szenen. Es gab über hundert Verletzte, Knochenbrüche und Kreislaufkollapse. 15 000 Fans, *Bild* meldete gar 20 000, wollten ein Autogramm von sechs Menschen, die demnächst im Fernsehen zu sehen sein würden.

Der Medienwissenschaftler Bernhard Pörksen und der Linguist Wolfgang Krischke, Autoren des Buches »Die Casting-Gesellschaft«, sprechen in dem Zusammenhang bereits von einer »weitgehend selbstreferentiell erzeugten Medienprominenz – ohne besondere Leistungen, ohne spezifische Kompetenz, ohne eine per se Interesse weckende gesellschaftliche Stellung«. »Intimität«, schreiben die Autoren, werde »gegen Publizität« getauscht: »Der Superstar im Zeitalter seiner technischen Reproduzierbarkeit verliert, was einst seine Aura ausgemacht hat ... ein nie ganz auflösbares Geheimnis, das ihn umgibt. Heute erscheint er dagegen zwar weiterhin als bewundertes Gegenüber, aber man kann es ihm doch prinzipiell gleichtun.« Mit anderen Worten und auf unser Thema bezogen: Im Fernsehen und mit Abstufung auch in anderen Publikumsmedien feiern wir das Hochamt des Dilettantismus,

vereint in dem Glauben eines jeden an seine eigene Show-
tauglichkeit. In dem Paradies dieser Religion, in der virtuellen Welt der unbegrenzten Möglichkeiten, muss man nichts
mehr werden, nichts beherrschen, um damit aufzufallen. Man
muss nur noch sein, dies oder das oder irgendetwas anderes
sein wollen, Sänger, Tänzer, Koch, Wettkönig, Kunstpfeifer,
Bauer oder Schweißfußexperte.

Lassen wir uns hier noch einmal theoretisch von Goethe
und Schiller aushelfen, und zwar mit ihrem gemeinsam er-
stellten Fragment »Über den Dilettantismus«. Dort erklären
sie, was unverändert gilt: »Weil der Dilettant seinen Beruf
zum Selbstproduzieren erst aus den Wirkungen der Kunst auf
sich empfängt, so verwechselt er diese Wirkungen mit den objektiven Ursachen und Methoden, und meint nun den Emp-
findungszustand, in den er versetzt ist, auch produktiv und
praktisch zu machen, wie wenn man mit dem Geruch einer
Blume die Blume selbst hervorzubringen gedächte.« Nichts,
das sich so, aus der Illusion heraus, mit der Imagination des
Könnens, nicht inszenieren ließe; nichts, für das sich nicht
jemand fände, der bereit wäre, es zum Vergnügen der Zuschauer auszuprobieren. Die diversen TV-Kanäle haben daraus ein florierendes Geschäft gemacht. Wo sie den Laiendar-
steller nicht als solchen auf die Bühne schicken, zeigen sie,
wie sich jemand ohne jegliche Voraussetzung an etwas versucht, das viele interessieren könnte. Diese mediale Adaption
des Learning by Doing hat sich fast schon zu einem dramatur-
gischen Standard entwickelt. Anspruchsvollere wie weniger
anspruchsvolle Formate bedienen sich der Methode. In doku-
mentarischen Beiträgen sind es dann meist die Reporter selbst,
die versuchen müssen, das, worüber sie berichten, eigenhän-
dig zu tun. In einem Beitrag über die Käseherstellung müssen
sie selbst Käse machen. Wie den gespielten Witz von Dieter

Hallervorden gibt es inzwischen die gespielte Erkenntnis. In einem Film über die Nibelungensage begegnen wir vor allem den Schatzsuchern unserer Tage. Eine Dokumentation zur Varusschlacht erklärt zuerst die Arbeitsmethoden der Archäologen; historische Zeugnisse interessieren vor allem als Spielmaterial verschiedener Hightech-Experimente. Wenn es um die Sintflut geht, berichtet die Stimme aus dem Off, wie das Wetter war, ob es regnete oder ob die Sonne schien, als die Forscher an den vermuteten Orten des biblisch überlieferten Geschehens auf Spurensuche gingen. Und oftmals erinnert einen die Aufmachung der befragten Experten überdies noch an Indiana Jones. Das verfehlt seine Wirkung nicht. Spannend vor allem muss es sein, dieses inszenierte Abenteuer Wissen. Dass dabei auch mit dem Wissen geradezu abenteuerlich umgegangen wird, tut der Unterhaltung keinen Abbruch. Es stört so wenig wie die schiefen Töne, mit denen Deutschlands potenzielle Superstars bei Dieter Bohlen auftreten. Die Möglichkeit des Versagens gehört zum Reiz des Spiels, auch bei Thomas Gottschalk. Auch seine Wetten wären keine, wenn man nicht damit rechnen würde, dass es der Kandidat unter Umständen nicht schafft. Warum dennoch eine Wette angenommen wurde, bei der sich der 23-jährige Samuel Koch am 4. Dezember 2010 so schwer verletzte, dass er seither und mit unbestimmter Aussicht an den Rollstuhl gefesselt ist, bleibt unerfindlich. Wer das allein dem ZDF als Veranstalter oder dem Talkmaster anlasten wollte, machte es sich zu einfach. Schließlich hatte sich der Geschädigt selbst den Salto über ein Auto ausgedacht, mit dem ihm sein Vater entgegenfuhr. Tausende im Saal und Millionen vor den Fernsehgeräten hielten begeistert den Atem an. Niemand hat Alarm gerufen, um diesem Wahnsinn Einhalt zu gebieten. Es geschah ja auch nur, was immer geschieht. Es wurde etwas ausprobiert, das toll sein sollte. Dass man als toll einmal jene bezeichnete, die nicht ganz bei Sinnen waren, haben wir längst vergessen. Toll ist total gut, absolut, hallo. Die Sprache schon offenbart, wie es um uns bestellt ist in der besten aller dilettantischen Welten.

Noch lange könnte man fortfahren, Beispiele für das erfolgreiche Versagen unserer Spaßgesellschaft in den Medien aufzulisten. Wir könnten an die Show erinnern, in der RTL minderjährigen Paaren die Babys anderer Leute in die Hand drückte, damit sie einmal ausprobieren, Eltern zu sein. Zu reden wäre von der FSK, der Freiwilligen Selbstkontrolle der Filmwirtschaft, die das Ganze mit dem Gütesiegel »pädagogisch wertvoll« versah, oder von der Familienministerin und siebenfachen Mutter Ursula von der Leyen, die gegen diesen Kindesmissbrauch keine grundsätzlichen Einwände hegte, nur eine »gründliche« Überarbeitung des Konzeptes anmahnte. All das gehörte an den Pranger der öffentlichen Meinung. Allein, welche Reaktionen wären zu erwarten außer einem Achselzucken? Ist doch, um mit Thomas Gottschalk zu sprechen, ohnedies alles »nur Unterhaltung«, freilich eine Unterhaltung, die immer mehr Menschen, die Jugendlichen zuerst, mit dem Leben verwechseln, um danach ihr persönliches Verhalten auszurichten. Bereits 33 Prozent der 14- bis 29-Jährigen verfolgen solche Programme regelmäßig. Wie sollen sie lernen, dass einem nicht alles zufliegt, dass man sich erst einmal Wissen und Fähigkeiten aneignen muss, ehe man dieses oder jenes sein kann, wie sollen sie das begreifen, wenn ihnen ständig das Gegenteil vorgemacht wird, wenn der Frankfurter Flughafen einen Schülerwettbewerb startet, dessen Gewinner für einen Tag »Chef« des Airports sein kann. Natürlich weiß jeder, dass das ein Spiel ist und dass der Bub nur zuschauen darf. Aber warum kann es dann nicht genug sein, ihn einen Tag lang »hinter die Kulissen« blicken zu lassen?

Das wäre doch schon spannend, aufregend und ein Erlebnis, durch das sich der Sieger des Wettbewerbs ausgezeichnet fühlen dürfte. Warum müssen wir immer so tun, als wäre alles aus dem Stand heraus zu bewältigen? Warum können die Wort nie groß genug sein, warum diese Erziehung zur Hybris, zur Selbstüberschätzung? Würde man den PR-Managern des Flughafens diese Fragen stellen, würden sie sie vermutlich gar nicht verstehen. Passt doch ihre Aktion – nur ein Beispiel von vielen – in das Gesamtbild einer Gesellschaft, die alles nicht mehr so bierernst nehmen will. Diesen Zwang schafft sie sich vom Hals, indem sie den Pfusch kultiviert und das Menschenrecht des Irrtums verkündet. Das Scheitern hat seinen Schrecken verloren, das Versagen gehört zum Spiel, kein Beinbruch. Es gibt immer noch eine zweite und nach der zweiten eine dritte und eine vierte Chance. Irgendwann wird es schon gut- oder wenigstens nicht mehr schiefgehen: Wetten, dass …?

Aus der Unverbindlichkeit resultiert die Leichtigkeit des Seins in der Heimwerker-Gesellschaft. Jeder kann, soll und darf alles. Es geht zu wie weiland im Kinderladen. Niemand versteht das besser als Thomas Gottschalk. »Meine Generation«, sagte der 61-Jährige in einem Interview am 29. März 2011, »ist alt geworden, ohne erwachsen werden zu müssen.« Der Entertainer macht sich nichts vor. Er weiß, weshalb ihm die Herzen des Publikums zufliegen. Mit seinen blonden Locken und dem bunten Fummel, den er unverdrossen trägt, hat er sich zur Ikone der infantilen Spaßgesellschaft stilisiert. »Dieser Habitus eines großen, selbstverliebten Kindes verlieh Gottschalk«, so der Kulturkritiker Richard Herzinger, »den Status des ewig Unangepassten, hüllt ihn in einen Hauch juvenilen Hippie-Rebellentums, das er aus den wilden sechziger Jahren herübergerettet zu haben scheint.« Das endlose Verharren in der unbeschwerten Jugend machte den großen Blonden zum Liebling der Deutschen, der Österreicher, der Schweizer und aller, die ihn sonst noch in Europa verstehen. Als er am 12. Februar 2011 verkündete, dass er, veranlasst durch den schweren Unfall seines Kandidaten Samuel Koch, das Amt des Showmasters bei »Wetten, dass …?« niederlegen werde, hielten die Völker den Atem an. Über Tage hin machte der »Rücktritt« Schlagzeilen. Die Politik und was außerdem noch in der Welt geschehen mochte, wurde zur Nebensache. Die Menschen waren in heller Aufregung. Beim ZDF herrschte Krisenstimmung, bei der ARD keimte Hoffnung auf. Die einen bangten um den Verlust ihres Zugpferdes, die anderen setzten alles daran, den Publikumsliebling zu gewinnen und bekamen schließlich den Zuschlag. Der Jubel war groß. Erleichterung! Nun darf die ARD hoffen, mit der Zugkraft des Prominenten ihr Programm vor acht Uhr abends aufzumöbeln, ebenso wie mit der Verdoppelung der täglichen Sendezeit ihrer Soap-Opera »Verbotene Liebe«. Man will mit der bewährten Prominenz auf Nummer sicher gehen.

An sich eine vernünftige Strategie, nur eben auch eine, und damit sind wir wieder beim Thema, der es nicht darum zu tun ist, Beiträge zu erstellen, die einen bestimmte Inhalt sachkundig aufbereiten und vermitteln. Dieses journalistische Prinzip, wenn man so will, der kategorische Imperativ des Gewerbes, wird außer Kraft gesetzt, sobald die Gestaltung und die Besetzung von Sendungen vorrangig an dem Ziel ausgerichtet ist, eine maximale Einschaltquote zu erreichen. Die Darbietung dominiert dann zwangsläufig die Information, ihre Verlässlichkeit steht in Frage. Na und? wird man hier sagen und womöglich einwenden, wir verwechselten Birnen mit Äpfeln. Wieso soll Unterhaltung denn nicht dem Bedürfnis der Zuschauer, möglichst vieler Zuschauer entsprechen?! Schließlich ist eine Show keine Schulstunde und in jedem Fall etwas anderes als ein journalistischer Beitrag. Das stimmt, genau darin besteht das Problem. Nur ist es nicht der Kritiker, der hier etwas verwechselt. Es sind die Macher der Programme, die immer öfter versuchen, Journalismus und Entertainment zu verquicken. Weshalb sonst hätten sie Thomas Gottschalk eingekauft, damit er viermal wöchentlich, jeweils von 19.30 bis 20 Uhr, in der Aufwärmphase der »Tagesschau«, mit wechselnden Gästen über das »Zeitgeschehen« spricht? Mit welcher Absicht haben sie Günther Jauch für den Polit-Talk am Sonntagabend verpflichtet, wenn nicht mit der, von der Popularität und der Professionalität des Entertainers zu profitieren? Mit der Erfahrung eines politischen Journalisten konnte er sich für den Posten so wenig empfehlen, wie bei Thomas Gottschalk, der von sich selbst sagt, dass er »über viele Jahre« nicht mehr tun musste, als »irgendwelche Spinner, die was Verrücktes konnten, und ein paar Prominente, die darauf gewettet haben«, zusammenzubringen. Das Understatement, mit dem der Großmeister der Fernsehunterhaltung sein Licht ironisch unter den Scheffel stellt, spricht für ihn. Es berührt sympathisch.

Der Entertainer kennt die Grenzen seiner Kompetenzen, das hat er oft genug zu verstehen gegeben. Genauso weiß er jedoch, dass er beste Aussichten hat, zu bestehen und die Erwartungen zu erfüllen, die jene in ihn setzen, denen die Einschaltquote im Wettbewerb der Programme über alles gehen muss. Ihre Entscheidung bestätigt abermals, welchen Einfluss das Publikum auf die Programme hat. Es bekommt nichts vorgesetzt, das es nicht abnimmt. Seine Ansprüche haben zu dem geführt, was wir heute erleben, bisweilen zaghaft noch beklagen, zur Boulevardisierung der Medien und des Journalismus. In ihr offenbart sich die Tendenz des Dilettantismus täglich, ihre Entwicklung zeigt, wie er um sich greift, wenngleich das sehr viel differenzierter geschieht, als es auf den ersten Blick scheinen will.

Die Oberfläche fällt jedem sofort ins Auge. Über die bunten Blätter und die großen Boulevardzeitungen sind nicht viele Worte zu verlieren. Sie machen kein Geheimnis aus dem, was sie tun. Sie stehen zu ihrer Sache. Was die handwerkliche Qualität anlangt, darf man sie der mangelnden Professionalität nicht zeihen, nicht in ihrer Klasse, nicht auf dem Level des Boulevards. Wer *Bild* mit den intellektuellen Leitmedien vergleicht, ist selbst schuld, wenn er nicht auf seine Kosten kommt. Solche Kritiken gehen an der Sache vorbei. Was der Kommunikationswissenschaftler Georg Ruhrmann erklärt, versteht sich von selbst. Die Auswahl der Themen und Nachrichten orientiert sich in diesem Bereich »nicht mehr ausschließlich an journalistischen Aktualitätskriterien. Kundennachfrage und -zufriedenheit sind ebenfalls gefragt.« Das gilt für die Printmedien sowie für das Internet und selbstverständlich für das Fernsehen. Wir haben es bereits gesehen. Aus der Perspektive längerer Beobachtung wäre hier allenfalls noch ein stärkeres Vordringen der Boulevardmagazine in den öffentlich-rechtlichen Sendern zu bemerken. Auf den Privatkanälen dominieren sie ohnehin seit jeher. Doch wie verhält es sich da, wo »Boulevard« nicht balkenstark aufgedruckt ist und dennoch drinsteckt, wo man die journalistischen Formate den Entertainern überlässt, die dann nolens volens als Laien, als Dilettanten agieren, während mit der Aufmachung der Beiträge der Eindruck erweckt wird, es handle sich um ernsthafte, das heißt kritisch-sachorientierte Information? Leisten nicht die Journalisten ihrerseits der Boulevardisierung Vorschub, wenn sie etwa die poltische Berichterstattung zunehmend personalisieren, weil das unterhaltsamer ist? Kein Wort gegen eine lebendige Darstellung. Langweilige Artikel will niemand lesen; die Zeitung ist kein statistisches Jahrbuch. Was wahrgenommen werden soll, muss so geschrieben, erzählt und ins Bild gesetzt werden, dass es Interesse und Neugier erweckt. Die Leser wie die Zuschauer wollen aber auch etwas erfahren. Sie haben einen Anspruch darauf, informiert zu werden. Und wo sich die »Story« in den Vordergrund drängt, bleibt eben zunehmend weniger Raum für den Inhalt. Unter der Feder der besseren Autoren mutieren die Berichte dann leicht zu literarischen Miniaturen, bei den weniger guten verwandeln sie sich reißerisch. Um die Sachlichkeit ist es so oder so schnell geschehen; unversehens wird sie zur Nebensache, wo die Sensation der Personalie kultiviert wird. Das kann für die Betroffenen schmerzlich sein, wenn sie sich dadurch in ihrer Intimsphäre verletzt fühlen. Überwiegend jedoch können sie damit sehr gut leben, ungeachtet des Wehgeschreis über die schreibenden, knipsenden und filmenden Paparazzi. Die Politiker zumal profitieren von diesem Schlüsselloch-Journalismus, von der medialen Personalisierung des öffentlichen Lebens. Wird doch damit zugleich von anderem abgelenkt, die Kritik in der Sache emotional überlagert und relativiert.

Schon in dem Kapitel über den Dilettantismus in der Politik haben wir uns des Eindrucks nicht erwehren können, dass sich die Journalisten ihren kritischen Schneid mehr und mehr abkaufen lassen. Deutlich erkennbar überlappt sich diese Entwicklung in Deutschland mit dem Übergang von der Bonner zur Berliner Republik. Anders als in der rheinischen Provinz, wo Politiker und Journalisten außerhalb des dienstlichen Rahmens allein schon deshalb seltener miteinander verkehrten, weil es zu wenig Lokale und gesellschaftliche Anlässe gab, hat sich in Berlin eine offene Partyszene entwickelt, in der sich der persönlichere Umgang unversehens ergibt. Das beginnt beim Frühstück im Café Einstein Unter den Linden, keine fünf Gehminuten entfernt von den Büros der Parlamentarier, es setzt sich fort beim Mittagstisch im Borchardt, und es endet am Abend vielleicht wieder Unter den Linden beim Ball in der russischen Botschaft. Die Liberalität der Metropole erlaubt Beziehungen, die in der verschlafenen Universitätsstadt Bonn nie comme il faut gewesen wären. Diese verhockte Vergangenheit liegt weit zurück, dem Gedächtnis vieler ist sie bereits entfallen. Darüber die Nase zu rümpfen, dem nachzutrauern, besteht kein Anlass. Im Gegenteil, der offenere Umgang belebt nicht nur die Szene, er kommt nicht nur der weltstädtischen Eleganz zugute, er öffnet den Journalisten auch Türen, an denen sie früher oft abgewiesen wurden. Sie erfahren mehr und bekommen tiefere Einblicke. Da und dort werden sie ins Vertrauen der Macht gezogen. Das schmeichelt aber auch, es verführt dazu, an der Macht partizipieren zu wollen und Verständnis für Persönlichkeiten zu wecken, deren Tun doch in erster Linie kritisch beschrieben, analysiert und durchleuchtet werden sollte.

Obwohl es sicher verfehlt wäre, gleich zu behaupten, eine Hand wäscht die andere, ist doch zu beobachten, dass der Vorteil, aus der Innenperspektive berichten zu können, durch eine Vertraulichkeit erkauft ist, die der journalistischen Unabhängigkeit nicht immer dienlich sein muss. Wer Vertrauen genießt, möchte es nicht verspielen. »Die demonstrative Ehrfurcht vor den Autoritäten ist Teil der Strategie, sich rundum abzusichern«, schrieb der Medienkritiker Jörg Thomann 2007 in einem Beitrag über den ZDF-Mann Johannes B. Kerner. Damit, erklärte er weiter, »verkörpere« der Talkmaster »das Mittelmaß der Gesellschaft«. Noch deutlicher wurde einer, der den Betrieb von innen kennt. »Den Machern«, sagte

2009 der damals schon pensionierte Anchorman der »Tages-themen«, Ulrich Wickert, »scheint das Bewusstsein für ih-ren öffentlich-rechtlichen Auftrag, für eine Grundversorgung politischer Information zu sorgen, abhandengekommen zu sein.«

Die »Kanzlerinnenversteher« geben den Ton an. Abend für Abend kann man ihnen in den Hauptnachrichten der ver-schiedenen TV-Stationen begegnen, sehen, wie sie sich be-mühen, den Zuschauern zu erklären, warum »Angela Merkel« oder »Wolfgang Schäuble«, die stets vertraulich apostrophier-ten Politiker, so oder so denken müssen. Dabei mag es dem Zufall geschuldet sein, dass dieses hermeneutische Bemühen in einer merkwürdigen Übereinstimmung mit der Beliebt-heit und der Machtfülle der jeweiligen Politiker steigt oder sinkt. Jedenfalls scheint es schwerer zu fallen, einen Guido Westerwelle, einen Horst Seehofer oder einen Philipp Rös-ler zu verstehen. Gleichviel. Gewiss kein Zufall ist es, dass die unverständigeren unter den Journalisten eher fernab der Machtzentren sitzen, in Frankfurt am Main, in München, in Hamburg. Ihnen fehlt schlicht der Zugang zu dem Boulevard, auf dem sich alle tummeln. Nur wer sich da unter die Mächti-gen mischt, kann die Politik heute noch so vermitteln, wie es der postmodernen Unterhaltungsgesellschaft entspricht: mit gelegentlich aufbrausendem Talk, doch immer nachsichtig in der Sache, menschlich verständlich.

Bevor wir fortfahren, das Verhältnis von Dilettantismus und Journalismus zu erörtern, ist hier noch eine längst über-fällige begriffliche Klarstellung einzuschieben. Journalisten werden oft als die Dilettanten schlechthin betrachtet. Das stimmt insofern, als sie in der Regel, von hochspezialisierten Fachleuten einmal abgesehen, über Dinge und Entwicklungen berichten, denen sie als Beobachter gegenüberstehen, ohne mit ihnen beruflich, also durch irgendeine Ausbildung oder ein Studium näher vertraut zu sein. Das, was sie darstellen, ist nicht ihre Profession. Sie müssen von Fall zu Fall recherchieren, um sich ein Bild zu machen, bleiben aber Laien in der Sache. Dies bleiben zu wollen und sich eben nicht berufen zu fühlen, etwa selbst politische Macht ausüben oder als Kritiker Schauspieler sein zu wollen, diese Einsicht in die Begrenztheit der eigenen Möglichkeiten ist eine entscheidende Voraussetzung für den Beruf.

Neben der Neugier, der Bereitschaft, sich auf andere und Unbekanntes einzulassen, verlangt er vor allem die Fähigkeit, etwas so darzustellen, dass es auch andere Laien begreifen und sie in die Lage versetzt werden, sich ein Bild zu machen. An dieser Linie scheidet sich im Journalismus die Spreu vom Weizen. Nicht der ist in diesem Gewerbe ein Dilettant, der das, worüber er berichtet, nicht selbst auszuüben vermag, sondern der, der es nicht vermag, dies so zu recherchieren und darzustellen, dass die Sache für sich spricht, der Autor dahinter zurücktritt. Narzissten sind keine geborenen Journalisten, obwohl manche Journalisten sich im Laufe ihrer Karriere zu solchen entwickeln können. Groß gemacht hat sie ihre Lust an der Vermittlung von Dingen, mit denen sie sich selbst erst einmal beschäftigen mussten. Dieser Antrieb ist durch kein Diplom einer Journalistenschule zu ersetzen. Würde die zertifizierte Ausbildung zum Kriterium erhoben werden, dann müsste Stefan Aust, der einstige Chefredakteur des *Spiegel*, ebenso zu den Dilettanten des Faches zählen wie Henryk M. Broder, der scharfzüngige Nachfahre eines Kurt Tucholsky, oder Jürgen Serke, der Reporter, der einem ganzen Wissenschaftszweig auf die Sprünge half, als er in den siebziger Jahren des vorigen Jahrhunderts die »verbrannten Dichter« aufspürte und damit die Exilliteratur wieder ins Gespräch brachte. Selbst Marcel Reich-Ranicki, der die Jahre, die normalerweise dem Studium gehören, im Warschauer Ghetto erleiden musste, wäre, hinge alles an den Diplomen, den Dilettanten zuzurechnen.

Zur Professionalität kann man so oder so gelangen; erst recht im Journalismus erübrigt sich die Frage nach dem Weg, auf dem das geschieht. Allein die Sachbezogenheit der Arbeit unterscheidet den Fachmann vom Stümper. Noch die Abgänger der besten Schulen können im Dilettantismus enden. Davor bewahrt kein Zeugnis, nicht, wenn es als Entree zu einem Beruf dienen soll, von dem man annehmen möchte, dass er zuerst die Möglichkeit bietet, persönlich aufzufallen – womit wir nun wieder den Faden aufnehmen. Sind es doch die boulevardisierten Medien selbst, die den Journalismus entwerten, indem sie ihn als Entertainment inszenieren, als einen Talk, zu dem es die Politiker in Scharen zieht. Günther Jauch sprach schon im Vorhinein, in einem Interview, das er der Programmzeitschrift *Hör zu* im Juli 2011 gab, von dem Polit-Talk, den er zukünftig moderieren würde, als seiner neuen »Show«. Die geweckte Erwartung hat sich erfüllt. Unter einer prächtig illuminierten Kuppel tut der Entertainer, was er kann. Er plaziert seine Gäste und unterhält das Publikum. Dass derartige Feststellungen etwas an den Formaten ändern könnten, ist keineswegs zu erwarten. Es ist auch nicht die Sache des Kritikers, Ratschläge zu erteilen. Er kann nur den Finger in die Wunde legen und feststellen, dass es wohl nicht einmal den Erwartungen der Mehrheit entspräche, würden die Medien, Presse wie Fernsehen und Hörfunk, den einmal eingeschlagenen Weg wieder verlassen.

Die Unterhaltungsgesellschaft hat sich längst auf dem Boulevard eingerichtet. Noch dort, wo man sich anspruchsvoller gibt, wird dem Rechnung getragen. Nach Jahrzehnten konservativer Selbstbehauptung glaubte selbst die *Frankfurter Allgemeine Zeitung*, nicht mehr ohne ein großflächiges Bild auf der Titelseite auskommen zu können. Zugegebenermaßen wird dieser optische Aufmacher nie ohne das Bemühen um den intellektuellen Witz präsentiert, auf einem Niveau, das sich, ungeachtet gelegentlichen Versagens, deutlich von dem der Massenblätter abhebt. Man muss das nicht so »abgrundtief albern« finden wie Karl Heinz Bohrer, der selbst einmal Literaturchef dieser Zeitung war; dazu besteht kein Anlass. Dennoch zeigt der Stilbruch, dass niemand mehr umhinkommt, seinen Fuß auf den Boulevard zu setzen. Und das nicht allein deshalb, weil sich da die Masse tummelt. Das Publikum insgesamt will lieber unterhalten als aufgeklärt sein, lieber emotional angerührt als durch rationale Schärfe verunsichert werden. Die Prominenz, gleich welcher Art, liefert dafür den Stoff, das Material, aus dem sich Auflagen und Quoten machen lassen – zum gegenseitigen Vorteil. Noch wo sie in der Sache versagen, können Politiker mit persönlichen Sympathiepunkten Boden gutmachen. Und wo wären diese Punkte leichter zu sammeln als auf dem Boulevard. Von seiner personalisierten Berichterstattung fühlen sich Leser und Zuschauer ins Vertrauen gezogen. Das genügt dem basisdemokratisch orientierten Zeitgeist; da kann jeder mitreden. Leichter als die Einschätzung politischer, wirtschaftlicher, auch kultureller Zusammenhänge fällt die Beurteilung der Personen. Im Journalismus führt das zu einer unverkennbaren Gewichtsverlagerung. An die Stelle der analytisch vernünftigen rückt immer öfter die moralisierende Darstellung; Ressentiments kommen ins Spiel; dem sprichwörtlichen kleinen Mann wird nach dem Munde geredet. Er darf sich daran delektieren, wie die Prominenten mit ihrem Privatleben öffentlich vorgeführt werden, wie sie ihre Liebesabenteuer eingestehen und Abbitte leisten müssen, als stünde man auf Du und Du. Das entbindet Journalisten wie Publikum nicht zuletzt von der Mühe einer sachlichen Beurteilung, mit der wir uns zunehmend schwerer tun. Sei es, dass sich die Prozesse wie im Fall der Euro-Krise schier unbegreiflich gestalten, oder sei es, dass man sich kein sachliches Urteil mehr zutraut, weil es an der nötigen Vorbildung fehlt, wenn nicht gar am Interesse. Das alles zusammen bedeutet endlich, dass sich die Boulevardisierung geradezu zwangsläufig ergibt, sie spiegelt nicht mehr und nicht weniger als den Zustand der Gesellschaft. Mit ihr können die Medien und die, mit denen sie sich befassen, sowie das Publikum den Dilettantismus in der Sache überdecken. »Täglich«, sagt Peter Sloterdijk, »werden Journalisten an die Front der Ablenkungsthemen gerufen.« Insofern besteht eine unausgesprochene Übereinkunft der Interessen zwischen allen Seiten. Die Massen, die die Politik als Wähler braucht, suchen die Medien als Publikum, unverhohlener denn je.

Esther Silvana Koch-Merin, die Europaabgeordnete der FDP, fiel lange Zeit allein dadurch auf, dass sie, so die Worte eines Europakorrespondenten, »viel Einfühlungsvermögen für die Alltagssorgen der Leute« zeigte. Das gefiel den Bürgern, den Politikern und den Medien gleichermaßen. Erst recht flogen der jungen Frau die Sympathien zu, nachdem sie sich für ein Wahlplakat mit nacktem Babybauch hatte fotografieren lassen. Die dreifache Mutter wurde als »neuer Politikertyp« gefeiert, sie galt als »Hoffnungsträger« ihrer Partei, bis sich plötzlich herausstellte, dass auch ihre Dissertation zu großen Teil ein Plagiat ist. Danach wollten es viele schon immer gewusst haben. Allerorten schallte es, die Kaiserin ist nackt. Auf einmal sah man, wie selten sie am politischen Leben teilgenommen, wie sie die Pflichten der Abgeordneten hinter der Boulevard-Fassade vernachlässigt und nichts Substanzielles zuwege gebracht hatte. Kein Dramatiker hätte sich die Geschichte besser ausdenken können: ein Lehrstück der Gesellschaftskultur im Zeitalter des postmodernen Dilettantismus. Es zeigt das populistische Zusammenwirken von Öffentlichkeit, Politik und Medien augenfällig; eine Ausnahme ist es nicht. Die Politiker wissen schon lange, wie sie es anstellen müssen, um den einen oder anderen Journalisten zum Vertreter ihrer Interessen zu machen. Ja, mancher scheint sich gar keine Vorstellungen mehr von deren Unabhängigkeit zu machen. Ohne Bedenken verschickte Manuela Schwesig, die sozialdemokratische Sozialministerin von Mecklenburg-Vorpommern, im April 2011 mehrere PR-Artikel ihres Hauses an Zeitungsredaktionen im Lande. In einem Begleitbrief formulierte sie dazu: »Wünschenswert wäre es, wenn die Artikel über einen Zeitraum von ca. sechs Monaten in regelmäßigen Abständen (ggf. vierzehntägig) erscheinen würden.« Noch genauer wollte die Ministerin den Blättern die redaktionelle Plazierung ihrer Werbung nicht vorschreiben. *Der Spiegel*, der die Geschichte bekannt machte, kürte die attraktive Blondine daraufhin zur »Küsten-Barbie«. Das war wenig freundlich und ungerecht insofern, als die Verhältnisse der Dreistigkeit Vorschub geleistet haben. Was sollte die Ministerin schließlich von Verlagen erwarten, die ihre Redaktionen wie im Fall des *Nordkurier* weitgehend aufgelöst haben, um die tägliche Zeitung aus »Modulen« zusammenzusetzen, die ihnen von wer weiß woher zugeliefert werden?

Welches Bild mag sich der Außenstehende, und das gilt nun nicht nur für die norddeutsche Provinz, von einer Presselandschaft machen, in der die Produkte immer verwechselbarer anmuten, die gleichen Themen stets zur gleichen Zeit im gleichen Ton abgehandelt werden. Was ist geblieben von der vielgerühmten Meinungsvielfalt, wenn es mittlerweile zum journalistischen Alltag gehört, dass mehrere Blätter aus einer »Mantelredaktion« bedient werden, der *Kölner Stadtanzeiger*, die *Frankfurter Rundschau* und die *Berliner Zeitung* zum Beispiel. Nicht zu reden vom Fernsehen, wo ganze Kanäle von dem leben, was sie aus anderen übernehmen, alle Jahre wieder. Kaum eine Dokumentation über das Dritte Reich, die Pharaonen, den Buddha, die SPD oder den lieben Gott, die nicht bei Arte, 3sat, im ZDF-Infokanal, bei BR-Alpha und Phönix zu sehen wäre. Die Redakteure haben alle Hände voll damit zu tun, diesen Kreislauf in Bewegung zu halten. Zu mehr fehlen ihnen Zeit und Mittel, auch in der aktuellen Berichterstattung. Denn gerade die Recherche kostet Zeit und Geld. Also wird gegoogelt, was das Zeug hält. Einer bedient sich beim anderen, nur schnell muss es gehen. Fehler, die dabei weitergetragen werden, fallen kaum noch ins Gewicht. Wer sollte sie bemerken, wo keinem Zeit bleibt, etwas nachzuprüfen? Hat er sich erst einmal flächendeckend ausgebreitet, ist er systemisch geworden, schafft der Dilettantismus seine eigenen Schutzmechanismen. Einer tut, was er beim anderen sieht, und der Dritte, für den er es tut, der Leser, der Zuschauer, weiß gar nicht mehr, dass er mehr verlangen könnte, weshalb also sollte man – und damit schließt sich der Kreis des Versagens – Investitionen tätigen, die die Qualität des Journalismus heben? Die Verlage fühlen sich dazu so wenig veranlasst wie die Sender, die öffentlich-rechtlichen nicht ausgenommen.

Weil wir sonst wenig haben, das uns verbindet, sind wir durch unser Ungenügen zu einer eingeschworenen Gemeinschaft verschweißt. Keiner hat dem anderen etwas vorzuhalten, erst recht nicht in der Mediengesellschaft, die gelernt hat, noch das Votum des Kritikers als einen Beitrag zur Unterhaltung wegzustecken. Seine größten Erfolge, seinen eigentlichen Durchbruch, den Aufstieg zum Star verdankte Marcel Reich-Ranicki dem Fernsehen. Ohne das »Literarische Quartett« wäre ihm mancher Erfolg, aber auch manche Peinlichkeit erspart geblieben. Er wäre nie in die Verlegenheit gekommen, 2008 öffentlich die Annahme des Deutschen Fernsehpreises ablehnen zu müssen, eine Auszeichnung zurückzuweisen, mit der die Branche ihre Helden ehrt, nicht für das, was sie tun, sondern für das, was sie sind: Entertainer. Dass es dazu vor allem der Bereitschaft bedarf, persönlich auffallen zu wollen, eher exaltiert als sachkundig hervorzutreten, mag noch beklagen, wer der Entwicklung hinterherhinkt, wer nicht glauben will, dass das, was einmal war, für immer vorbei sein soll. Genau so ist es aber, »die schönen Tage in Aranjurez sind nun zu Ende«, die Spiele andere geworden. Sie haben nichts mehr mit dem zu tun, was sich Schiller einstmals darunter vorstellte. Wer heute spielt, tut es nicht nach den Regeln seiner klassischen Spieltheorie, um der Ideen willen, sondern bei Günther Jauch, bei Dieter Bohlen oder im »Dschungelcamp«.

Wir selbst haben es so gewollt, kein Medienmogul ist dafür verantwortlich zu machen, kein Verleger, kein Programmdirektor. Die Entwicklung hat sich ergeben, seit wir uns das Recht zugesprochen haben, für unser bloßes Dasein bestaunt zu werden. Schon auf dem Monte Verità ließen sich die Lebensreformer, die Nackten und die Träumer, von den Leuten besichtigen. Das Publikum zahlte, um zu staunen. Das war ihm genug, so wie es uns heute genug ist, den Kopf über jene zu schütteln, die uns im Fernsehen zeigen, dass sie auch nicht mehr können als jedermann. Anders als der Weltgeist Hegels, der in der vernünftig strukturierten, der aufgeklärt bürgerlichen Gesellschaft vergebens zu sich zu kommen suchte, sind die Geister des Dilettantismus, die sie einst auf dem »Berg der Wahrheit« riefen, in der Mediengesellschaft nun wirklich zu sich gekommen. Dass sie sich das so nicht hätten vorstellen können, dass sie vermutlich über das triviale Nachspiel erschrecken würden, bleibt den Pionieren, den entflohenen Bildungsbürgern des Fin de Siècle, trotz allem melancholisch nachzurühmen. Und uns, was bleibt uns? Vielleicht die Chance, uns dieser Herkunft gelegentlich wieder bewusst zu werden, schnell noch, bevor wir dem Gaudium des Augenblicks endgültig anheimfallen.

Nachwort

Alles Glück, das wir verdienen

Danach gefragt, wo denn nun »das Positive« bleibe, antwortete Erich Kästner seinen Lesern 1930: »Ja, weiß der Teufel, wo es bleibt.« Was das Publikum wünschte, konnte der Satiriker von Gnaden nicht liefern, nicht, wenn er bei den Tatsachen bleiben wollte. Denn, so reimte er in dem Gedicht »Und wo bleibt das Positive, Herr Kästner?« weiter:

»Die Spezies Mensch ging aus dem Leime
und mit ihr Haus und Staat und Welt.
Ihr wünscht, dass ich's hübsch zusammenreime,
und denkt, dass es dann zusammenhält?«

Bei allem Verständnis für die Wünsche des Publikums wusste der Realist, dass eine solche Glücksreimerei seine Phantasie überfordert hätte. Dazu fehlte ihm der Glaube an die Kraft der Vorspiegelung, zum »Schwindel« der Übermut. Den Tatsachen hatte er nichts entgegenzusetzen. Unter ihrem Eindruck lässt sich das Positive so leicht nicht aus dem Hut zaubern, auch nicht am Ende dieser Recherchen, nach allem, was wir über den Dilettantismus herausgefunden haben. Dabei hat es dem einzelnen Dilettanten nie an prominenter Fürsprache gefehlt. Nur bei ihm, schrieb Egon Friedell 1927, »decken sich Mensch und Beruf; und darum strömt bei ihm der ganze Mensch in seine Tätigkeit und sättigt sie mit seinem ganzen Wesen«. Zum Exempel konnte Friedell auf große Namen verweisen, auf Goethe als Anatom und Entdecker des Zwischenkieferknochens, auf Gregor Mendel, den Begründer der Vererbungslehre, der von Haus aus Pfarrer war, oder auf Joseph von Fraunhofer, den gelernten Spiegelschleifer, der später als einer der bedeutendsten Physiker des 19. Jahrhunderts in die Wissenschaftsgeschichte eigegangen ist. Weitere Beispiele ließen sich reichlich anfügen. Auch der Pionier der Raumfahrt, Konstantin Ziolkowski, war ein Autodidakt, ein Studienabbrecher wie Bill Gates und der Apple-Gründer Steve Jobs. Unterdessen jedoch geht es schon lange nicht mehr um den einzelnen Dilettanten, um die genialen Köpfe, die aus ihrer Begabung mehr zu schöpfen vermögen, als ihnen irgendeine Schule jemals beibringen könnte. Nicht einmal um jene geht es noch, die sich seinerzeit, vor mehr als hundert Jahren, auf dem Monte Verità, ihrem »Berg der Wahrheit«, die Freiheit einer voraussetzungslosen, im wörtlichen Sinne nackten Naturkostexistenz nahmen. Stehen doch die Nachkommen dieser Kohlrabi-Apostel selbst schon wieder am Rand, abgedrängt von denen, die den Dilettantismus professionell betreiben, in der Wirtschaft und in der Kunst sowie in der Politik und in den Medien, im Bildungswesen nicht zuletzt.

An die Stelle des naiven ist der anmaßende Dilettant getreten, der moderne Mensch par excellence, ein Bürger, der sich selbst vormacht, was die anderen von ihm halten sollen. Er ist, was er zu sein verlangt, nicht, was er sein kann, gleich, ob er nun als deutscher Außenminister durch die Welt gockelt, diamantbesetzte Totenschädel als Kunst verkauft, eine Rechtschreibreform vom Zaun bricht oder als Banker verzockt, was ihm nicht gehört. In welcher Verkleidung immer wir ihm begegnen sind, stets hat der beruflich agierende Dilettant erfolgreich versagt. Er hat seinen Schnitt gemacht, obwohl er in der Sache höchst selten etwas zustande bringen konnte, auf das längerfristig Verlass gewesen wäre. Allemal folgte dem Feuerwerk seiner Ankündigungen das Verglühen der Versprechen. Das Neuland, das er mutig betrat, ist nur allzu oft ein Sumpfgebiet gewesen, in dem die Illusionen versanken, kaum dass sie ausgesponnen waren. Das allein wäre aber noch kein Drama, kaum der Rede wert. Auch Bouvard und Pécuchet, die pfuschenden Helden Gustave Flauberts, fielen bei allem, wozu sie sich verstiegen, unentwegt auf die Nase. Sie waren Tölpel, über die sich die Leser amüsieren konnten. Was sie bedenkenlos anrichteten, hatten sie noch selbst auszubaden. Mittlerweile jedoch sind ihre Nachkommen an die Macht gelangt, haben sie sich in die Lage versetzt, ihr Versagen zu vergesellschaften. Andere müssen für das einstehen, was sie in ihrer Hybris anrichten – was sie bedenkenlos preisgeben, weil sie es selbst nicht mehr verstehen, geht der Gemeinschaft verloren. Die Gesellschaft trudelt mit ihnen, sie dreht sich im Teufelskreis. Überall und unaufhaltsam potenziert sich der Bildungsverlust, befeuert er die Expansion des Dilettantismus.

Am 26. August 2011 beklagten die Rechtwissenschaftler Bernd Rüthers und Clemens Höpfner in der *Frankfurter Allgemeinen Zeitung*, dass sogar die Richter zunehmend dazu neigten, Recht nach eigenem Gutdünken zu sprechen, weil ihnen das Wissen um die gesellschaftskonstituierende Funktion der Gesetze nur allzu oft fehle. »Die staatlich verordnete Juristenausbildung in Deutschland«, schrieben die alarmierten Hochschullehrer, »hat die Bedeutung der Grundlagenfächer wie Rechtsphilosophie, Rechtsgeschichte und Methodenlehre so abgewertet, dass deren Grundzüge den meisten Juristen nicht mehr selbstverständliches Handwerkszeug sind. Deshalb müssen die Fächer ›Rechtsgeschichte‹ und ›Juristische Methodenlehre‹, anstatt abwählbare Nebenfächer zu sein, in der Juristenausbildung wieder den Rang erhalten, der es den angehenden Richtern erlaubt, die Entstehung und die Manipulierbarkeit der Rechtsordnung zu durchschauen.« Angezeigt wurde nicht mehr und nicht weniger als der Pragmatismus einer dilettantisch verfallenden Judikatur, immerhin eine der drei Gewalten, die die bürgerliche Gesellschaft neben Legislative und Exekutive konstituieren. Allerdings sahen die Kritiker auch, worauf dieser Verfall wesentlich zurückzuführen ist: auf »die rasante Veränderungsgeschwindigkeit moderner Gesellschaften, die von Technik über Ökonomie bis Sozialstruktur alles erfasst hat«. Tatsächlich ergeben sich daraus Zwänge, die, wenn man so will, abschließend zur Rechtfertigung des Dilettantismus herhalten können. Gleich am Anfang, auf den ersten Seiten dieses Buches haben wir festgestellt, dass es hier um etwas geht, zu dem wir allesamt verurteilt sind. Nur als Dilettanten können wir mit der technisch forcierten Entwicklung unserer Tage noch halbwegs Schritt halten. Die Komplexität der Welt, ihre hochtechnologische Vernetzung lässt uns gar keine andere Wahl. Wer alles verstehen wollte, womit ihn die prosperierende Konsumgesellschaft konfrontiert, was er zu beherrschen vorgeben muss, müsste an sich selbst verzweifeln, wenn er nicht gleich im Narrenhaus landete. Wir brauchen den Mut der Selbstüberhebung, um uns auf den täglichen Wettlauf mit dem Fortschritt einlassen zu können. Der Fortschritt selbst nimmt uns die Zeit der Erkenntnis; und wenn wir sie noch hätten, ginge es uns vermutlich sehr viel schlechter, als wir es zu beanspruchen gewöhnt sind.

Mit dem Dilettantismus haben wir unser Glück, alles Glück, das wir verdienen. Mit ihm ist es uns gelungen, die beste aller möglichen Welten einzurichten. Das Paradies liegt nicht mehr vor uns, noch haben wir es verloren. Wir leben mittendrin, insofern wir eigentlich nichts mehr tun müssen. Die Dinge bewegen sich von selbst, wir müssen ihnen nur noch folgen, und jeder kann es dabei zum Superstar bringen. Keine intellektuelle Autorität, kein künstlerisches Vermögen, das uns länger noch einschüchtern dürfte. Jedermann ist ermuntert, alles auszuprobieren, und wenn das dann auch noch unterhaltsam für die anderen ist, winkt ihm der Erfolg obendrein, ein Grand Prix der Eurovision, ein Vorstandsposten bei der EZB oder ein Ministeramt womöglich. Nichts, das wir uns, den nötigen Übermut vorausgesetzt, nicht zutrauen dürften. Irgendwie wird es schon gutgehen. Murphys Gesetz, nach dem alles, was danebengehen kann, tatsächlich danebengeht, haben wir auf den Kopf gestellt. Wenn aller statistischen Voraussicht nach damit zu rechnen ist, dass es den Supergau eines Atomkraftwerkes nur alle zighundert Jahre geben wird, gehen wir selbstverständlich davon aus, dass er am Ende dieser Zeitspanne stattfindet, irgendwann, wenn die Spur von unseren Erdentagen längst in Äonen untergangen ist. Geht dann trotz aller Zuversicht etwas schief, weil die Sache zu ernst wird, eine Kernschmelze bereits heute außer Kontrolle gerät, die Börsenkurse ins Bodenlose fallen und die Schulden der Gesellschaft über den Kopf wachsen, trifft es uns wie eine kalte Dusche. Wir sind unvorbereitet, haben kein Krisenmanagement, wissen uns aber virtuell zu helfen, flugs wird eine Energiewende, der nächste Zukunftsgipfel, eine weitere Reform, eine neue Exzellenzinitiative oder sonst irgendetwas aus dem Boden gestampft, um wieder über den Dingen stehen zu können.

Mit dem Dilettantismus schlagen wir noch jeder Misere ein Schnippchen. Mit ihm trampen wir durch eine Wissensgesellschaft, deren Fürsprecher uns davon überzeugen, dass die Aneignung des Wissens an sich gar keine so große Rolle mehr spielen müsse, da es ohnehin schon bei Wikipedia abgelegt ist. Statt die knappe Zeit derart zu vertun, sollen wir die nötigen »Kompetenzen« erlernen. Ganze Institute leben mittlerweile davon, uns zu erklären, was es damit auf sich haben könnte, bei den einen dies, bei den anderen jenes und heute etwas, von dem wir gestern noch annahmen, dass es vollkommen unsinnig sei, und von dem wir morgen schon nicht mehr wissen, was sich damit anfangen lässt. Landstreicher der Bildung, leben wir intellektuell von der Hand in den Mund. Als ein »Kollateralschaden« des materiellen Wachstums wird der Verlust individueller Höchstleistungen, deren Ausbildung die geistige Konzentration verlangte, achselzuckend in Kauf genommen. Das kreative Individuum hat seine Bedeutung verloren, wo ein strampelndes Team das Hamsterrad des Fortschritts besinnungslos in Bewegung hält.

Man darf das alles getrost als einen Zustand intellektueller Verödung betrachten und muss sich doch zugleich eingestehen, dass man mit dieser Haltung auf dem Isolierschemel des Moralisten sitzt – eines Moralisten, von dem Erich Kästner sagte, dass er von dem Primat der Vernunft nicht lassen kann, obwohl er weiß, dass es sich nicht behaupten lassen wird, nicht in einer Welt, die sich selbst um den Verstand bringt, indem sie sich materiell überfordert. Wie ein Akt intellektueller Notwehr könnte einem da am Ende sogar noch der Dilettantismus als das Positive schlechthin erscheinen. Welche Aussichten das für die Zukunft eröffnet, kann man nur vermuten. Dass sie mir nicht eben vielversprechend erscheinen, das wollte ich nicht verschweigen. Und mein persönlicher Dank gilt dabei abschließend all jenen, die mir durch klugen Rat und sachliche Kritik oder auch nur dadurch, dass ich sie kennenlernen durfte, geholfen haben, mir ein Bild von den Dilettanten und ihrer Profession zu machen.

Roßdorf, September 2011
Th. R.

Inhalt